중국인이 가장 많이 쓰는 중국어 표현 200

강효숙 & 맹유 지음

바이링구얼

preface

최근 급부상하는 중국의 위상과 더불어 시중에는 많은 중국어 교재들이 출간되고 있습니다. 어떤 교재는 오랜 역사와 전통을 자랑하며 수많은 독자를 중국어의 세계로 인도하였고, 또 어떤 교재는 새롭게 등장한 중국의 신조어나 유행어를 중심으로 다루기도 합니다. 하지만 오랜 전통을 자랑하는 중국어 교재들은 그 표현들이 너무 정형화되고 딱딱하여 현재 중국에서 실제로 쓰이는 말과는 거리가 좀 먼 것이 현실입니다. 또 반대로 최신 중국어를 다룬 중국어 교재들은 지나치게 신조어와 유행어에 치중하여 그보다 먼저 알아야 할 핵심 표현들을 간과한 점이 좀 아쉽습니다. 이렇듯 기존에 출간된 중국어 교재들은 어휘나 표현의 선택에도 차이점이 존재합니다. 이 책은 어느 한쪽에 치우치지 않고 중국인들이 예전부터 꾸준히 즐겨 사용하는 관용표현과 사자성어에서부터 최근 등장한 유행어와 신조어까지 중국인이 실생활에서 가장 많이 쓰는 표현들을 다루고 있습니다. 특히 사자성어와 관용표현은 초급 실력의 독자들을 중급 이상의 중국어로 넘어갈 수 있도록 도와주는 디딤돌 역할을 하리라 생각합니다.

이 책은 최대한 정형화된 딱딱한 표현을 피하고 자연스러운 중국어를 싣고자 한국인과 중국인 저자가 공동으로 집필하였으며, 일상생활을 소재로 한 생생한 예문을 통해 최대한 쉽게 이해하고 활용할 수 있도록 노력했습니다. 본 학습서를 통해 여러분들의 중국어 실력 향상과 중국문화의 이해에 조금이나마 도움이 되기를 진심으로 소망합니다.

composition & feature

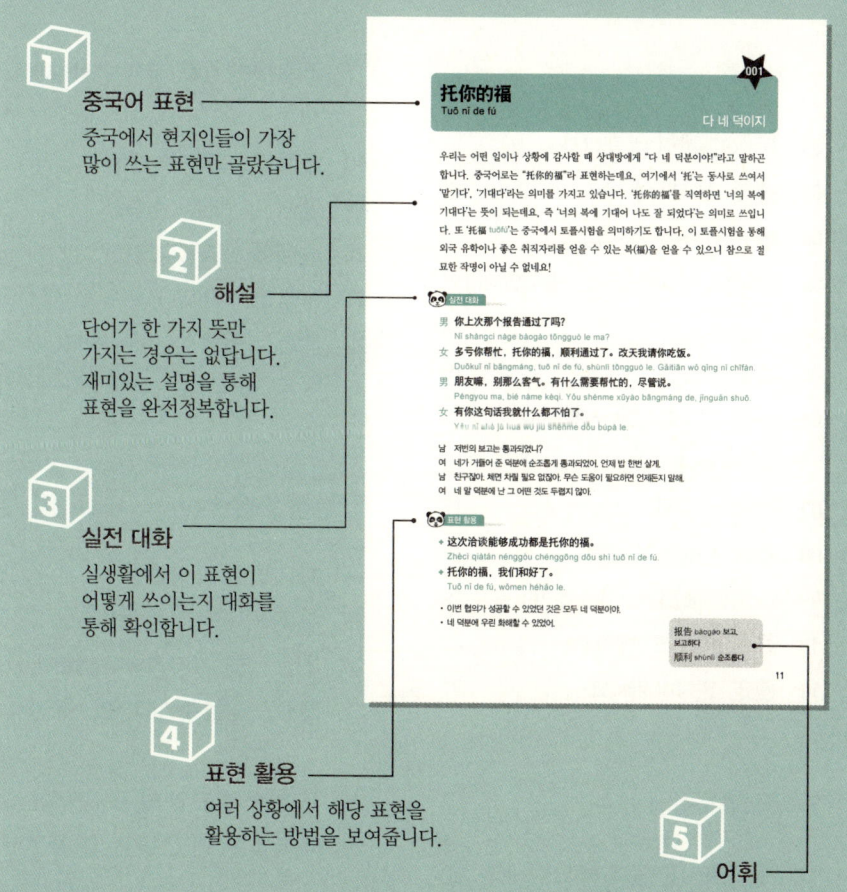

1 중국어 표현
중국에서 현지인들이 가장 많이 쓰는 표현만 골랐습니다.

2 해설
단어가 한 가지 뜻만 가지는 경우는 없답니다. 재미있는 설명을 통해 표현을 완전정복합니다.

3 실전 대화
실생활에서 이 표현이 어떻게 쓰이는지 대화를 통해 확인합니다.

4 표현 활용
여러 상황에서 해당 표현을 활용하는 방법을 보여줍니다.

5 어휘
어렵거나 중요한 어휘는 한 번 더 짚고 넘어갑니다.

contents

1 인사표현   10

01 托你的福 다 네 덕이지   11
02 拜托 잘 부탁해   12
03 晚安 안녕히 주무세요   13
04 麻烦你 수고스럽지만, 실례합니다   14
05 请多多指教 잘 부탁드립니다   15
06 不客气 천만에요, 사양하지 않겠어요   16
07 谢谢 고마워   17
08 拜拜 바이바이, 안녕   18
09 认识你很高兴 만나서 반가워   19
10 好久不见 오랜만이야   20
11 慢走 안녕히 가세요   21

2 긍정적 감정   22

12 无所谓 상관없다, 별 일 아니다   23
13 最好 가장 좋다   24
14 不错 좋다, 괜찮다   25
15 太棒了 정말·대단해   26
16 有道理 일리 있어   27

17 不幸中的万幸 불행 중 다행이다   28
18 还可以 그럭저럭 괜찮다   29
19 没事儿 괜찮다, 상관없다   30
20 没问题 문제없다, 자신 있다   31
21 有意思 재미있다   32
22 放心 마음을 놓다, 안심하다   33
23 多亏 덕택이다, 은혜를 입다   34

3 부정적 감정   35

24 怎么这么 왜 이렇게   36
25 想不开 꽁하게 생각하다   37
26 不怎么样 그저 그렇다, 별로다   38
27 受不了 참을 수 없다, 견딜 수 없다   39
28 不像话 말도 안 돼, 꼴불견이야   40
29 吓死我了 간 떨어지는 줄 알았어   41
30 起鸡皮疙瘩 닭살 돋아   42
31 发毛 소름 끼치다   43
32 舍不得 아쉽다, 미련이 남다   44

33	不好意思	미안하다, 부끄럽다	45
34	不甘心	달갑지 않다, 기분이 꿀꿀하다	46
35	烦死了	지겨워 죽겠다, 피곤해 죽겠다	47
36	真倒霉	정말 재수 없어	48
37	热得要命	더워 죽겠어	49

4 의지, 의문　　　　　　　50

38	一定	반드시, 꼭	51
39	那还用说	또 무슨 말이 필요하니	52
40	门儿都没有	어림도 없지	53
41	你怎么不早说呢?	왜 진작 이야기 하지 않았니?	54
42	不是故意的	일부러 그런 것이 아니야	55
43	随你的便	네 마음대로 해	56
44	对不起就完了吗?	미안하다고 하면 끝이야?	57
45	不是这个意思	그런 뜻이 아니야	58
46	算了	됐어요, 필요 없어요	59
47	听你的	네 말 들을게	60
48	包在我身上	내가 책임질게, 나에게 맡겨	61

5 가정(假定), 소문　　　　　62

49	还是	여전히, 역시, 또는	63
50	怪不得	어쩐지, 탓할 수가 없다	64
51	说不定	아마 ~일 것이다, 짐작컨대	65
52	看样子	보아하니 ~듯하다	66
53	不会吧	그럴 리가 없어, 아니겠지	67
54	可以吗?	가능할까요?, ~해도 될까요?	68
55	怎么回事儿?	어찌된 일이야?	69
56	不知怎么的	왠지 모르겠지만	70
57	如果	만약에	71
58	万一	만일에, 혹시나	72
59	听说	듣기로는, 듣자하니	73
60	原来	원래, 알고 보니	74

6 사람　　　　　　　　　　75

61	小跟班儿	껌딱지	76
62	急性子	조급한 사람, 성미가 급하다	77
63	自来熟	붙임성 좋은 사람, 오지랖쟁이	78
64	铁公鸡	구두쇠	79
65	脸皮厚	낯가죽이 두껍다, 뻔뻔스럽다	80

66	马大哈	덜렁이, 건성쟁이	81
67	热心肠	따뜻한 마음 씀씀이	82
68	舞迷	댄스광	83
69	嘴快	입이 싸다	84
70	嘴甜	말을 잘하다	85

7 감탄　　　　　　　　　　86

71	怎么说呢?	뭐라 말해야 할까?	87
72	活该	당해도 싸다	88
73	怎么办?	어떡해?	89
74	谁说不是呢	누가 아니래	90
75	哪里哪里	천만에요	91
76	真的吗?	진짜야?, 정말이야?	92
77	谢天谢地	천만 다행이다, 하느님 감사합니다	93
78	我的天啊	오 마이 갓, 맙소사	94

8 행동　　　　　　　　　　95

79	一点儿也不	조금도 ~하지 않다	96
80	不得不	어쩔 수 없이, ~해야 한다	97
81	再说	다시 이야기하다, 게다가(더군다나)	98
82	极大关注	지대한 관심(주목)을 받다	99

83	受冷落	찬밥신세, 냉대를 당하다	100
84	尽力	전력을 다하다	101
85	露面儿	얼굴을 비추다	102
86	走着瞧	두고 보자	103
87	懒惰	게으르다, 나태하다	104
88	实话实说	사실대로 말하다	105
89	打瞌睡	꾸벅 꾸벅 졸다	106
90	逃课	땡땡이치다	107
91	别理我	날 좀 내버려둬	108
92	说实话	솔직하게 말하다	109
93	开玩笑	농담하다	110
94	睡懒觉	늦잠 자다	111
95	废话	쓸데없는 말, 허튼소리를 하다	112
96	拖后腿	발목을 잡다, 방해하다	113
97	不懂装懂	모르면서 아는 척하다	114
98	又来了	또 시작이네	115

9 상태　　　　　　　　　　116

99	谈不上	~라고까지 말할 수 없다	117
100	不在	~에 있지 않다	118
101	相当	상당히, 꽤	119
102	好不容易	겨우, 간신히	120
103	差不多	그럭저럭, 비슷하다	121

104	不得了 정도가 심하다, 대단하다	122
105	我中暑了 더위 먹다	123
106	差点儿 하마터면, 간신히	124
107	合得来 코드가 잘 맞다	125
108	用不着 필요 없다, 쓸모없다	126
109	没说的 두말 할 필요가 없다	127
110	火得厉害 대세다, 인기가 많다	128
111	完蛋 끝장나다, 망했다	129
112	说不清楚 말로 설명하기 어렵다	130
113	嘴痒痒 입이 근질거리다	131
114	发呆 넋을 잃다, 얼이 빠지다	132
115	还是老样子 여전히 옛 모습 그대로야	133
116	红眼病 결막염, 시샘하다	134
117	了不起 대단하다, 뛰어나다	135
118	出洋相 웃음거리가 되다, 추태를 부리다	136
119	受欢迎 환영받다, 인기 있다	137
120	没办法 방법이 없다	138
121	我也一样 나도 그래, 나도 똑같아	139

10 사랑, 연애   140

122	吃醋 질투하다, 시기하다	141
123	看上 마음에 들다, 반하다	142
124	三角恋 삼각관계	143
125	AA制 더치페이	144
126	被甩了 차이다, 딱지맞다	145
127	表白 고백하다	146
128	单相思 짝사랑하다	147
129	一见钟情 첫 눈에 반하다	148
130	来电 필(feel)이 꽂히다	149

11 시간   150

131	来得及 늦지 않다, 제 시간에 할 수 있다	151
132	越来越 점점, 갈수록	152
133	从此以后 이후로, 그 후로	153
134	从来 지금까지, 여태껏	154
135	一下子 단번에, 한 번에	155
136	天天 날마다	156
137	半天 한나절, 한참 동안	157

12 외모   158

138	难看 못 생겼다	159
139	整容 성형수술을 하다	160
140	娃娃脸 동안	161
141	性感 섹시하다	162
142	酷毙了 쿨 하다, 멋있다	163
143	帅呆 정말 잘생겼다	164

13 쇼핑　　　　　　　　　　165

144 有眼光　보는 눈이 있다, 안목이 있다
　　　　　　　　　　　　　　166
145 试试　한번 해 보다　　　167
146 讨价还价(讲价/砍价)　흥정하다
　　　　　　　　　　　　　　168
147 刷卡　카드를 긁다, 카드로 결제하다
　　　　　　　　　　　　　　169
148 便宜没好货　싼 게 비지떡이야 170
149 挨宰　바가지를 쓰다　　　171
150 过时　유행이 지나다, 시대에
　　　뒤떨어지다　　　　　　172
151 跟你不合适　너한테 안 어울려 173
152 土　촌스럽다　　　　　　174

14 음식　　　　　　　　　　175

153 真倒胃口　정말 입맛이 뚝 떨어져
　　　　　　　　　　　　　　176
154 请客　초대하다, 한턱내다　177
155 吊胃口　입맛이 당기다, 감질 맛난다
　　　　　　　　　　　　　　178
156 没胃口　입맛이 없다　　　179
157 香　향기롭다, 맛있다　　　180
158 家常便饭　가정식 백반,
　　　항상 있는 일　　　　　181

15 직장생활　　　　　　　　182

159 拍马屁　아부하다, 알랑방귀를 뀌다
　　　　　　　　　　　　　　183
160 开夜车　밤을 꼬박 새우다　184
161 炒鱿鱼　해고하다, 오징어 볶음 185
162 一点小意思　작은 성의　　186
163 关系　관계, 연줄　　　　　187
164 头疼　두통, 두통거리　　　188
165 压力　스트레스　　　　　　189
166 有靠山　빽이 있다　　　　190

16 충고, 권유　　　　　　　191

167 别做梦了　꿈 깨라　　　　192
168 得了　됐어, 그만두자　　　193
169 辛苦　고생하다, 수고하다　194
170 看着办　알아서 처리하다　195
171 健康第一　건강이 제일이지 196
172 别扫兴　분위기 깨지마　　197
173 滚出去　꺼져　　　　　　　198
174 加油　힘내, 파이팅　　　　199
175 当心　조심해　　　　　　　200

17 속담, 사자성어 201

176 情人眼里出西施　제 눈에 안경이다 202
177 说曹操，曹操就到　호랑이도 제 말하면 온다더니 203
178 不可思议　불가사의하다 204
179 说的比唱的还好听　말만 번지르르하다 205
180 不见不散　올 때까지 기다릴게 206
181 小菜一碟　식은 죽 먹기, 누워서 떡 먹기 207
182 天衣无缝　흠 잡을 곳이 없다 208
183 太阳从西边出来了　태양이 서쪽에서 뜨겠네 209
184 打着灯笼也难找　눈 씻고 찾으려 해도 찾을 수 없다 210
185 大手大脚　돈을 물 쓰듯 쓰다 211
186 当耳边风　귓등으로 듣다 212
187 狗改不了吃屎　제 버릇 개 못 준다 213
188 身不由己　내 마음대로 안 된다 214
189 热锅上的蚂蚁　갈팡질팡 허둥대다 215
190 数一数二　손꼽히다, 뛰어나다 216
191 一言为定　한 마디로 딱 정하다 217

18 관용표현 218

192 A是A，不过~　A이긴 한데, 그러나~ 219
193 一…就…　~하기만 하면 ~하다 220
194 左…右…　계속해서 빈번히 ~하다 221
195 A是A，可是…　~하긴 한데 222
196 …来…去　이리저리 ~해 보다 223
197 什么… 什么…　무엇~ 무엇~ 224
198 一边…一边…　~하면서 ~하다 225
199 从…到…　~에서 ~까지 226
200 又…又…　~하고, 또 ~하다 227

인사표현

托 了 加 以 上

Chapter

1

托你的福
Tuō nǐ de fú

001

다 네 덕이지

우리는 어떤 일이나 상황에 감사할 때 상대방에게 "다 네 덕분이야!"라고 말하곤 합니다. 중국어로는 "托你的福"라 표현하는데요, 여기에서 '托'는 동사로 쓰여서 '맡기다', '기대다'라는 의미를 가지고 있습니다. '托你的福'를 직역하면 '너의 복에 기대다'는 뜻이 되는데요, 즉 '너의 복에 기대어 나도 잘 되었다'는 의미로 쓰입니다. 또 '托福 tuōfú'는 중국에서 토플시험을 의미하기도 합니다, 이 토플시험을 통해 외국 유학이나 좋은 취직자리를 얻을 수 있는 복(福)을 얻을 수 있으니 참으로 절묘한 작명이 아닐 수 없네요!

실전 대화

男 你上次那个报告通过了吗?
　　Nǐ shàngcì nàge bàogào tōngguò le ma?

女 多亏你帮忙，托你的福，顺利通过了。改天我请你吃饭。
　　Duōkuī nǐ bāngmáng, tuō nǐ de fú, shùnlì tōngguò le. Gǎitiān wǒ qǐng nǐ chīfàn.

男 朋友嘛，别那么客气。有什么需要帮忙的，尽管说。
　　Péngyou ma, bié nàme kèqi. Yǒu shénme xūyào bāngmáng de, jǐnguǎn shuō.

女 有你这句话我就什么都不怕了。
　　Yǒu nǐ zhè jù huà wǒ jiù shénme dōu búpà le.

남　저번의 보고는 통과되었니?
여　네가 거들어 준 덕분에 순조롭게 통과되었어. 언제 밥 한번 살게.
남　친구잖아. 체면 차릴 필요 없잖아. 무슨 도움이 필요하면 언제든지 말해.
여　네 말 덕분에 난 그 어떤 것도 두렵지 않아.

표현 활용

+ 这次洽谈能够成功都是托你的福。
　Zhècì qiàtán nénggòu chénggōng dōu shì tuō nǐ de fú.

+ 托你的福，我们和好了。
　Tuō nǐ de fú, wǒmen héhǎo le.

- 이번 협의가 성공할 수 있었던 것은 모두 네 덕분이야.
- 네 덕분에 우린 화해할 수 있었어.

> 报告 bàogào 보고, 보고하다
> 顺利 shùnlì 순조롭다

拜托
Bàituō

잘 부탁해

'拜托'는 상대방에게 무언가를 요청하고자 할 때 쓰이는 표현입니다. '拜托'의 '拜'는 고대에서 경의를 표하는 예절을 의미하고, '托'는 동사로, '부탁하다', '맡기다'를 의미하고 있습니다. '拜托'는 '拜托, 拜托'와 같이 ABAB의 형식으로도 쓸 수 있는데요, 이런 경우에는 주로 앞에 언급한 부탁에 대한 감사의 뜻이 내포되어 있답니다. '拜托'를 사용하게 되면 문장이 간곡하고 정중한 어감으로 바뀌게 되는데요, 혹시 중국 친구에게 무언가 정중하게 부탁해야 할 일이 생기게 되면 '拜托'를 쓰는 것을 잊지 말아주세요.

실전 대화

男 明天的晚会你参加吗?
　 Míngtiān de wǎnhuì nǐ cānjiā ma?

女 当然了，你呢?
　 Dāngrán le, nǐ ne?

男 我有事，恐怕去不了了。拜托你替我跟大家说一声"对不起。"
　 Wǒ yǒu shì, kǒngpà qùbùliǎo le. Bàituō nǐ tì wǒ gēn dàjiā shuō yì shēng "Duìbùqǐ."

女 嗯，我知道了。
　 Èng, wǒ zhīdào le.

남　내일 저녁 모임에 참가하니?
여　당연하지. 너는?
남　나는 일이 있어서 아마 못갈 것 같아. 나대신 모두에게 "미안해"라고 전해주길 부탁해.
여　응. 알겠어.

표현 활용

+ 拜托你帮我找个汉语辅导老师。
　Bàituō nǐ bāng wǒ zhǎo ge Hànyǔ fǔdǎo lǎoshī.

+ 拜托你以后别再跟我联系了。
　Bàituō nǐ yǐhòu bié zài gēn wǒ liánxì le.

· 중국어 과외 선생님을 찾을 수 있도록 도와주길 부탁할게.
· 앞으로 나에게 연락하지 말아주길 부탁해.

晚会 wǎnhuì 저녁 모임
大家 dàjiā 모두, 다들
汉语 Hànyǔ 중국어
辅导 fǔdǎo 과외, 학습보조

晚安
Wǎn'ān

안녕히 주무세요

저희 집은 식구마다 각자 맡은 자신의 임무가 있는데요, 저는 '잠자리 점검'을 담당하고 있습니다. '잠자리 점검' 당번은 자기 전 집안 문단속과 식구들의 잠자리를 살피는 일을 담당하고 있어요. 아빠, 엄마의 이불을 덮어주며 '晚安'이라고 말하면 그 날 저의 하루 일과 역시 끝이 납니다. '晚安'은 직역하면 '저녁을 편안하게'라는 뜻으로, 주로 잠자리 들기 전 인사로 많이 쓰이는 표현입니다. 오늘부터라도 가족들에게 '굿나잇' 대신 '晚安'이라고 인사해 보는 것은 어떨까요?

실전 대화

男　几点了?
　　Jǐ diǎn le?

女　凌晨一点半。
　　Língchén yì diǎn bàn.

男　啊？！都一点半了，快睡吧。晚安！
　　A?! Dōu yì diǎn bàn le, kuài shuì ba. Wǎn'ān!

女　晚安！
　　Wǎn'ān!

남　몇 시야?
여　새벽 한 시 반이야.
남　응?! 벌써 한 시 반이구나. 빨리 자자. 잘 자!
여　잘 자!

표현 활용

+ 做个好梦，晚安！
　Zuò ge hǎo mèng, wǎn'ān!

+ 我先睡了，晚安！
　Wǒ xiān shuì le, wǎn'ān!

· 좋은 꿈꾸세요. 안녕히 주무세요!
· 나 먼저 잘게. 잘 자!

凌晨 língchén 새벽녘, 이른 아침
睡 shuì 잠을 자다

麻烦你
Máfan nǐ

수고스럽지만, 실례합니다

중국에서는 번거롭고 귀찮음을 '麻烦'이라고 표현하는데요, 이 '麻烦'의 뒤에 인칭대명사를 붙이면 해당 사람에게 '실례하다', '귀찮게 하다'라는 의미로 쓰인답니다. 즉, '麻烦你'를 직역하게 되면 '너에게 실례하다', '너를 귀찮게 하다'라는 뜻이 되는데요, 상대방에게 부탁이나 실례되는 일을 하게 될 때 미리 양해를 구하는 의미로 주로 사용됩니다. 만약 상대방에게 작거나 큰 부탁을 해야 될 때 미리 '麻烦你'라고 양해를 표현한다면, 정중하게 부탁하는 듯한 느낌을 줄 수 있답니다. '麻烦你'는 일상생활에서 사용빈도가 매우 높은 표현 중 하나이니 꼭 기억해 두세요.

실전 대화

男 我刚才讲的大家都听明白了吗?
Wǒ gāngcái jiǎng de dàjiā dōu tīng míngbai le ma?

女 老师，麻烦您把最后那道题再讲一遍，好吗？我没太听懂。
Lǎoshī, máfan nín bǎ zuìhòu nà dào tí zài jiǎng yí biàn, hǎo ma? Wǒ méi tài tīngdǒng.

男 好的，好好听，我再讲一遍。
Hǎode, hǎohāo tīng, wǒ zài jiǎng yí biàn.

女 谢谢您。
Xièxie nín.

남 내가 방금 이야기한 것을 모두 이해했니?
여 선생님, 번거롭지만 마지막 문제를 다시 한 번 설명해 줄 수 있나요? 잘 이해하지 못했어요.
남 좋아. 잘 들어보렴. 다시 한 번 설명해 줄게.
여 고맙습니다.

표현 활용

+ 不好意思，麻烦你让一下儿。
  Bùhǎo yìsi, máfan nǐ ràng yíxiàr.

+ 麻烦你帮我把这个包放上去，好吗？
  Máfan nǐ bāng wǒ bǎ zhège bāo fàng shàngqù, hǎo ma?

  • 죄송합니다. 실례지만 좀 비켜주세요.
  • 실례지만 이 가방을 위로 좀 올려주시겠어요?

刚才 gāngcái 지금 막, 방금 막
帮 bāng 돕다, 거들다

请多多指教
Qǐng duōduō zhǐjiào

005

잘 부탁드립니다

처음 만나는 사람들과 중국어로 자기소개를 할 때면 양념처럼 잊지 않고 꼭 들어가는 표현이 있는데요, 바로 '请多多指教'입니다. '请多多指教'는 '널리', '많이', '거듭'의 뜻을 지닌 부사 '多多'와, '지도하다', '가르침을 주다'라는 뜻을 지닌 동사 '指教'가 합쳐진 표현으로, 주로 처음 만난 자리에서 상대방에게 많은 지도를 부탁드린다는 의미로 사용하는 표현입니다. 만약 여러분께서 상대방과 처음 인사할 때 '请多多指教'라고 말한다면, 정중하고 예의바른 인상을 남길 수 있을 거예요. "저는 여러분과 만나게 되어서 너무 반가워요. 앞으로 잘 부탁드려요.(请多多指教)"

실전 대화

男 你是新来的吗?
　　Nǐ shì xīn lái de ma?

女 是的，您是……?
　　Shì de, nín shì……?

男 我是营销部的。
　　Wǒ shì yíngxiāobù de.

女 我刚来，什么都不懂，以后还请您多多指教。
　　Wǒ gāng lái, shénme dōu bùdǒng, yǐhòu hái qǐng nín duōduō zhǐjiào.

남 당신이 신입인가요?
여 그렇습니다. 당신은……?
남 저는 영업부에 근무해요.
여 저는 막 입사해서 아무것도 모르니, 앞으로 잘 부탁드립니다.

표현 활용

+ 以后还请您多多指教。
　Yǐhòu hái qǐng nín duōduō zhǐjiào.

+ 久仰大名，请多多指教。
　Jiǔyǎng dàmíng, qǐng duōduō zhǐjiào.

· 앞으로 저에게 많이 가르쳐 주세요.
· 말씀 많이 들었습니다. 잘 부탁드려요.

营销部 yíngxiāobù 영업부
久仰大名 jiǔyǎng dàmíng 말씀 많이 들었습니다.

不客气
Búkèqi

천만에요, 사양하지 않겠어요.

'不客气'는 보통 '谢谢 Xièxie (고맙습니다)'에 대한 대답의 표현으로 많이 알고 있습니다. 대개 '谢谢'와 세트처럼 따라다니는 '不客气'는 부정을 의미하는 '不'와 '체면 차리다', '사양하다'라는 의미의 동사 '客气'가 합쳐진 표현으로 '사양하지 않다', '체면 차리지 않다'의 의미로 사용되는 표현입니다. 한편, '客气'의 앞에 부사인 '别 bié (~하지마라)'를 붙인 '别客气'는 '사양하지 마세요.', '괜찮아요.'라는 의미로도 사용됩니다. 혹시 중국인이 '谢谢!'라고 말한다면 이제는 자신 있게 '不客气!'라고 말할 수 있겠지요?

실전 대화

男 给你，这是你要的冰香草咖啡。
　　Gěi nǐ, zhè shì nǐ yào de bīng xiāngcǎo kāfēi.

女 谢谢。
　　Xièxie.

男 不客气。
　　Búkèqi.

女 下次我请你。
　　Xiàcì wǒ qǐng nǐ.

남　자, 네가 마시고 싶다던 아이스 바닐라 커피야.
여　고마워.
남　천만에.
여　다음번에는 내가 쏠게.

표현 활용

+ 不客气，以后有什么事尽管跟我说。
　Búkèqi, yǐhòu yǒu shénme shì jǐnguǎn gēn wǒ shuō.
+ 不客气，举手之劳。
　Búkèqi, jǔshǒu zhīláo.

- 천만에. 다음에 무슨 일이 생기면 주저하지 말고 나에게 이야기해.
- 천만에. 사소한 일이야.

香草 xiāngcǎo 바닐라
举手之劳 jǔshǒu zhīláo
하찮은 일, 사소한 일

谢谢
Xièxie

고마워

'谢谢'는 아마 대부분의 한국 사람들이 알고 있는 중국어 표현 중 하나일 거에요. '谢谢'의 '谢'는 '사례할 사'로, '감사하다', '사례하다'는 뜻을 가지고 있습니다. 또한 '谢谢'는 고맙고 감사하다는 의미를 가진 한자 '谢'가 연달아 쓰여서 '고맙다'는 의미를 가지고 있답니다. 비슷하게 쓰이는 표현으로는 '감사하다'는 뜻의 '感谢 gǎnxiè'와 '대단히 고맙다'는 뜻의 '多谢了 duōxiè le'가 있으니 함께 기억해 두세요. 사실 가족들에게 '谢谢'라고 표현하고 싶은데, 좀 계면쩍은 느낌이 들어서 그냥 지나갈 때가 많지요. 오늘 부터라도 가족들에게 '谢谢'라고 표현할 수 있는 사람이 되도록 노력해야겠어요.

실전 대화

男 想喝咖啡吗?
　　Xiǎng hē kāfēi ma?

女 嗯，想喝一杯冰美式咖啡。
　　Èng, xiǎng hē yì bēi bīng měishì kāfēi.

男 那我这就出去买。
　　Nà wǒ zhè jiù chūqù mǎi.

女 谢谢。
　　Xièxie.

남　커피 마실래?
여　응. 나는 아이스 아메리카노를 마실래.
남　그럼 바로 가서 사올게.
여　고마워.

표현 활용

+ 谢谢大家！
　Xièxie dàjiā!

+ 谢谢你的热心帮助。
　Xièxie nǐ de rèxīn bāngzhù.

• 여러분 고맙습니다!
• 당신의 친절한 도움에 감사드립니다.

咖啡 kāfēi 커피
美式咖啡 měishì kāfēi 아메리카노

拜拜
Báibái

바이바이, 안녕

'再见 Zàijiàn (안녕)'이란 표현을 들어보신 적 있나요? 보통 중국어로 헤어질 때 하는 인사말을 떠올리게 되면 가장 먼저 생각나는 표현이 바로 '再见'이지요. '拜拜' 역시 '再见'과 같이 헤어질 때 마지막 인사로 자주 사용되는 표현입니다. '拜拜'는 영어 'bye-bye'의 음역으로, 중국어 발음 역시 영어의 'bye-bye'와 매우 흡사하지요. '再见'과 '拜拜'는 둘 다 동일한 상황에서 동일한 뜻으로 쓰이는 인사말이지만, '拜拜'가 좀 더 현대적이고 젊은 느낌이 있어요. 이제부터 '拜拜'를 기억해 두었다가 중국 친구들과 헤어질 때 '再见' 말고 '拜拜'도 함께 사용해 봅시다.

실전 대화

男 咱们什么时候再见面?
　　Zánmen shénme shíhòu zài jiànmiàn?

女 下个周末怎么样?
　　Xiàge zhōumò zěnmeyàng?

男 不行，那么久，我等不及，下个星期三，好吗?
　　Bùxíng, nàme jiǔ, wǒ děngbùjí, xiàge xīngqīsān, hǎo ma?

女 好吧。拜拜。
　　Hǎo ba. Báibái.

남　우리 언제 다시 만나지?
여　다음 주 주말 어때?
남　안 돼. 그렇게 오래는 못 기다려. 다음 주 수요일 괜찮아?
여　좋아. 바이바이.

표현 활용

+ 开车小心点儿，拜拜！
　Kāichē xiǎoxīn diǎnr, báibái!

+ 下个星期一见，拜拜！
　Xiàge xīngqīyī jiàn, báibái!

· 운전 조심해. 안녕!
· 다음 주 월요일에 봐. 안녕!

下个星期 xiàge xīngqī 다음 주
开车 kāichē 운전하다

认识你很高兴
Rènshi nǐ hěn gāoxìng

만나서 반가워

중국 친구를 처음 만나게 된다면 "认识你很高兴"이라고 인사해 봅시다. '认识你很高兴'은 처음 소개를 받아 인사할 때 쓰는 표현으로, '만나서 반갑다'는 의미를 가지고 있어요. '认识你很高兴'에서 '认识'는 '알다', '인식하다', '高兴'은 '기쁘다', '즐겁다'는 뜻을 가지고 있답니다. '认识你很高兴'과 비슷한 표현으로는 '见到你很高兴 Jiàndào nǐ hěn gāoxìng'이 있으니 함께 기억해 주세요. 만약 좋은 친구를 소개 받아 '认识你很高兴'을 말할 수 있게 된다면 정말 기쁜 일이겠지요.

실전 대화

男 你好！我叫金俊浩，是韩国人。你叫什么名字？
Nǐ hǎo! Wǒ jiào Jīn Jùnhào, shì Hánguórén. Nǐ jiào shénme míngzi?

女 我叫刘佳，是中国人。认识你很高兴。
Wǒ jiào Liú Jiā, shì Zhōngguórén. Rènshi nǐ hěn gāoxìng.

男 认识你，我也很高兴。你来韩国多久了？
Rènshi nǐ, wǒ yě hěn gāoxìng. Nǐ lái Hánguó duōjiǔ le?

女 快两年了。
Kuài liǎngnián le.

남 안녕! 내 이름은 김준호이고, 한국 사람이야. 네 이름은 뭐야?
여 내 이름은 리우쟈야. 중국 사람이야. 만나서 반가워.
남 만나게 돼서 나도 기뻐. 한국에 온 지는 얼마나 되었어?
여 거의 2년이 다 되어가.

표현 활용

+ 认识你很高兴，以后请多多关照。
Rènshi nǐ hěn gāoxìng, yǐhòu qǐng duōduō guānzhào.

+ 认识你很高兴，希望我们能成为好朋友。
Rènshi nǐ hěn gāoxìng, xīwàng wǒmen néng chéngwéi hǎopéngyǒu.

· 만나서 반가워. 앞으로 잘 부탁해.
· 만나게 되어서 정말 기뻐요. 좋은 친구가 되었으면 좋겠네요.

韩国人 Hánguórén 한국인
希望 xīwàng 소망·희망하다

好久不见
Hǎojiǔ bújiàn

오랜만이야

길거리에서 오랜만에 고등학교 동창을 만나게 되면 가장 먼저 하게 되는 말이 무엇일까요? 바로 '好久不见'입니다. '好久不见'은 '시간이 오래되다'는 뜻의 형용사 '好久'와 '만나지 않다'는 뜻의 동사 '不见'이 합쳐진 표현으로, 오랜만에 만난 사람에게 반가움을 표시할 때 쓰이는 표현입니다. 세월이 흐를수록 오랜만에 만나는 친구들은 더욱 반갑고 귀하게 느껴지지요. 혹시 길거리를 가다가 오랜만에 친구들을 만나게 된다면 꼭 '好久不见!'을 외쳐보아요.

실전 대화

男 老同学，你好！
　　Lǎotóngxué, nǐ hǎo!

女 你好！什么时候到的?
　　Nǐ hǎo! Shénme shíhòu dào de?

男 刚到。好久不见，过得好吗?
　　Gāng dào. Hǎojiǔ bújiàn, guò de hǎo ma?

女 嗯，挺好的。你呢?
　　Èng, tǐng hǎo de. Nǐ ne?

남 친구야, 안녕!
여 안녕! 언제 도착한 거야?
남 방금 도착했어. 오랜만이야. 어떻게 지냈니?
여 응. 잘 지냈지. 너는?

표현 활용

+ 好久不见，你更漂亮了。
  Hǎojiǔ bújiàn, nǐ gèng piàoliang le.

+ 好久不见，一切都好吧?
  Hǎojiǔ bújiàn, yíqiè dōu hǎo ba?

- 오랜만이야. 더 예뻐졌네.
- 오랜만이야. 다 잘 되고 있지?

老同学 lǎotóngxué 옛 동창
漂亮 piàoliang 예쁘다, 아름답다

慢走
Màn zǒu

안녕히 가세요

011

중국 친구와 헤어질 때 여러분은 어떤 표현을 주로 쓰나요? 대부분 '다시 보다'라는 의미를 지닌 '再见 Zàijiàn'을 먼저 떠올리실 거예요. 하지만 상대방을 배웅할 때 '再见' 보다는 '慢走'를 쓰면 좀 더 예의바르고 정중한 표현이 됩니다. '慢走'는 '느리다'는 의미를 가진 '慢'과 '가다', '떠나다'는 의미를 가진 '走'가 만나서 '천천히 가세요.', '서두르지 말고 가세요.'라는 뜻을 가지고 있습니다. 주의해야 할 점은 '慢走'는 꼭 어떠한 장소에서 배웅할 때 주로 쓰이는 표현이라는 점입니다. 두 사람이 각자의 방향으로 흩어져 헤어지는 경우에는 '慢走'대신 '再见'을 써야 한다는 것을 알아두세요.

실전 대화

男 别送了，快请回吧。
   Bié sòng le, kuài qǐng huí ba.

女 那我就不远送了，慢走。
   Nà wǒ jiù bùyuǎn sòng le, màn zǒu.

男 再见。
   Zàijiàn

女 再见。
   Zàijiàn

남 그만 배웅해도 괜찮아요. 어서 들어가요.
여 그럼 더 멀리 안 갈게요. 살펴가세요.
남 안녕히 계세요
여 안녕히 가세요.

표현 활용

+ A 谢谢您的热情款待。再见！
    Xièxie nín de rèqíng kuǎndài. Zàijiàn!

  B 欢迎您有时间再来做客。请慢走！
    Huānyíng nín yǒu shíjiān zài lái zuòkè. Qǐng màn zǒu.

• 친절하게 대접해 주셔서 고마워요. 안녕히 계세요!
• 다음에 시간 되시면 또 놀러 오세요. 안녕히 가세요!

热情 rèqíng 친절하다
款待 kuǎndài 환대하다. 대접하다

긍정적 감정

托了加以上

Chapter
2

无所谓
Wúsuǒwèi

상관없다, 별 일 아니다

친구들과 식사메뉴를 정할 때, "什么都无所谓!(아무거나 상관없어!)"라고 말하는 친구들이 꼭 있죠. 이렇듯 '无所谓'는 무언가를 결정해야 하는데, 아무래도 상관없을 때 사용할 수 있어요. 또한 '无所谓'는 '상관없으니 괜찮다'는 의미도 함께 지니고 있답니다. 친구에게 미안한 일이 생겼는데 친구가 '无所谓'라고 한 마디 해 준다면 정말 감동이겠지요? '无所谓'와 비슷한 표현으로는 '没什么 méi shénme'와 '没什么大不了的 Méi shénme dàbuliǎo de'가 많이 쓰이니 함께 기억해 둔다면 유용하게 쓰일 거예요.

실전 대화

男 这是什么?
Zhè shì shénme?

女 你的生日礼物,快打开看看。
Nǐ de shēngrì lǐwù, kuài dǎkāi kànkan.

男 买这个礼物一定花了你不少钱吧?
Mǎi zhège lǐwù yídìng huā le nǐ bùshǎo qián ba?

女 花多少钱都无所谓,只要你喜欢就行。
Huā duōshǎo qián dōu wúsuǒwèi, zhǐyào nǐ xǐhuan jiù xíng.

남 이건 뭐야?
여 네 생일 선물이야. 어서 열어봐.
남 이 선물을 사려고 분명 돈을 엄청 썼겠지?
여 너만 좋다면 얼마를 쓰던 상관없다니까.

표현 활용

+ 你想什么时候去就什么时候去,我无所谓。
Nǐ xiǎng shénme shíhòu qù jiù shénme shíhòu qù, wǒ wúsuǒwèi.

+ 你怎么决定我都无所谓。
Nǐ zěnme juédìng wǒ dōu wúsuǒwèi.

• 네가 언제 가고 싶든지 마음대로 가렴. 난 상관없어.
• 네가 무슨 결정을 내리든 나는 상관없어.

生日 shēngrì 생일
礼物 lǐwù 선물

最好
Zuìhǎo

가장 좋다

매일 성실하게 예습과 복습을 하는 것이 중국어 공부의 가장 좋은(最好) 방법입니다. '最好'는 '가장'이란 의미를 가진 '最'와 '좋다'는 의미를 가진 '好'가 만나 이루어진 표현입니다. '最好'는 형용사로 쓰일 때, '가장 좋다'라는 뜻이 되고, 부사로 쓰일 때는 '~하는 것이 제일 좋다'는 의미가 됩니다. 즉, '最好的菜 zuìhǎo de cài (가장 좋은 요리)'는 형용사로 쓰인 '最好'인 반면, '你最好别迟到 Nǐ zuìhǎo bié chídào (지각 하지 않는 것이 가장 좋아)'는 부사적 용법의 '最好'가 됩니다.

🐼 실전 대화

男 明天还要早起呢，最好早点儿睡。
　　Míngtiān háiyào zǎo qǐ ne, zuìhǎo zǎodiǎnr shuì.

女 好的，我这就睡。
　　Hǎode, wǒ zhè jiù shuì.

男 闹钟定好了吗?
　　Nàozhōng dìnghǎo le ma?

女 还没，要不是你提醒我，我差点儿给忘了。
　　Hái méi, yào búshì nǐ tíxǐng wǒ, wǒ chàdiǎnr gěi wàng le.

남 내일 아침에 일찍 일어나야 하니까, 일찍 자는 것이 좋을 것 같아.
여 알았어. 지금 바로 잘 거야.
남 알람 맞춰놨어?
여 아직이야. 네가 알려주지 않았다면 거의 잊어버렸을 거야.

🐼 표현 활용

+ 走路是世界上最好的运动。
　Zǒulù shì shìjiè shàng zuìhǎo de yùndòng.

+ 你最好再来之前给我来个电话，免得白跑一趟。
　Nǐ zuìhǎo zài lái zhīqián gěi wǒ lái ge diànhuà, miǎndé bái pǎo yí tàng.

· 걷기는 세상에서 가장 좋은 운동이지.
· 헛걸음 하지 않으려면, 오기 전에 전화 한번 해 주는 것이 가장 좋을 거야.

> 明天 míngtiān 내일
> 闹钟 nàozhōng 자명종
> 忘 wàng 잊다, 망각하다

不错
Bùcuò

좋다, 괜찮다

'不错'는 부정을 나타내는 '不'와 '틀리다', '나쁘다'는 의미를 가진 '错'가 만나 '좋다', '잘하다'는 의미가 됩니다. '不错'를 한국어 그대로 직역하면 '나쁘지 않다'가 됩니다. 하지만 한국어에서 '나쁘지 않다'는 것과 중국인들이 느끼는 '不错'의 어감은 차이가 있답니다. 일반적으로 중국인들이 '不错'를 쓸 때는 '好'의 뜻과 동일한, '좋다'는 의미로 씁니다. 즉, 긍정적인 어감이 더 강합니다. 또한 '好'와 '不错'는 모두 긍정의 대답이긴 하지만 '不错'는 감탄하거나 상대방을 격려하는 어감이 더 강하다고 할 수 있습니다.

실전 대화

男 你交过中国朋友吗?
Nǐ jiāo guo Zhōngguó péngyou ma?

女 交过几个。你呢?
Jiāo guo jǐ ge. Nǐ ne?

男 我想交中国朋友,可一直没有机会。你觉得他们怎么样?
Wǒ xiǎng jiāo Zhōngguó péngyou, kě yìzhí méiyǒu jīhuì. Nǐ juéde tāmen zěnmeyàng?

女 他们人都很好,都挺不错的。
Tāmen rén dōu hěn hǎo, dōu tǐng búcuò de.

남 중국 친구를 사귀어 본 적 있니?
여 몇 명 있지. 너는?
남 중국 친구를 만들고 싶은데, 계속 기회가 닿질 않았어. 네 생각에 쟤들은 어때?
여 쟤들은 정말 괜찮아. 전부 좋은 애들이야.

표현 활용

+ A 这个想法不错。
Zhège xiǎngfǎ búcuò.

+ B 这里风景不错。
Zhèli fēngjǐng búcuò.

A 이 생각이 괜찮은 것 같아.
B 여기 경치가 좋아.

交 jiāo 사귀다, 교제하다
朋友 péngyou 친구

太棒了
Tài bàngle

정말 대단해

중국어를 배운지 얼마 되지 않았는데 HSK 6급을 단숨에 거머쥔 친구가 있었어요. 정말 대단(太棒了)하지요. '정말 대단하다'는 표현인 '太棒了'는 주로 회화에서 많이 쓰이는 표현이에요. '太棒了'에서 '棒'은 '방망이 봉'으로, 명사로 쓰일 때면 '몽둥이', '방망이'의 의미를 지니지만, 형용사로 쓰일 때는 '좋다', '강하다'는 의미를 가진답니다. 혹시 좀 더 강하게 강조하고 싶을 때는 앞에 '真是(정말) zhēnshi'를 덧붙여 '真是太棒了! Zhēnshi tài bàng le!'라고 말해 주시면 됩니다.

실전 대화

男 昨天的足球比赛你看了吗?
　　Zuótiān de zúqiú bǐsài nǐ kàn le ma?

女 昨天晚上加班，没看成。听说二比零，韩国队赢了。
　　Zuótiān wǎnshang jiābān, méi kànchéng. Tīngshuō èr bǐ líng, Hánguóduì yíng le.

男 嗯，昨天韩国队踢得实在太棒了。
　　Ēn, zuótiān Hánguóduì tī de shízai tài bàng le.

女 是吗? 那我晚上得看看体育新闻的精彩镜头回放。
　　Shì ma? Nà wǒ wǎnshang děi kànkan tǐyù xīnwén de jīngcǎi jìngtóu huífàng.

남 어젯밤 축구 경기 봤니?
여 어젯밤 야근해서 보지 못했어. 듣기로 2대0으로 한국이 이겼다던데.
남 응, 어제 한국 대표팀은 정말 대단했어.
여 그래? 그럼 저녁 스포츠 뉴스의 하이라이트 장면을 꼭 봐야겠어.

표현 활용

+ 老师讲得太棒了。
　Lǎoshī jiǎng de tài bàng le.

+ 他每次都拿第一名，真是太棒了。
　Tā měicì dōu ná dì yī míng, zhēnshi tài bàng le.

- 선생님의 수업은 정말 대단해.
- 걔는 매번 일등을 놓치지 않아. 정말 대단해.

足球 zúqiú 축구
比赛 bǐsài 경기
老师 lǎoshī 선생님

有道理
Yǒu dàolǐ

일리 있어

'자신이 할 도리(道理)를 다 한다'는 말을 들어보신 적 있나요? 한국어에서 도리(道理)는 사람이 마땅히 행해야 하는 바른 길을 뜻하고 있어요. 중국어에서도 도리(道理)는 '도리', '일리'라는 뜻으로 쓰이고 있답니다. 그래서 '有道理'는 '도리가 있다', '일리 있다'는 의미가 됩니다. 표현 자체의 어감을 좀 더 강조하고 싶을 때는 '有道理' 앞에 '매우'의 의미를 지닌 '很'을 더해서 '很有道理 hěn yǒu dàolǐ', 즉 '매우 일리 있다'라고 쓰면 됩니다.

실전 대화

男 你说这次我该不该去？
　　Nǐ shuō zhècì wǒ gāibùgāi qù?
女 机不可失，时不再来，我看你还是去的好。
　　Jībùkěshī, shí búzài lái, wǒ kàn nǐ háishì qù de hǎo.
男 你说的有道理，那我就去定了。
　　Nǐ shuō de yǒu dàolǐ, nà wǒ jiù qù dìng le.
女 听我的没错。
　　Tīng wǒ de méicuò.

남 내가 이번에 가야 될까 말아야 될까?
여 좋은 기회는 놓치면 다시 오지 않아. 네가 가는 것이 좋을 것 같아.
남 네 말이 일리 있어. 그럼 가는 걸로 정할게.
여 내 말만 들으면 틀릴 일 없다니까.

표현 활용

+ 他这样做有道理。
　Tā zhèyàng zuò yǒu dàolǐ.
+ 你刚才讲得很有道理。
　Nǐ gāngcái jiǎng de hěn yǒu dàolǐ.

· 그가 이렇게 하는 것은 일리가 있어.
· 네가 방금 말한 것은 매우 일리 있어.

> 机不可失 jībùkěshī
> 기회를 놓치면 안된다
> 讲 jiǎng ~에 대하여 말하다

不幸中的万幸
Búxìng zhōng de wànxìng

불행 중 다행이다

얼마 전 한 친구가 교통사고를 당했는데, 길을 건너다 자동차가 오는 것을 보지 못하고 부딪혔다고 했어요. 모두들 그 친구가 많이 다쳤을까 걱정했지만 정말 다행스럽게도 작은 타박상만 입었답니다. 이럴 때 쓸 수 있는 표현이 바로 '不幸中的万幸'입니다. '不幸中的万幸'에서 '不幸'은 '불행'을 의미하고, '万幸'은 '천만다행', '큰 행운'을 의미하고 있습니다. 즉, '불행 중의 큰 행운'이란 뜻이지요. 모든 불행의 이면에는 숨겨진 '万幸'이 있으니, '万幸'에 의지해서 불행에 너무 깊숙이 빠지지 말아야겠지요.

실전 대화

男 听说你姐姐出了交通事故，怎么样？受伤了吗？
Tīngshuō nǐ jiějie chū le jiāotōng shìgù, zěnmeyàng? Shòushāng le ma?

女 没什么大事儿，就是头破了点儿皮。
Méi shénme dà shìr, jiùshì tóu pò le diǎnr pí.

男 真是不幸中的万幸啊！
Zhēnshì búxìng zhōng de wànxìng a!

女 可不，真差点儿把我给吓死了。
Kěbù, zhēn chàdiǎnr bǎ wǒ gěi xiàsǐ le.

남 듣자하니 너희 언니가 교통사고를 당했다던데, 어때? 다쳤니?
여 그렇게 큰일은 아니고, 머리가 좀 찢어졌을 뿐이야.
남 정말 불행 중 다행이야!
여 누가 아니래. 정말 놀라 죽을 뻔 했다니까.

표현 활용

+ 没有骨折，只是点儿皮肉伤，真是不幸中的万幸。
Méiyǒu gǔzhé, zhǐshì diǎnr pímòu shāng, zhēnshì búxìng zhōng de wànxìng.

+ 医生说没有生命危险，真是不幸中的万幸。
Yīshēng shuō méiyǒu shēngmìng wēixiǎn, zhēnshì búxìng zhōng de wànxìng.

- 뼈는 부러지지 않았고 그저 가벼운 외상만 입었어. 정말 불행 중 다행이지 뭐야.
- 의사 선생님이 생명에는 지장이 없다고 했어. 정말 불행 중 다행이야.

姐姐 jiějie 누나, 언니
伤 shāng 상처, 다치다
医生 yīshēng 의사 선생님

还可以
Hái kěyǐ

그럭저럭 괜찮다

그럭저럭 보통의 상태를 나타내는 중국어 표현은 매우 다양합니다. '还可以' 역시 그 중 하나인데요, 비슷한 표현으로는 '马马虎虎 mǎmǎ hūhū', '凑合 còuhe', '还行 hái xíng'등이 있습니다. 이들 중 '还可以'와 '还行'은 상황에 따라서는 '좋다'는 의미로 쓰일 수 있어서 가장 긍정의 의미에 가까운 표현이라 할 수 있어요. 그렇다면 이 미묘한 어감은 어떻게 구분할 수 있을까요? 그것은 '还可以'가 사용된 앞 뒤 문맥의 의미와 화자가 말하고자 하는 어감을 파악하면 '그럭저럭 보통'이란 의미로 사용되었는지, 또는 '좋다'는 의미로 사용되었는지 알 수 있답니다.

실전 대화

男 时间过得真快。你进我们公司快两个月了吧?
　　Shíjiān guò de zhēn kuài. Nǐ jìn wǒmen gōngsī kuài liǎng ge yuè le ba?

女 可不。忙来忙去的,一转眼两个月了。
　　Kěbù. Mánglái mángqù de, yì zhuǎn yǎn liǎng ge yuè le.

男 你感觉怎么样?
　　Nǐ gǎnjué zěnmeyàng?

女 还可以。就是有时候觉得业务太多了, 有点儿累。
　　Hái kěyǐ. Jiùshì yǒushíhòu juéde yèwù tài duō le, yǒudiǎnr lèi.

남　시간이 정말 빨리 흘렀군요. 우리 회사에 입사한지 벌써 2개월째지요?
여　누가 아니래요. 바쁘게 왔다갔다 하다 보니 벌써 2개월이 지나갔네요.
남　기분이 어때요?
여　그럭저럭 괜찮아요. 그저 가끔 업무가 너무 많아서 조금 피곤할 따름이에요.

표현 활용

+ 她在那儿生活得还可以。
  Tā zài nàr shēnghuó de hái kěyǐ.
+ 这个菜味道还可以。
  Zhège cài wèidào hái kěyǐ.

- 그녀는 거기에서 그럭저럭 잘 지내.
- 이 요리의 맛은 그럭저럭 괜찮아.

> 时间 shíjiān 시간, 시각
> 生活 shēnghuó 생활

没事儿
Méishìr

괜찮다, 상관없다

저는 예전에 TV에 나온 북한 사람들이 "일 없습니다(没事儿)"라고 말할 때 정말 이상하게 생각했었어요. 분명 대화의 정황상 "괜찮습니다(没事儿)"라고 말해야 하는데 왜 '일이 없다'고 말하는지 도통 이해가 가지 않았거든요. 나중에 '没事儿'이라는 표현을 배우고서야 궁금증이 어느 정도 해소될 수 있었답니다. '没事儿'는 직역하게 되면 '일이 없다'는 뜻으로, '괜찮다', '상관없다'의 의미로 사용되는 표현입니다. 비슷하게 쓰이는 표현으로는 '没什么 méi shénme'와 '无所谓 wúsuǒwèi'가 있으니 함께 기억해 두시면 유용하게 사용할 수 있을 거예요.

실전 대화

男 刚才你来电话时我正在开会,没能接,不好意思。
　　Gāngcái nǐ lái diànhuà shí wǒ zhèngzài kāihuì, méi néng jiē, bùhǎo yìsi.

女 没事儿,工作要紧。
　　Méishìr, gōngzuò yào jǐn.

男 生气了?
　　Shēngqì le?

女 哪儿啊!快忙你的吧。
　　Nǎr a! Kuài máng nǐ de ba.

남 방금 네가 전화 했을 때 회의 중이어서 받을 수 없었어. 미안해.
여 괜찮아. 일이 더 급하지.
남 화났어?
여 아니야! 어서 볼일 봐.

표현 활용

+ 没事儿,下次注意点儿就行了。
　Méishìr, xiàcì zhùyì diǎnr jiù xíng le.

+ 没事儿,以后还有的是机会呢。
　Méishìr, yǐhòu hái yǒu de shì jīhuì ne.

• 상관없어. 다음번에 조금 더 주의하면 되지.
• 괜찮아. 나중에 기회는 얼마든지 있어.

电话 diànhuà 전화, 전화기
生气 shēngqì 화내다, 성나다

没问题
Méi wèntí

020

문제없다, 자신 있다

어떤 여행기를 보니 인도 사람들이 외국 사람들에게 가장 자주 하는 말 중 하나가 "no problem(문제없어요)"이더군요. 이와 비슷한 표현은 중국에도 있는데, 바로 '没问题'입니다. '没问题'는 존재의 부정을 나타내는 동사 '没'와, '문제'를 의미하는 명사 '问题'가 합쳐진 표현으로, '문제없다', '자신 있다'는 의미입니다. 비슷한 표현으로는 '괜찮다', '일없다'를 의미하는 '没事儿 méishìr'와 '상관없다', '염려 없다'를 의미하는 '没什么 méi shénme'가 있으니 함께 기억해 두세요.

실전 대화

男 今天晚上有时间吗?
　　Jīntiān wǎnshang yǒu shíjiān ma?

女 有时间是有时间，可恐怕要晚点下班。
　　Yǒu shíjiān shì yǒu shíjiān, kě kǒngpà yào wǎndiǎn xiàbān.

男 没问题，我等你。
　　Méi wèntí, wǒ děng nǐ.

女 好吧，那我一下班就联系你。
　　Hǎo ba, nà wǒ yí xiàbān jiù liánxì nǐ.

남 오늘 저녁에 시간 괜찮아?
여 시간은 있지. 그런데 아마 좀 늦게 퇴근할 것 같아.
남 문제없어. 기다릴게.
여 좋아. 그럼 퇴근하면 바로 연락할게.

표현 활용

+ 没问题，我一定帮你的忙。
　Méi wèntí, wǒ yídìng bāng nǐ de máng.

+ 没问题，我下次再来。
　Méi wèntí, wǒ xiàcì zài lái.

· 문제없어. 내가 반드시 널 도울게.
· 문제없어. 다음에 다시 올게.

今天 jīntiān 오늘, 오늘날
恐怕 kǒngpà 아마 ~일 것이다, 대체로

有意思
Yǒu yìsi

021

재미있다

'有意思'는 정말 '有意思'한 표현입니다. '意思'는 '의미', '생각', '재미', '성의', '애정' 등등 수많은 뜻을 가지고 있는 단어인데요, '有意思'에서 '意思'는 '재미'의 의미로 쓰이고 있어요. 즉, '재미있다'라는 뜻이지요. '有意思'가 '재미있다'라는 뜻이라면, '의미가 있다'는 어떻게 표현할 수 있을까요? '의미가 있다'는 '有意义 yǒu yìyì'라고 표현할 수 있답니다. 여러분의 지금 생활은 어떠한가요? '有意思还是没有意思? Yǒu yìsi háishì méiyǒu yìsi? (재미있나요? 아니면 재미없나요?)'

실전 대화

男 听说昨天你去看话剧了?
   Tīngshuō zuótiān nǐ qù kàn huàjù le?

女 嗯，跟两个朋友一起去的。
   Èng, gēn liǎng ge péngyou yìqǐ qù de.

男 演得怎么样? 有意思吗?
   Yǎn de zěnmeyàng? Yǒu yìsi ma?

女 演得棒极了，真有意思。下次我们一起去吧。
   Yǎn de bàng jí le, zhēn yǒu yìsi. Xiàcì wǒmen yìqǐ qù ba.

남 듣자하니 어제 넌 연극 보러 갔다며?
여 응. 친구 둘이랑 같이 갔었지.
남 연극은 어땠어? 재밌었니?
여 연기가 아주 죽여줬어. 정말 재밌었어. 다음에 우리 같이 보러 가자.

표현 활용

+ 学汉语真有意思。
  Xué Hànyǔ zhēn yǒu yìsi.

+ 他这个人真有意思。
  Tā zhège rén zhēn yǒu yìsi.

- 중국어 공부는 정말 재있어.
- 걔는 정말 재미있는 사람이야.

昨天 zuótiān 어제
话剧 huàjù 연극

放心
Fàngxīn

마음을 놓다, 안심하다

가끔 집에 돌아갈 때 마주치는 길고양이가 있는데요, 그 길고양이를 볼 때 마다 전 혹시 어디서 괴롭힘 당하지는 않을까, 굶고 다니지는 않을까 걱정을 했답니다. 그래서 전 동네 슈퍼에서 작은 고양이 간식을 구입해서 다녔어요. 가끔이나마 간식을 챙겨주면 고양이가 너무 맛있게 먹어줘서 너무 기뻤답니다. 그런데 어느 순간부터 아파트의 구석구석에 고양이의 밥과 물그릇이 생기기 시작하더군요. 다른 주민들 역시 고양이를 챙기는 것을 안 순간 저는 그제야 '放心' 할 수 있었답니다. '放心'은 '놓다', '풀어주다'의 의미를 지닌 동사 '放'과 '마음', '생각'의 의미를 지닌 명사 '心'이 합쳐져서 '마음을 놓다', '안심하다'는 뜻으로 사용되는 표현입니다.

실전 대화

男 **你最近过得好吗?**
Nǐ zuìjìn guò de hǎo ma?

女 **嗯，都挺好的。不用担心。**
Èng, dōu tǐng hǎo de. Búyòng dānxīn.

男 **那我就放心了。一个人在外国，要学会自己照顾自己。**
Nà wǒ jiù fàngxīn le. Yí ge rén zài wàiguó, yào xuéhuì zìjǐ zhàogù zìjǐ.

女 **我知道，我会照顾好自己的。**
Wǒ zhīdào, wǒ huì zhàogù hǎo zìjǐ de.

남 최근에 잘 지내고 있어?
여 응. 다 괜찮아. 걱정 마.
남 그럼 마음 놓을게. 외국에서 혼자 지내려면 스스로를 돌보는 법을 배워야해.
여 알고 있어. 내가 알아서 잘 할게.

표현 활용

+ **放心吧，我一定不会忘的。**
  Fàngxīn ba, wǒ yídìng búhuì wàng de.

+ **放心吧，事情没有你想的那么糟。**
  Fàngxīn ba, shìqing méiyǒu nǐ xiǎng de nàme zāo.

- 안심해. 절대로 잊지 않을게.
- 안심해. 일이 네가 생각하는 것처럼 그렇게 나쁘진 않아.

最近 zuìjìn 최근, 요즈음
担心 dānxīn 염려하다, 걱정하다
糟 zāo 나쁘다

多亏
Duōkuī

덕택이다, 은혜를 입다

얼마 전 아무생각 없이 길을 걷다가 공사로 인해 생긴 구멍에 빠질 뻔 했어요. 다행히(多亏) 지나가던 한 할머니께서 저에게 미리 알려주셔서 망정이지, 아니었으면 꼼짝없이 크게 다칠 뻔 했답니다. '多亏'는 '~덕택이다', '~에게 은혜를 입다'는 뜻으로 사용되는 표현인데요, 비슷하게 쓰는 표현으로는 '幸亏 xìngkuī'가 있습니다. '多亏'와 '幸亏'는 다른 사람의 도움으로 어떤 나쁜 결과를 피할 수 있었을 때는 서로 바꿔 쓸 수 있지만, 그저 운이 좋아 우연히 불행을 피할 수 있었을 때는 '幸亏'만 사용 가능해요. 또한 부사인 '幸亏'는 문장의 시작 부분에만 위치할 수 있는 반면, 동사인 '多亏'는 문장의 뒤에도 위치할 수 있는 차이점이 있답니다.

🐼 실전 대화

男 这次活动搞得怎么样?
Zhècì huódòng gǎo de zěnmeyàng?

女 大获成功。多亏你帮我出主意,谢谢你。
Dà huò chénggōng. Duōkuī nǐ bāng wǒ chū zhǔyi, xièxie nǐ.

男 办得好就行了。朋友之间,客气什么呀。
Bàn de hǎo jiù xíng le. Péngyou zhījiān, kèqi shénme ya.

女 改天我请你吃一顿大餐。
Gǎitiān wǒ qǐng nǐ chī yí dùn dà cān.

남 이번 행사는 어땠어?
여 크게 성공했어. 네가 아이디어를 준 덕분이지. 고마워.
남 잘 끝났으면 됐어. 친구사이에 무슨 체면치레야.
여 나중에 내가 크게 한 턱 쏠게.

🐼 표현 활용

+ 多亏出来得早,要不就赶不上了。
Duōkuī chūlái de zǎo, yàobù jiù gǎnbúshàng le.

+ 这次多亏你帮忙,要不我真的不知道该怎么办才好。
Zhècì duōkuī nǐ bāngmáng, yàobù wǒ zhēnde bù zhīdào gāi zěnmebàn cái hǎo.

• 일찍 출발한 덕분이야. 아니면 놓칠 뻔 했어.
• 이번에는 네가 도와준 덕분이야. 아니면 정말 어떻게 하면 좋을지 몰랐을 거야.

活动 huódòng 활동하다, 움직이다
搞 gǎo 하다, 처리하다

부정적 감정

托上以加了

Chapter
3

怎么这么
Zěnme zhème

024

왜 이렇게

만약 중국에서 국경절을 맞아 천안문 광장에 놀러 가게 된다면 어떨까요? 평소에도 사람이 많기로 유명한 천안문 광장은 국경절인 10월 1일이면 평소의 몇 배가 되는 사람들이 바글거립니다. 사람들 틈바구니에 끼여 이리 밀리고 저리 밀리다 보면 입에서는 저절로 "人怎么这么多? Rén zěnme zhème duō? (사람이 왜 이렇게 많아?)"라는 말이 나옵니다. '怎么这么'는 '어째서', '왜'라는 의미의 '怎么'와 '이런', '이렇게'라는 의미의 '这么'가 만나, '왜 이렇게'라는 의미를 가집니다. '怎么这么'는 주로 부정적인 표현에 많이 쓰여서 '怎么这么'를 사용하면 짜증이나 불만이 가득한 어투로 바뀌게 되니 유의해야 합니다. 반대로 친구가 대화 중 '怎么这么'를 사용했다면 지금 짜증이나 불만이 있는 상태임을 재빠르게 눈치 채셔야 하겠지요.

🐼 실전 대화

男 我到底做错了什么?
　　Wǒ dàodǐ zuòcuò le shénme?

女 到现在还不知道错在哪儿, 你怎么这么不懂女人的心呢?
　　Dào xiànzài hái bù zhīdào cuò zài nǎr, nǐ zěnme zhème bùdǒng nǚrén de xīn ne?

男 怪不得都说 "女人心, 海底针", 真让人头疼。
　　Guàibùde dōu shuō "nǚrén xīn, hǎidǐ zhēn", zhēn ràng rén tóuténg.

女 哼, 不理你了。
　　Hēng, bùlǐ nǐ le.

남　내가 도대체 무엇을 잘못한 거야?
여　지금까지도 뭘 잘못했는지 모르겠어? 넌 왜 이렇게 여자의 마음을 모르니?
남　어쩐지 모두들 "여자의 마음은 바다 속 바늘"이라더니, 정말 골치 아프게 하는구나.
여　흥, 너와 말하기 싫어.

🐼 표현 활용

+ 今天怎么这么冷呢?
　　Jīntiān zěnme zhème lěng ne?

+ 你们老板怎么这么苛刻呢?
　　Nǐmen lǎobǎn zěnme zhème kēkè ne?

- 오늘 왜 이렇게 춥지?
- 너희 사장님은 왜 이렇게 가혹하게 구니?

到底 dàodǐ 도대체
女人心, 海底针
nǚrén xīn, hǎidǐ zhēn
여자의 마음은 알 수 없다

想不开
Xiǎngbukāi

꽁하게 생각하다

항상 마음을 닫아둔 채 꽁하게 지내는 사람이 있지요. 이런 꽁한 마음을 가리켜 '想不开'라고 합니다. '想不开'는 '생각하다'는 의미의 '想'과 '열지 못하다'는 의미를 지닌 '不开'가 합쳐진 표현으로, 마음을 열지 못하고 꽁하게 생각하는 마음을 이야기하고 있습니다. '想不开'와 반대되는 표현으로는 '넓게 생각하다', '관대하게 생각하다'의 뜻을 가진 '想得开 xiǎngdekāi'가 있답니다. 세상을 살다보면 가끔 다른 사람의 실수에 대해 관대하게 생각하지 못해서(想不开) 화날 때가 있지요. 하지만 상대방이 저지른 실수는 언젠가 자신도 저지를 수 있으니 좀 더 관대하게 생각해서(想得开) 용서한다면 어떨까요?

실전 대화

男 这次考试又没戏了。
　 Zhècì kǎoshì yòu méixì le.

女 怎么？你不是准备得挺充分的吗？
　 Zěnme? Nǐ búshì zhǔnbèi de tǐng chōngfèn de ma?

男 哎，每次都这样，我真不想再考了。
　 Āi, měicì dōu zhèyàng, wǒ zhēn bùxiǎng zài kǎo le.

女 别想不开，再试一次吧。
　 Bié xiǎngbùkāi, zài shì yí cì ba.

남 이번 시험도 역시 가망이 없어.
여 뭐라고? 분명 충분히 준비하지 않았어?
남 에이, 매번 이렇다니까. 정말 다시 시험치고 싶지 않아.
여 꽁하게 생각하지 말고 다시 한 번 더 시험 쳐보렴.

표현 활용

+ 凡事要大度点儿，没什么想不开的。
  Fánshì yào dàdù diǎnr, méi shénmm xiǎngbùkāi de.

+ 她一时想不开，自杀了。
  Tā yìshí xiǎngbùkāi, zìshā le.

· 매사에 좀 대범해지면 이해하지 못 할 것도 없지.
· 그녀는 마음의 근심을 털어내지 못하고 자살해버렸어.

考试 kǎoshì 시험
准备 zhǔnbèi 준비하다
自杀 zìshā 자살

不怎么样
Bù zěnmeyàng

그저 그렇다, 별로다

얼마 전 소개팅을 다녀온 친구에게 다른 친구들이 소개팅의 상대에 대해 물어봤어요. "怎么样(어땠어?)" 그 친구는 울상으로 친구들에게 이렇게 대답했어요. "不怎么样!(그저 그래)!" '不怎么样'은 어떠한 대상에 대한 자신의 감정이나 평가를 내리는 표현입니다. 부정을 나타내는 '不'와 '어떻다', '어떠하다'는 뜻을 가진 '怎么样'이 결합하여 부정적 감정을 드러내는 표현이 되었답니다. 감정의 정도를 상, 중, 하로 나눌 수 있다면 이 '不怎么样'은 하에 가깝다고 할 수 있습니다. 그 친구는 이번에도 소개팅에서 별 성과를 거두지 못했음을 알 수 있겠네요.

실전 대화

男 他女朋友怎么样,漂亮吗?
　　Tā nǚpéngyou zěnmeyàng, piàoliang ma?

女 不怎么样,又矮又胖。
　　Bù zěnmeyàng, yòu ǎi yòu pàng.

男 他眼光那么高,是不是挑来挑去挑走眼了?
　　Tā yǎnguāng nàme gāo, shìbúshì tiāo lái tiāo qù tiāo zǒuyǎn le?

女 哎,这就叫"情人眼里出西施"嘛!
　　Āi, zhè jiù jiào "qíngrén yǎnlǐ chū xīshī" ma!

남　걔 여자 친구는 어때? 예뻐?
여　별로야, 키도 작고 뚱뚱해.
남　걔 눈이 그렇게 높은데 이리저리 재더니 눈이 삔 거 아니야?
여　에이, 이것이야말로 "제 눈의 안경"이지!

표현 활용

+ 这个主意不怎么样。
　Zhège zhǔyi bù zěnmeyàng.

+ 他的人缘儿不怎么样。
　Tā de rényuánr bù zěnmeyàng.

- 이 아이디어는 시원찮아.
- 걔 인간관계가 별로야.

女朋友 nǚpéngyou 여자 친구
矮 ǎi 키가 작다
胖 pàng 뚱뚱하다

受不了
Shòubuliǎo

참을 수 없다, 견딜 수 없다

살다 보면 정말 견딜 수 없는 어떤 상황에 부딪칠 때가 있어요. 그럴 때 쓸 수 있는 표현이 '受不了'입니다. '受不了'는 '받다', '견디다'는 뜻의 '受'와, '~할 수 없다'는 뜻의 '不了'가 함께 합쳐져서 '견딜 수 없다', '참을 수 없다'는 의미를 지닌 표현입니다. 보통 '了'는 le로 발음이 되는데, '受不了'처럼 앞에 '得'나 '不'가 함께 있으면 liǎo로 발음이 됩니다. '~할 수 없다'는 뜻의 '不了'앞에는 '玩不了 wánbùliǎo (놀 수 없다)', '唱不了 chàngbùliǎo(노래를 부를 수 없다)'와 같이 '受' 외에도 다양한 단어를 넣어, 여러 뜻의 표현들을 만들 수 있습니다.

실전 대화

男 几个月不见, 你好像瘦了。
　Jǐ ge yuè bú jiàn, nǐ hǎoxiàng shòu le.

女 别提了, 公司每天加班, 我真的受不了了。
　Bié tí le, gōngsī měitiān jiābān, wǒ zhēnde shòubùliǎo le.

男 现在找工作那么难, 有个工作做已经不错了, 你就忍忍吧。
　Xiànzài zhǎo gōngzuò nàme nán, yǒu ge gōngzuò zuò yǐjīng búcuò le, nǐ jiù rěnren ba.

女 那倒是。
　Nà dàoshì.

남　몇 달 보지 못한 사이에 좀 마른 것 같아.
여　말도 마. 매일 같이 야근이야. 정말 견딜 수가 없어.
남　지금 취업이 그렇게 힘들다던데, 일자리가 있는 것만으로도 다행이야. 조금 참아 봐.
여　그건 그렇지.

표현 활용

+ 他说话从来不考虑别人的感觉, 真让人受不了。
　Tā shuōhuà cónglái bù kǎolǜ biérén de gǎnjué, zhēn ràng rén shòubùliǎo.
+ 她从小娇生惯养, 受不了一点儿委屈。
　Tā cóngxiǎo jiāoshēng guànyǎng, shòubùliǎo yìdiǎnr wěiqu.

· 그는 여태껏 단 한 번도 남의 감정을 생각하고 말한 적이 없어. 정말 못 참겠어.
· 그녀는 어릴 때부터 응석받이로 자라서, 작은 억울함도 참지 못해.

瘦 shòu 마르다, 여위다
公司 gōngsī 회사
忍 rěn 참다, 견디다

不像话
bú xiànghuà

말도 안 돼, 꼴불견이야

'不像话'는 부정을 의미하는 '不'와 '말이나 행동이 이치에 맞다', '말이 되다'는 뜻의 '像话'가 합쳐져서 '말도 안 돼', '꼴불견이야'는 의미를 가집니다. 즉, 언어나 행동이 말 같지 않다는 말이지요. '不像话'의 앞에는 '진짜'를 뜻하는 '真 zhēn'이나 '너무'를 의미하는 '太 tài'를 함께 붙여 그 뜻을 강조해서 쓰기도 합니다. 그럴 때는 '真'이나 '太'에 강세를 두어 발음하면 '不像话'의 어감을 더욱 살릴 수 있습니다.

실전 대화

男 昨天的足球比赛你看了吗?
Zuótiān de zúqiú bǐsài nǐ kàn le ma?

女 看了,真可惜,二比一,韩国队输了。
Kàn le, zhēn kěxī, èr bǐ yī, Hánguóduì shū le.

男 那个裁判真不像话,明明是对方对手犯了规,却给了咱们球员一个黄牌。
Nàge cáipàn zhēn bú xiànghuà, míngmíng shì duìfāng duìshǒu fàn le guī, què gěi le zánmen qiúyuán yí ge huángpái.

女 可不,真气人。
Kěbù, zhēn qìrén.

남 너 어제 축구 경기 봤어?
여 봤지. 2대 1로 한국이 지다니. 정말 아쉬워.
남 그 심판은 정말 말도 안 돼. 분명히 상대방이 반칙을 했는데도 우리 선수에게 옐로우 카드를 줬어.
여 왜 아니겠어. 정말 화나.

표현 활용

+ 随地扔垃圾,真不像话。
  Suídì rēng lājī, zhēn bú xiànghuà.

+ 上车时乱挤不排队,真不像话。
  Shàngchē shí luàn jǐ bù páiduì, zhēn bú xiànghuà.

- 아무데나 쓰레기를 버리지 마. 정말 꼴불견이야.
- 승차할 때 줄을 서지 않고 밀고, 정말 꼴불견이야.

可惜 kěxī 아쉽다, 섭섭하다
裁判 cáipàn 심판
垃圾 lājī 쓰레기, 오물

吓死我了
Xiàsǐ wǒ le

간 떨어지는 줄 알았어

학창시절 저는 친구들의 뒤로 살금살금 다가가서 툭 치고 달아나곤 했어요. 저의 이런 버릇은 중국 유학시절까지 이어져서 제 중국 친구들은 제가 살금살금 다가가 깜짝 놀라게 하면 "吓死我了"라며 놀란 가슴을 쓸어내리더군요. '吓死我了'에서 '吓 xià'는 '놀라다', '무서워하다'는 의미를 지닌 동사입니다. 때문에 '吓死我了'를 직역하게 되면 '놀라 죽을 뻔 했다'가 되지요. '吓死我了'는 놀랐을 때 반사적으로 사용되는 감탄사와 같은 표현이기 때문에 여러 번 반복해서 외워야 정확한 상황에서 쓸 수 있다는 점 기억해 두세요.

실전 대화

男 医生怎么说的？没什么大问题吧？
   Yīshēng zěnme shuō de? Méi shénme dà wèntí ba?

女 嗯，医生说是急性肠炎。
   Ēn, yīshēng shuō shì jíxìng chángyán.

男 吓死我了，看你难受成那样，我还以为得了什么大病了呢。
   Xiàsǐ wǒ le, kàn nǐ nánshòu chéng nàyàng, wǒ hái yǐwéi dé le shénme dà bìng ne.

女 不好意思，让你虚惊一场。
   Bù hǎo yìsi, ràng nǐ xūjīng yì chǎng.

남 의사 선생님이 뭐라고 말씀하셨어? 큰 문제 없다고 하지?
여 응, 말씀하시길 급성장염이라고 해.
남 간 떨어지는 줄 알았네. 네가 그렇게 고통스러워하는 걸 보고 무슨 큰 병이라도 생긴 줄 알았어.
여 미안해. 괜히 놀라게 했네.

표현 활용

+ 吓死我了，我还以为踩到了一条蛇，原来是一根绳子。
  Xiàsǐ wǒ le, wǒ hái yǐwéi cǎidào le yì tiáo shé, yuánlái shì yì gēn shéngzi.

+ 吓死我了，我还以为孩子走失了呢。
  Xiàsǐ wǒ le, wǒ hái yǐwéi háizi zǒushī le ne.

· 간 떨어지는 줄 알았어. 뱀을 밟은 줄 알았는데 알고 보니 밧줄이었지 뭐야.
· 간 떨어지는 줄 알았네. 애를 잃어버린 줄 알았지 뭐야.

急性肠炎 jíxìng chángyán
급성장염
蛇 shé 뱀

起鸡皮疙瘩
Qǐ jīpí gēda

닭살 돋아

닭살 커플들이 꼬꼬댁 거리면서 닭살을 떨고 있으면 주변 사람들 역시 같이 닭이 되는 기분이 들지요. '起鸡皮疙瘩'는 '일어나다'는 의미의 동사 '起', '닭 껍질'의 의미인 '鸡皮', 그리고 '뾰루지'의 의미를 가진 '疙瘩'가 합쳐진 표현으로, '닭살 돋다', '소름 돋다'는 뜻으로 쓰이는 표현입니다. 사실 '起鸡皮疙瘩'는 꼭 커플들의 애정행각으로 생긴 닭살만을 표현하는 것만은 아닙니다. '起鸡皮疙瘩'는 어떤 상황이 무섭거나 놀라워서 소름이 돋을 때도 함께 쓸 수 있답니다. 그나저나 중국도 우리나라와 같이 '닭살 돋다'라고 표현하는 것이 참 흥미롭네요.

실전 대화

男 为什么大家都喜欢小王呢?
　　Wèishénme dàjiā dōu xǐhuan Xiǎo wáng ne?

女 人家能说会道，见什么人说什么话呀。
　　Rénjia néng shuō huì dào, jiàn shénme rén shuō shénme huà ya.

男 我可不会说那种让人起鸡皮疙瘩的肉麻话。
　　Wǒ kě búhuì shuō nà zhǒng ràng rén qǐ jīpí gēdā de ròumáhuà.

女 你看你，倔脾气又来了，这样怎么能吃香呢?
　　Nǐ kàn nǐ, juèpíqi yòu lái le, zhèyàng zěnme néng chīxiāng ne?

남　왜 모두들 샤오왕을 좋아할까?
여　걔는 말 재주가 좋아서 만나는 사람에 잘 맞춰서 말하잖아.
남　나는 절대 그런 닭살 돋는 느끼한 말을 할 수 없을 것 같아.
여　이것 봐, 고집쟁이야. 그럼 어떻게 사람들이 널 좋아할 수 있겠어?

표현 활용

+ 别说了，我都起鸡皮疙瘩了。
　Bié shuō le, wǒ dōu qǐ jīpí gēdā le.

+ 这歌唱得真棒，我都起鸡皮疙瘩了。
　Zhè gē chàng de zhēn bàng, wǒ dōu qǐ jīpí gēdā le.

- 더 이상 말하지 마. 닭살 돋아.
- 이 노래는 정말 대단해. 닭살이 돋더라니까.

喜欢 xǐhuan 좋아하다
倔脾气 juèpíqi 퉁명스런 성질
吃香 chīxiāng 환영받다

发毛
Fāmáo

031

소름 끼치다

혹시 머리카락이 쭈뼛거리며 곤두서는 느낌을 받아본 적 있으신가요? 저는 예전에 극장에서 공포영화를 보고는 온 몸의 털이 곤두서는 느낌을 받은 적이 있어요. 이런 감정을 중국어로는 '发毛'라고 표현하는데요, 말 그대로 '털이 곤두서다'는 뜻입니다. '发毛'는 '느끼다', '느낌이 일어나다'의 의미를 가진 '发'와, '털'의 의미를 가진 '毛'가 합쳐져서, 털이 곤두설 만큼 소름 끼치고, 무서운 감정을 표현하고 있습니다. 얼마나 무섭고 소름이 끼치면 털이 곤두서는 느낌을 느낄 수 있는 걸까요? 하지만 '发毛'한 감정을 느끼기 위해 공포영화를 다시 보는 것은 정말 생각하기도 싫네요.

실전 대화

男 听说现在正在上映一部新电影，很好看。
　 Tīngshuō xiànzài zhèngzài shàngyìng yí bù xīn diànyǐng, hěn hǎokàn.

女 什么内容？
　 Shénme nèiróng?

男 恐怖电影，挺吓人的。
　 Kǒngbù diànyǐng, tǐng xiàrén de.

女 那我可看不了。一看恐怖电影我就发毛。
　 Nà wǒ kě kànbùliǎo. Yí kàn kǒngbù diànyǐng wǒ jiù fāmáo.

남 듣자하니 지금 상영하는 한 영화가 엄청 재미있다고 해.
여 무슨 내용인데?
남 공포영화야. 엄청 무섭다고 해.
여 그럼 난 못 봐. 공포영화를 보기만 하면 소름 끼쳐.

표현 활용

+ 镇静点儿，别发毛！
  Zhènjìng diǎnr, bié fāmáo!

+ 一个人走夜路，心里直发毛。
  Yí ge rén zǒu yèlù, xīnli zhí fāmáo.

· 진정해. 무서워하지 마!
· 혼자 밤길을 걸으니, 너무 겁나서 머리카락이 쭈뼛거려.

上映 shàngyìng 상영하다
电影 diànyǐng 영화

舍不得
Shěbude

아쉽다, 미련이 남다

오랜 유학생활을 청산하고 북경을 뒤로하며 한국으로 향하는 비행기 안에서 저도 모르게 나온 한 마디가 있었습니다. "舍不得离开! shěbùde líkāi! (헤어지기 아쉽네!)" 사실 이 표현은 오랫동안 유학생활을 했지만 이상하게 유독 외워지지 않던 표현이었는데, 하필 마지막 날에 저절로 입에서 튀어 나와 저를 당황하게 했던 표현이랍니다. '舍不得'는 '아쉽다', '미련이 남다'라는 뜻 외에도 '(아깝지만) 할 수 없다'는 표현도 함께 지니고 있어요. 예를 들어, 아주 비싼 명품 가방은 심장이 쿵쾅거려서 도저히 '舍不得买 shěbùde mǎi (아까워서 살 수 없다)' 하지요.

실전 대화

男 车呢？你怎么没开车来？
Chē ne? Nǐ zěnme méi kāichē lái?

女 抛锚了，去维修了。
Pāomáo le, qù wéixiū le.

男 你那老爷车真该报废了！
Nǐ nà lǎoye chē zhēn gāi bàofèi le!

女 我的车跟了我十多年了，舍不得扔。
Wǒ de chē gēn le wǒ shí duō nián le, shěbùde rēng.

남 차는? 왜 차를 몰고 오지 않았어?
여 고장 나서 수리하러 갔어.
남 그 고물차를 정말 폐차시켜야 겠어!
여 내 차는 나와 함께 십여 년을 함께 했다고. 버리기에는 너무 아쉬워.

표현 활용

+ 我真舍不得离开你。
Wǒ zhēn shěbùde líkāi nǐ.

+ 修修还能用，舍不得扔。
Xiūxiu hái néng yòng, shěbùde rēng.

- 나는 정말 너와의 이별이 아쉬워.
- 수리하면 아직 쓸 수 있어. 버리기에는 너무 아쉽다니까.

> 抛锚 pāomáo 고장 나서 중간에 멈추다

不好意思
Bùhǎo yìsi

미안하다, 부끄럽다

'意思'는 정말 다양한 표현 속 여러가지의 의미로 사용되는 단어인데요, '意思'는 '의미', '생각', '재미', '성의', '애정' 등등 수많은 뜻으로 쓰이고 있답니다. '不好意思'에서 '意思'는 '기분'의 뜻으로 쓰여서, '미안하다', '부끄럽다', '송구스럽다' 등의 의미를 지니고 있습니다. 이처럼 '不好意思'는 상대방에게 미안한 감정을 느낄 때 주로 사용하는데요, 비슷한 표현으로는 '미안하다'는 뜻인 '对不起 duìbuqǐ'가 있습니다. 사실 처음 중국어를 배울 때는 '미안하다'는 표현으로 '对不起'를 먼저 배우는데요, 정작 현지 중국 사람들은 '对不起'보다 '不好意思'를 더 많이 쓰기 때문에 '不好意思'의 활용빈도가 '对不起'보다 더 높다는 점 기억해 두세요.

🐼 실전 대화

男 咱们周末去哪儿玩儿？
　　Zánmen zhōumò qù nǎr wánr?

女 不好意思，我这个周末要加班，只好推到下周了。
　　Bùhǎo yìsi, wǒ zhège zhōumò yào jiābān, zhǐhǎo tuīdào xiàzhōu le.

男 没什么。那我们下周一定去玩儿！
　　Méi shénme. Nà wǒmen xiàzhōu yídìng qù wánr!

女 一言为定！
　　Yìyánwéidìng!

남　우리 주말에 어디 가서 놀까?
여　미안해. 이번 주말에는 잔업을 해야 해. 할 수 없이 다음 주로 미뤄야겠어.
남　괜찮아. 그럼 우리 다음 주는 반드시 같이 놀자!
여　약속할게!

🐼 표현 활용

+ 不好意思，我误会你了。
　Bùhǎo yìsi, wǒ wùhuì nǐ le.

+ 我没帮上什么忙，真不好意思。
　Wǒ méi bāng shàng shénme máng, zhēn bùhǎo yìsi.

• 미안해. 내가 너를 오해했어.
• 내가 별 도움이 안돼서 정말 미안해.

周末 zhōumò 주말
加班 jiābān 잔업하다
忙 máng 바쁘다

不甘心
Bù gānxīn

달갑지 않다, 기분이 꿀꿀하다

오랜만에 만난 친구가 요즘 매일 선을 보고 소개팅을 다니고 있다며 피곤함을 호소했어요. 자신은 결혼 생각이 없지만 친구의 부모님은 계속 친구의 결혼을 재촉하고 있어서 정말 달갑지 않다고(真不甘心 zhēn bù gānxīn) 한숨을 쉬더군요. '不甘心'에서 '甘心'은 '기꺼이 원하다', '달가워하다'의 의미로 쓰여서, 어떤 상황이나 사건에 대해 정말 원치 않거나 기분이 나쁨을 의미하는 표현입니다. 저도 가끔 제가 원치 않는 일을 어쩔 수 없이 할 때면 '不甘心' 하기도 해요. 하지만 하고 싶은 일만 할 수 있는 것이 아니기에 '不甘心' 하더라도 긍정적으로 생각하려 노력하고 있는데, 잘 되진 않네요. 오늘 혹시 '不甘心' 한 일이 있었다면 툭툭 털어버리고 다시 긍정적으로 생각하도록 함께 노력해 보아요.

🐼 실전 대화

男 这次期中考试考得怎么样？
Zhècì qīzhōng kǎoshì kǎo de zěnmeyàng?

女 全班第二，只跟第一名差了一分，真不甘心。
Quánbān dì'èr, zhǐ gēn dì yī míng chà le yì fēn, zhēn bù gānxīn.

男 不是还有期末考试吗？加油！
Búshì háiyǒu qīmò kǎoshì ma? Jiāyóu!

女 走着瞧，期末考试一定考个第一名！
Zǒu zhe qiáo, qīmò kǎoshì yídìng kǎo ge dì yī míng!

남 이번 중간고사는 어땠어?
여 반에서 2등이야. 1등과 1점 차이 밖에 나지 않아. 정말 기분이 꿀꿀해.
남 아직 기말고사가 남았지 않아? 힘내!
여 두고 봐야지. 기말고사에서는 반드시 1등을 하겠어!

🐼 표현 활용

+ 就这么放弃，真不甘心！
  Jiù zhème fàngqì, zhēn bù gānxīn!
+ 他不甘心一直在别人手下做事。
  Tā bù gānxīn yìzhí zài biérén shǒuxià zuòshì.

- 이렇게 포기하다니, 정말 기분이 꿀꿀해!
- 걔는 줄곧 다른 사람 밑에서 일하는 것을 달가워하지 않았어.

期中考试 qīzhōng kǎoshì 중간고사
期末考试 qīmò kǎoshì 기말고사

烦死了
Fánsǐ le

지겨워 죽겠다, 피곤해 죽겠다

얼마 전 윗집에 귀여운 아이들이 이사 오면서 저는 말로만 듣던 층간소음을 직접 경험하게 되었어요. 윗집 아이들은 밤새도록 뛰고 피아노를 쳤고, 층간소음에 시달리던 저는 '烦死了'를 입에 달고 살아야 했습니다. '烦死了'는 '성가시다', '짜증스럽다'는 뜻인 '烦'과 '죽다'는 뜻인 '死了'가 합쳐진 표현으로, 죽을 듯이 성가시고, 짜증스러운 감정을 표현할 때 주로 쓰인답니다. '烦死了'는 일상생활에서 사용빈도가 굉장히 높은 표현들 중 하나이니 기억해 두시면 유용하게 쓰인답니다. 그나저나 윗집 아이들은 언제쯤이면 조용해질까요? 정말 매일 매일이 '烦死了'네요.

실전 대화

男 你手机来电话了，怎么不接?
　　Nǐ shǒujī lái diànhuà le, zěnme bùjiē?

女 烦死了，我早就跟他说我对他不感兴趣，可还是一直来电话。
　　Fánsǐ le, wǒ zǎo jiù gēn tā shuō wǒ duì tā bù gǎn xìngqù, kě háishì yìzhí lái diànhuà.

男 我看他人挺好的，你再考虑考虑，怎么样?
　　Wǒ kàn tārén tǐng hǎo de, nǐ zài kǎolǜ kǎolǜ, zěnmeyàng?

女 考虑什么呀，跟他在一起，一点儿感觉都没有。
　　Kǎolǜ shénme ya, gēn tā zài yìqǐ, yìdiǎnr gǎnjué dōu méiyǒu.

남 핸드폰에 전화가 오는데 왜 받지 않아?
여 지겨워 죽겠어. 벌써 일찌감치 난 관심 없다고 걔에게 말했는데도 계속 전화를 걸어와.
남 내가 볼 때 사람은 좋은 것 같은데, 다시 한 번 생각해 보는 것은 어때?
여 무슨 생각이야. 걔랑 같이 있으면 아무런 감정도 생기질 않는 걸.

표현 활용

+ 周末又要加班，烦死了。
　Zhōumò yòu yào jiābān, fánsǐ le.

+ 烦死了，哪儿都不想去。
　Fánsǐ le, nǎr dōu bùxiǎng qù.

• 주말에 또 잔업이야. 지겨워 죽겠어.
• 피곤해 죽겠어. 그 어디도 가고 싶지 않아.

电话 diànhuà 전화
感兴趣 gǎn xìngqù 관심이 있다, 흥미가 있다

真倒霉
Zhēn dǎoméi

정말 재수 없어

아침에 아슬아슬하게 버스를 놓치고, 새로 산 구두의 굽이 몽땅 부러져 버리고, 수업 시간에는 실수를 연발하고, 저녁에 집으로 돌아가는 길에는 또 버스를 아슬아슬하게 놓치게 되는 일이 바로 저에게도 일어났답니다. 그날 저의 입에서는 하루 종일 '真倒霉'가 떠날 틈이 없었어요. '真倒霉'는 '정말 재수가 없다'는 의미로, 운이 없거나 뜻대로 일이 흘러가지 않을 때 사용되는 표현입니다. '真倒霉'한 그날은 정말 '머피의 법칙(墨菲定律) Mòfēi dìnglǜ'이 실감나는 하루였어요.

실전 대화

男 你的脚怎么了?
Nǐ de jiǎo zěnme le?

女 真倒霉, 今天下楼梯时, 不小心摔倒了, 小脚趾骨折了。
Zhēn dǎoméi, jīntiān xià lóutī shí, bù xiǎoxīn shuāidǎo le, xiǎo jiǎozhǐ gǔzhé le.

男 不用住院吗?
Búyòng zhùyuàn ma?

女 不用, 但要打一个月的石膏。
Búyòng, dàn yào dǎ yí ge yuè de shígāo.

남 네 발이 어떻게 된 거야?
여 정말 재수 없어. 오늘 계단을 내려가다 그만 넘어지는 바람에 새끼 발가락이 부러졌지 뭐야.
남 병원에 입원하지 않아도 돼?
여 괜찮아. 그런데 한 달 동안 깁스를 해야 해.

표현 활용

+ 真倒霉, 今天把钱包给丢了。
Zhēn dǎoméi, jīntiān bǎ qiánbāo gěi diū le.

+ 真倒霉, 早不坏晚不坏, 偏偏我用的时候坏。
Zhēn dǎoméi, zǎo búhuài wǎn búhuài, piānpiān wǒ yòng de shíhou huài.

· 정말 재수 없어. 오늘 지갑을 잃어버렸어.
· 정말 재수 없어. 하필 이때 고장이야. 꼭 내가 쓰려고 하면 망가진다니까.

楼梯 lóutī 계단
摔倒 shuāidǎo 넘어지다, 자빠지다
骨折 gǔzhé 골절되다

热得要命
Rè de yàomìng

더워 죽겠어

'대구'와 '아프리카'를 합친 신조어인 '대프리카'를 들어보셨나요? 덥기로 유명한 아프리카만큼 대구가 덥다는 뜻이랍니다. 대구에서 평생을 살아온 저에게도 대구의 7, 8월은 '热得要命'이란 말을 달고 살게 합니다. '热得要命'에서 '要命 yàomìng'은 '죽을 지경이다'를 의미하고 있는데요, '要命'은 '冷得要命 lěng de yàomìng (추워 죽겠다)'과 같이 '동사+要命'의 형태로 주로 쓰여서, '동사'의 정도가 매우 극심함을 나타냅니다. 즉 '热得要命'은 더워서 죽을 지경이란 뜻이 되겠지요. 이번 대구의 여름은 얼마나 '热得要命' 할 것인지 매우 기대되는군요.

실전 대화

男 听天气预报说，今天最高气温36度。
　　Tīng tiānqì yùbào shuō, jīntiān zuìgāo qìwēn 36 dù.

女 怪不得从早上开始就热得要命。
　　Guàibùde cóng zǎoshang kāishǐ jiù rè de yàomìng.

男 那咱们以热治热，中午去吃参鸡汤，怎么样?
　　Nà zánmen yǐ rè zhì rè, zhōngwǔ qù chī Shēnjītāng, zěnmeyàng?

女 好主意，就这么定了。
　　Hǎo zhǔyi, jiù zhème dìng le.

남 일기예보에 오늘 최고기온이 36도래.
여 어쩐지 아침부터 더워 죽을 것 같더라니.
남 그럼 우리 이열치열이라고, 점심때 삼계탕 먹으러 갈까? 어때?
여 좋은 생각이야. 그럼 그렇게 하자.

표현 활용

+ 一连好几天都是热带夜，真是热得要命。
　Yìlián hǎo jǐ tiān dōu shì rèdàiyè, zhēnshì rè de yàomìng.

+ 热得要命，咱们一起去吃刨冰吧。
　Rè de yàomìng, zánmen yìqǐ qù chī bàobīng ba.

• 며칠간 열대야가 지속되고 있어. 정말 더워 죽겠어.
• 더워 죽겠어. 우리 빙수 먹으러 가자.

天气预报 tiānqì yùbào 날씨
以热治热 yǐ rè zhì rè 이열치열
刨冰 bàobīng 빙수

의지, 의문

托 了 加 以 上

Chapter

4

一定
Yídìng

반드시, 꼭

지구에 사는 사람이라면 '一定(반드시)' '环境保护 huánjìng bǎohù (환경보호)'를 해야 합니다. '一定'은 부사로 쓰일 때 '반드시', '꼭'이란 의미를 가지게 되는데요, 무언가를 다짐하거나 강조할 때 주로 쓰인답니다. '一定'은 전체 문장에서 양념과도 같은 역할을 하고 있어서, '一定'이 빠지면 강조의 느낌이 한층 덜해져요. 때문에 '一定'을 발음하실 때 '一定'에 강세를 넣어서 발음한다면 좀 더 리얼하게 문장의 맛을 살릴 수 있을 거예요.

실전 대화

男 说好了，有什么好消息一定第一个告诉我！
　　Shuōhǎo le, yǒu shénme hǎo xiāoxī yídìng dì yí ge gàosu wǒ!

女 你就放心吧，一定第一时间告诉你。
　　Nǐ jiù fàngxīn ba, yídìng dì yī shíjiān gàosu nǐ.

男 不许食言。
　　Bùxǔ shíyán.

女 一言为定。
　　Yìyánwéidìng.

남 좋은 소식이 있으면 꼭 첫 번째로 나한테 이야기하기로 약속해!
여 마음 푹 놔. 반드시 바로 알려줄게.
남 약속 지켜.
여 약속 했어!

표현 활용

+ 这次考试一定要通过。
　Zhècì kǎoshì yídìng yào tōngguò.

+ 我相信你，你一定会成功的。
　Wǒ xiāngxìn nǐ, nǐ yídìng huì chénggōng de.

• 이번 시험은 꼭 통과해야 해.
• 나는 네가 반드시 성공할 거라고 믿고 있어.

消息 xiāoxi 소식, 뉴스
不许食言 bùxǔ shíyán 약속을 어기는 것을 허락하지 않다

那还用说
Nà hái yòng shuō

또 무슨 말이 필요하니

당연한 일을 자꾸 다시 묻는 사람들이 있지요? 그럴 때면 웃으며 '那还用说'라고 말해주세요. '那还用说'는 반어문의 어투로, '또 무슨 말이 필요하니' 또는 '당연하지'란 의미를 가지고 있어요. 즉, 너무나도 당연해서 더 이상 말할 필요가 없다는 말이죠. 비슷한 의미를 가진 표현으로는 '당연하지'란 뜻의 '当然了 dāngrán le'가 있어요. 대화를 할 때, 친구의 말에 맞장구를 치거나 동의를 표현하고 싶을 때 '那还用说'라고 말해주면 대화가 더욱 흥미진진하게 진행될 수 있답니다.

🐼 실전 대화

男 你还记得我吗?
　　Nǐ hái jìde wǒ ma?

女 那还用说，老同学，我怎么能忘了你呢?
　　Nà hái yòng shuō, lǎotóngxué, wǒ zěnme néng wàng le nǐ ne?

男 你不见老，跟高中时差不多。
　　Nǐ bújiàn lǎo, gēn gāozhōng shí chàbùduō.

女 哪儿啊，看看，头发都白了。
　　Nǎr a, kànkan, tóufa dōu bái le.

남　아직 나를 기억해?
여　무슨 말이 필요하니? 옛 동창인 너를 내가 어떻게 잊을 수 있겠니?
남　넌 늙지 않고 학창시절이랑 똑같구나.
여　아니야, 이것 봐봐. 머리가 백발이 다 됐는걸.

🐼 표현 활용

A 你能帮我一个忙吗?
　　Nǐ néng bāng wǒ yí ge máng ma?

B 那还用说，什么事? 尽管说吧。
　　Nà hái yòng shuō, shénme shì? Jǐnguǎn shuō ba.

A 부탁 하나 해도 될까?
B 무슨 말이 더 필요해? 무슨 일인데? 얼마든지 이야기해.

记 jì 적다, 기록하다
头发 tóufa 머리카락

门儿都没有
Ménr dōu méiyǒu

어림도 없지

고등학교를 다닐 때 엄마에게 핸드폰을 사 달라고 조른 적이 있었어요. 사실 그때는 핸드폰이 귀하던 시절이라 주변 친구들 중 몇몇만 핸드폰을 가지고 있었답니다. 아침마다 핸드폰 타령을 하던 저에게 엄마는 "门儿都没有!"라고 단칼에 저의 타령을 잘라냈었어요. '门儿都没有'는 '어림도 없다', '택(턱)도 없다'라는 뜻으로, '没门儿 méiménr (어림 없어)'이라고 쓰이기도 한답니다. '门儿都没有'는 매우 직접적인 표현이기 때문에 강세를 세게 넣어서 말하면 그 느낌이 더욱 잘 전달될 수 있을 거예요.

실전 대화

男 今天王明又打电话跟我借钱了。
Jīntiān Wáng Míng yòu dǎ diànhuà gēn wǒ jièqián le.

女 怎么？你借给他了？
Zěnme? Nǐ jiè gěi tā le?

男 哪能呢？门儿都没有。借给他又该去赌了。
Nǎ néng ne? Ménr dōu méiyǒu. Jiè gěi tā yòu gāi qù dǔ le.

女 这你就做对了，这种人绝对不能借给他钱。
Zhè nǐ jiù zuòduì le, zhè zhǒng rén juéduì bùnéng jiè gěi tā qián.

남 오늘 왕밍이 또 전화 와서 돈을 빌려 달라고 했어.
여 뭐라고? 빌려 줬어?
남 어디 가능한 일이야? 어림도 없지. 걔한테 빌려주면 또 노름하러 갈 텐데.
여 잘 했어. 이런 사람에게는 절대로 돈을 빌려주면 안 돼.

표현 활용

+ 想让他请客，门儿都没有。
  Xiǎng ràng tā qǐngkè, ménr dōu méiyǒu.
+ 让我跟他道歉，门儿都没有。
  Ràng wǒ gēn tā dàoqiàn, ménr dōu méiyǒu.

- 걔한테 한 턱 내게 하는 것은 어림도 없는 일이야.
- 그와 사과하는 것은, 어림도 없는 일이야.

借钱 jièqián 돈을 빌리다
赌 dǔ 도박하다
道歉 dàoqiàn 사과하다

你怎么不早说呢?
Nǐ zěnme bùzǎo shuō ne?

왜 진작 이야기하지 않았니?

'你怎么不早说呢?'는 '왜 진작 이야기하지 않았니?'라는 표현으로, '你怎么不早说呢?'에서 '怎么'는 '어떻게', '不早说'는 '일찍 이야기하지 않다'는 뜻을 지니고 있어요. '你怎么不早说呢?'는 상대방을 질책, 힐난하는 듯한 어감을 지니고 있으니 상대방이 오해하지 않도록 표현할 때 꼭 주의하세요.

실전 대화

男 怎么了？有什么不开心的事儿吗？
   Zěnme le? Yǒu shénme bù kāixīn de shìr ma?

女 我上个周末跟男朋友分手了。
   Wǒ shàngge zhōumò gēn nánpéngyǒu fēnshǒu le.

男 你怎么不早说呢？那我刚才就不拿你开玩笑了。抱歉，抱歉！
   Nǐ zěnme bùzǎo shuō ne? Nà wǒ gāngcái jiù bùná nǐ kāi wánxiào le. Bàoqiàn, bàoqiàn!

女 没事儿，从明天开始，我要回到从前的我。
   Méishìr, cóng míngtiān kāishǐ, wǒ yào huídào cóngqián de wǒ.

남 무슨 일이야? 무슨 안 좋은 일이라도 있어?
여 나 저번주 주말에 남자 친구와 헤어졌어.
남 왜 진작 이야기하지 않았어? 그럼 방금 너를 놓고 농담하지 않았을 텐데. 미안해. 미안해!
여 괜찮아. 내일부터 난 예전의 나로 돌아갈 거야.

표현 활용

+ 这么大的事，你怎么不早说呢？
  Zhème dà de shì, nǐ zěnme bùzǎo shuō ne?

+ 你怎么不早说呢？我还以为你不喜欢旅行呢。
  Nǐ zěnme bùzǎo shuō ne? Wǒ hái yǐwéi nǐ bù xǐhuan lǚxíng ne.

• 이렇게 큰일을 왜 진작 이야기하지 않았니?
• 왜 진작 이야기하지 않았니? 난 또 네가 여행을 좋아하지 않는다고 생각했지.

开心 kāixīn 기쁘다, 즐겁다
男朋友 nánpéngyou 남자 친구
旅行 lǚxíng 여행

不是故意的
Búshì gùyì de

일부러 그런 것이 아니야

고등학교 때 저와 친했던 친구의 집에 놀러 갔다가 친구가 몹시 아꼈던 모 아이돌 그룹의 화보를 망가뜨렸던 적이 있어요. 당시 그 아이돌 그룹의 인기는 하늘을 찌를 듯 대단했었기 때문에 화보 역시 구하기가 하늘의 별 따기(上天摘星星 shàngtiān zhāi xīngxing)나 다름없었답니다. 고의로 그런 것은 아니었지만(不是故意的), 화보를 망가뜨린 죄로 저는 친구에게 꽤나 시달렸답니다. '不是故意的'는 원래 자신의 의도와는 상관없이 저지른 실수나 잘못을 변명하고자 할 때 쓰는 표현으로, '고의로 그런 것이 아니다'는 의미를 지니고 있어요.

실전 대화

男 今天白天给你打了好几次电话，你怎么都没接？
　　Jīntiān báitiān gěi nǐ dǎ le hǎo jǐ cì diànhuà, nǐ zěnme dōu méi jiē?

女 真不好意思，今天我把手机落在家里了。
　　Zhēn bùhǎo yìsi, jīntiān wǒ bǎ shǒujī là zài jiā lǐ le.

男 是吗？不是故意的就好。我还以为你故意的呢！
　　Shì ma? Búshì gùyì de jiù hǎo. Wǒ hái yǐwéi nǐ gùyì de ne!

女 谁的电话？哪能呢？
　　Shéi de diànhuà? Nǎ néng ne?

남　오늘 낮에 몇 번이나 너에게 전화 걸었는데 왜 받지 않았니?
여　정말 미안해. 오늘 핸드폰을 집에 놔두고 와서 말이야.
남　그래? 일부러 그런 것이 아니면 됐어. 난 또 일부러 그런다고 생각했지!
여　누구 전화인데? 알면서 안 받을 수가 있겠어?

표현 활용

+ 别生气了，我不是故意的。
　Bié shēngqì le, wǒ búshì gùyì de.

+ 相信我，我不是故意瞒着你的。
　Xiāngxìn wǒ, wǒ búshì gùyì mán zhe nǐ de.

• 화내지 마. 난 일부러 그런 것이 아니야.
• 나를 믿어줘. 난 너를 고의로 속인 거 아니야.

白天 báitiān 낮, 대낮
相信 xiāngxìn 믿다, 신뢰하다

随你的便
Suí nǐ de biàn

네 마음대로 해

우유부단한 사람들에게 가장 잔인한 말 한 마디가 무엇일까요? 아마 '随你的便'이 아닐까 싶어요. '随你的便'의 '随便 suíbiàn'은 '마음대로 하다', '좋을 대로 하다'란 의미를 지닌 단어인데요, 이 '随便'의 중간에 '你的 nǐ de (너의)'를 삽입하면 '네 마음대로 해'라는 뜻이 됩니다. '随你的便'은 주로 상대가 어떤 의견을 물을 때, '상대가 원하는 대로 해도 괜찮다'는 의미로 사용되는 표현이에요. 만약 자신이 결정하기 힘들거나, 상대방의 의견을 존중해 주고 싶다면 '随你的便'이라고 말해주세요.

실전 대화

男 咱们什么时候去好呢?
Zánmen shénme shíhòu qù hǎo ne?

女 明天去或者后天去，都行。
Míngtiān qù huòzhě hòutiān qù, dōu xíng.

男 随你的便，还是你定吧。
Suí nǐ de biàn, háishì nǐ dìng ba.

女 好吧，那就明天去吧。
Hǎo ba, nà jiù míngtiān qù ba.

남 우리 언제 가는 것이 좋을까?
여 내일 가든지 아니면 모레 가든지 모두 괜찮아.
남 네 마음대로 해. 네가 정하는 것이 더 좋겠어.
여 좋아. 그럼 내일 가자.

표현 활용

+ 随你的便，你做什么我就吃什么。
  Suí nǐ de biàn, nǐ zuò shénme wǒ jiù chī shénme.

+ 随你的便，我吃什么都行。
  Suí nǐ de biàn, wǒ chī shénme dōu xíng.

- 네 마음대로 해. 네가 뭘 만들던지 그걸 먹을게.
- 네 마음대로 해. 난 아무거나 먹어도 다 괜찮아.

吃 chī 먹다

对不起就完了吗?
Duìbùqǐ jiù wán le ma?

미안하다고 하면 끝이야?

너무 큰 잘못을 저지르면 그저 미안하다는 말로 해결되지 않지요. 이러한 상황에서 쓰이는 표현이 바로 '对不起就完了吗?'입니다. '对不起就完了吗?'는 '미안하다고 말하면 그저 끝이니?'란 뜻으로, '상대방의 사과를 받아줄 수 없다'는 의미를 지니고 있습니다. 만약 상대방에게 '对不起 duìbuqǐ (미안해)'라 했음에도 불구하고, 상대방이 '对不起就完了吗?'라 말한다면 진심어린 사과를 다시 해야겠지요?

실전 대화

男 怎么? 还生我气呢?
　　Zěnme? Hái shēng wǒ qì ne?

女 你真坏, 我再也不理你了。
　　Nǐ zhēn huài, wǒ zài yě bùlǐ nǐ le.

男 对不起, 我真的不是故意的。
　　Duìbùqǐ, wǒ zhēnde búshì gùyì de.

女 对不起就完了吗? 真没想到你竟是这种人。
　　Duìbùqǐ jiù wán le ma? Zhēn méi xiǎngdào nǐ jìng shì zhè zhǒng rén.

남　어떻게 된 거야? 여전히 나에게 화난거야?
여　넌 정말 나쁜 놈이야. 다시는 너랑 상대하지 않을 거야.
남　미안해. 난 정말 고의가 아니었어.
여　미안하다고 하면 끝이야? 정말 네가 이런 종류의 사람인지 생각하지 못했어.

표현 활용

+ 对不起就完了吗? 事情没那么简单。
　Duìbùqǐ jiù wán le ma? Shìqing méi nàme jiǎndān.

+ 对不起就完了吗? 你得给我说清楚。
　Duìbùqǐ jiù wán le ma? Nǐ děi gěi wǒ shuō qīngchu.

• 미안하다고 하면 끝이야? 일이 그렇게 간단하지 않아.
• 미안하다고 하면 끝이야? 나에게 좀 더 분명하게 말해야 해.

坏 huài 상하다, 나쁘다
简单 jiǎndān 간단하다, 평범하다

不是这个意思
Búshì zhège yìsi

그런 뜻이 아니야

고등학교 때 저의 별명은 바로 '사오정'이었습니다. 지금은 괜찮은데 그때는 이상하게 친구들의 말뜻을 잘 이해하지 못했어요. 그래서 친구들은 항상 '不是这个意思'란 말을 저에게 달고 살아야 했답니다. '不是这个意思'는 직역하게 되면 '이러한 뜻이 아니다'라는 의미로, 상대방이 자신의 말을 오해하고 있음을 표현하고 있어요. 혹시 대화 중에 상대방이 자신의 말을 오해하고 있거나, 다른 뜻으로 받아들이고 있다고 느낀다면, 꼭 '不是这个意思'라 말해주세요. 오해는 또 다른 오해를 낳을 수 있으니까요.(由误解所产生的误会 yóu wùjiě suǒ chǎnshēng de wùhuì)

실전 대화

男 你看看，都几点了，怎么才回来?
　　Nǐ kànkan, dōu jǐ diǎn le, zěnme cái huílái?

女 不是跟你说了吗？今晚跟朋友有约。怎么，我连朋友都不能见吗？
　　Búshì gēn nǐ shuō le ma? Jīnwǎn gēn péngyou yǒu yuē. Zěnme, wǒ lián péngyou dōu bùnéng jiàn ma?

男 我不是这个意思。我的意思是见朋友也不能回来得那么晚啊。
　　Wǒ búshì zhè ge yìsi. Wǒ de yìsi shì jiàn péngyou yě bùnéng huílái de nàme wǎn a.

女 好了，好了，我以后注意就是了。
　　Hǎo le, hǎo le, wǒ yǐhòu zhùyì jiùshì le.

남 이것 좀 봐. 몇 시인데 이제야 돌아오는 거야?
여 내가 말하지 않았어? 오늘 친구랑 약속 있다고. 왜, 나는 친구도 못 만나?
남 나는 그런 뜻이 아니야. 친구를 만나더라도 이렇게 늦게 돌아오지 말라는 말이야.
여 알았어. 알았어. 앞으로 조심하면 되잖아.

표현 활용

+ 我不是这个意思，你千万别误会。
　Wǒ búshì zhè ge yìsi, nǐ qiānwàn bié wùhuì.

+ 我不是这个意思，我的意思是你要是累了，就不用来了。
　Wǒ búshì zhè ge yìsi, wǒ de yìsi shì nǐ yàoshì lèi le, jiù búyòng lái le.

- 난 그런 뜻이 아니야. 절대 오해하지 말아줘.
- 나는 그런 뜻이 아니야. 네가 만약 피곤하면, 오지 않아도 된다는 뜻이었어.

回来 huílái 되돌아오다
晚 wǎn 저녁, 늦다

算了
Suàn le

됐어요, 필요 없어요

'算了'는 '됐다', '필요 없다'는 뜻과 함께, '개의치 않다' 등의 다양한 의미를 지닌 표현입니다. 만약 알 수 없는 번호로부터 하루에도 몇 번씩 스팸전화를 받게 된다면 우리는 '算了!(됐어요!)'라는 표현을 써야겠지요. 또 친구가 미안한 얼굴로 사과할 때 "算了(개의치 않으니 됐어)"라고 말해 줄 수도 있습니다. 즉, '算了'는 꼭 거절의 의미만 지니고 있는 것이 아니라 위로의 의미도 함께 지니고 있다는 점 기억해 주세요.

실전 대화

男 上次那件事都是我的错，真对不起。
　　Shàngcì nà jiàn shì dōu shì wǒ de cuò, zhēn duìbùqǐ.

女 算了，都过去的事了，我早就忘了。
　　Suàn le, dōu guòqù de shì le, wǒ zǎo jiù wàng le.

男 你真大度。
　　Nǐ zhēn dàdù.

女 朋友嘛！有什么过不去的。
　　Péngyou má! Yǒu shénme guòbúqù de.

남　저번의 그 일은 전부 내 잘못이야. 진짜 미안해.
여　됐어. 이미 지나간 일인데. 난 일찌감치 잊어버렸어.
남　넌 정말 너그럽구나.
여　친구잖아! 무엇을 용서하지 못하겠어.

표현 활용

+ 算了，咱们以后井水不犯河水，各走各的。
　Suàn le, zánmen yǐhòu jǐngshuǐ búfàn héshuǐ, gè zǒu gè de.

+ 算了，算我没说过。
　Suàn le, suàn wǒ méi shuō guo.

- 됐어. 앞으로 우리 서로 방해하지 말고 각자 길을 가자.
- 됐어, 말한적 없던 걸로 치자.

大度 dàdù 너그럽다
各走各的 gè zǒu gè de 각자의 길을 가다

听你的
Tīng nǐ de

047

네 말 들을게

친구 중 패션 감각이 남다르게 뛰어난 친구가 있습니다. 옷이나 장신구를 사러 갈 때면 다른 친구들은 모두 그 친구를 대동하려 애를 씁니다. 저도 그 친구와 함께 쇼핑을 가게 되면 연신 '听你的'를 연발한답니다. '听你的'는 '듣다', '따르다'란 뜻의 동사 '听'과, '너의'란 뜻의 '你的'가 합쳐진 표현으로, '네 말 들을게', '네 뜻에 따를게'라는 의미로 쓰입니다. 즉, 상대방의 의견이나 제안에 백퍼센트 찬성하고 따르겠다는 표현이지요. 비슷하게 쓰이는 '随便 suíbiàn (마음대로 하다, 편한 대로 하다)'과는 다르게 '听你的'는 상대방의 의견에 좀 더 적극적으로 찬성하는 어감을 가지고 있다는 점을 기억해 두세요.

실전 대화

男 我该不该原谅他?
Wǒ gāibùgāi yuánliàng tā?

女 人非圣贤, 孰能无过? 我看你还是再给他一次机会吧。
Rén fēi shèngxián, shú néng wú guò? Wǒ kàn nǐ háishì zài gěi tā yí cì jīhuì ba.

男 那好吧, 听你的, 那我就原谅他这一次。
Nà hǎo ba, tīng nǐ de, nà wǒ jiù yuánliàng tā zhè yí cì.

女 这就对了。
Zhè jiù duì le.

남 내가 걔를 용서해야 할까?
여 사람인 이상 누구나 다 잘못을 하게 되어 있어. 그래도 한 번 더 기회를 주는 것이 어떨까.
남 그래. 네 말을 들을게. 그럼 이번 한번은 걔를 용서하겠어.
여 그렇지.

표현 활용

+ 听你的, 我以后再也不跟这样的人打交道了。
Tīng nǐ de, wǒ yǐhòu zài yě bù gēn zhèyàng de rén dǎ jiāodào le.

+ 听你的, 咱们这就出发。
Tīng nǐ de, zánmen zhè jiù chūfā.

- 네 말 들을게. 앞으로는 절대 이런 사람들과는 교류하지 않을게.
- 네 말 듣지 뭐. 우리 바로 출발하자.

原谅 yuánliàng 용서하다, 양해하다

包在我身上
Bāo zài wǒ shēnshang

내가 책임질게, 나에게 맡겨

'包在我身上'은 참 자신감 넘치는 표현입니다. '包在我身上' 중의 '包'는 '싸다', '보따리', '둘러싸다', '포함하다' 등등 굉장히 많은 뜻을 가지고 있는 단어입니다. '包在我身上'에서 '包'는 동사로, '보증하다', '보장하다'의 뜻을 지니고 있습니다. 즉, '包在我身上'은 '내가 보증할게', '내가 보장할게'라는 의미이지요. 저는 항상 어떤 일을 할 때면 누군가의 도움을 받는 입장 보다는, "包在我身上!"이라 말할 수 있는 입장이 되길 바래왔는데요, 생각보다 쉬운 일이 아니더군요. 그래도 중국어만큼은 "저에게 맡겨 주세요(包在我身上)!"라 자신 있게 말하고 싶어요.

실전 대화

男 能帮我个忙吗?
Néng bāng wǒ ge máng ma?

女 说吧,什么事?
Shuō ba, shénme shì?

男 能不能帮我介绍个女朋友?
Néngbùnéng bāng wǒ jièshào ge nǚpéngyou?

女 就这么点儿小事,包在我身上了。
Jiù zhème diǎnr xiǎoshì, bāo zài wǒ shēnshang le.

남 너 나를 좀 도와 줄 수 있겠니?
여 말해 봐. 무슨 일이야?
남 나에게 여자 친구를 좀 소개 시켜 줄 수 있어?
여 별로 큰일도 아니네. 나에게 맡겨.

표현 활용

+ 放心吧,这件事就包在我身上了。
  Fàngxīn ba, zhè jiàn shì jiù bāo zài wǒ shēnshang le.

+ 今天洗碗包在我身上了。
  Jīntiān xǐwǎn bāo zài wǒ shēnshang le.

- 마음 놓아. 이 일은 내가 책임질게.
- 오늘 설거지는 나에게 맡겨.

介绍 jièshào 소개하다, 설명하다
洗碗 xǐwǎn 설거지하다

가정(假定), 소문

Chapter
5

还是
Háishi

여전히, 역시, 또는

'还是'는 여러 가지 뜻을 지니고 있는 단어입니다. 그 말은 문장에서 쓰임새가 아주 많다는 말도 됩니다. '还是'는 부사로 쓰이게 되면 '여전히'라는 뜻을 지니게 되고, 접속사로 쓰일 때는 '또는', '역시'란 뜻을 지니게 됩니다. 중국어를 배우는 많은 친구들이 초반에 헷갈리는 부분이 '还是'와 '或者'의 구분이죠. 둘 다 비슷한 뜻을 가지고 있지만 '或者'를 사용한 문장은 나열식의 문장이 되는 반면에, '还是'는 주로 의문형 문장에 쓰인답니다.

실전 대화

男 明天去还是后天去?
Míngtiān qù háishì hòutiān qù?

女 明天我有别的事，还是后天去吧。
Míngtiān wǒ yǒu biéde shì, háishì hòutiān qù ba.

男 好的，听你的，那就后天去吧。
Hǎode, tīng nǐ de, nà jiù hòutiān qù ba.

女 谢谢你的合作！
Xièxie nǐ de hézuò!

남 내일 가니 아니면 모레 가니?
여 내일 일이 좀 있어서 역시 모레 가야겠지.
남 좋아, 네 말대로 할게. 모레 가자.
여 도와줘서 고마워!

표현 활용

+ 买贵的还是买便宜的?
Mǎi guì de háishì mǎi piányi de?

+ 都十多年没见了，她看上去还是那么年轻、漂亮。
Dōu shí duō nián méi jiàn le, tā kàn shàngqù háishì nàme niánqīng, piàoliang.

- 비싼 것을 살래 아니면 싼 것을 살래?
- 10년 넘게 보지 못했는데, 그녀는 여전히 젊고 아름답게 보였어.

> 后天 hòutiān 모레
> 合作 hézuò 협력하다

怪不得
Guàibude

어쩐지, 탓할 수가 없다

얼마 전 자주 만나는 한 선생님께서 곧 결혼을 한다며 수줍게 청첩장을 주더군요. 어쩐지(怪不得) 최근 들어 부쩍 예뻐졌다 생각했더니, 역시 결혼을 앞두고 있었네요. '怪不得'는 '어쩐지'란 의미를 지닌 표현으로, 부사적 용법으로 어떠한 상황에 대한 이유나 결과를 이미 알 때 쓰입니다. 반면, '怪不得'가 동사적 용법으로 쓰이게 되면, '탓할 수 없다', '책망할 수 없다'를 의미하게 된답니다. 비슷하게 쓰이는 표현으로는 '难怪 nánguài'가 있으니 함께 기억해 두세요.

실전 대화

男　今天的菜怎么这么好吃?
　　Jīntiān de cài zěnme zhème hǎochī?

女　啊，我下班回家的路上从饭店打包回来的。
　　À, wǒ xiàbān huíjiā de lùshang cóng fàndiàn dǎbāo huílái de.

男　怪不得这么好吃。
　　Guàibùde zhème hǎochī.

女　难道我做的菜就那么难吃吗?
　　Nándào wǒ zuò de cài jiù nàme nán chī ma?

남　오늘 요리가 어떻게 이렇게 맛있지?
여　아, 퇴근하고 집으로 돌아오는 길에 음식점에서 사왔어.
남　어쩐지 이렇게 맛있다 했지.
여　설마 내가 만든 음식이 그렇게 맛없는 것은 아니겠지?

표현 활용

+ 怪不得他的汉语说得那么好，原来他是中国人。
  Guàibùde tā de Hànyǔ shuō de nàme hǎo, yuánlái tā shì Zhōngguórén.

+ 这件事怪不得他。
  Zhè jiàn shì guàibùde tā.

- 어쩐지 걔의 중국어 실력이 그렇게 좋다고 했지. 원래 중국 사람이구나.
- 이 일은 그를 탓할 수 없다.

菜 cài 요리, 채소
打包 dǎbāo 포장하다

说不定
Shuōbúdìng

051

아마 ~일 것이다, 짐작컨대

어떤 결과나 일의 미래 상황이 어떻게 될지 단정 짓지 못할 때 '说不定'이란 표현을 쓸 수 있는데요, '说不定'은 결과가 정해지지 않은 어떤 상황을 이야기하기 때문에 '정하다', '고정되다'란 뜻의 '定'을 쓰고 있습니다. 즉, '说不定' 뒤에 오는 문장의 상황이 확실하지 않다는 뜻이지요. 비슷한 의미인 표현으로는 '说不准 shuōbuzhǔn'이 있는데요, '说不定'은 미래 결과가 확실치 않을 때 주로 쓰이는 반면, '说不准'은 어느 정도 결과는 이미 정해졌지만 확실하게 단언하기 어려울 때 쓰인다는 미묘한 차이점이 있습니다. 또한 '说不定'과 '说不准'은 '我也说不定(说不准) (나도 확실하지 않아) Wǒ yě shuōbúdìng(shuōbuzhǔn)'과 같이 문장에서 단독으로도 사용될 수 있다는 점 함께 기억해 두세요.

🐼 실전 대화

男 你在想什么呢?
　Nǐ zài xiǎng shénme ne?

女 我在想十年后的我会是个什么样子呢?
　Wǒ zài xiǎng shínián hòu de wǒ huì shì ge shénme yàngzi ne?

男 十年后你说不定就成了个富婆了呢。
　Shínián hòu nǐ shuōbúdìng jiù chéng le ge fùpó le ne.

女 别开玩笑了。
　Bié kāi wánxiào le.

남　넌 무엇을 생각하고 있니?
여　10년 후에 우리가 어떤 모습일지 생각하고 있어.
남　10년 후 아마 넌 부잣집 사모님이 되어 있을 거야.
여　농담하지 마.

🐼 표현 활용

+ 说不定他早就忘了这件事。
　Shuōbúdìng tā zǎo jiù wàng le zhè jiàn shì.

+ 到底谁输谁赢，还说不定。
　Dàodǐ shéi shū shéi yíng, hái shuōbúdìng.

· 짐작컨대 걔는 일찌감치 이 일을 잊어버렸을 거야.
· 도대체 누가 이기고 누가 질지, 아직 단언할 수 없어.

富婆 fùpó 부잣집 사모님
开玩笑 kāi wánxiào 농담하다

看样子
Kànyàngzi

보아하니 ~듯하다

'看样子'는 '보아하니 ~듯하다'란 뜻이에요. '看样子'는 '보다'는 뜻을 지닌 동사 '看'과 '모양', '모습'의 뜻을 지닌 '样子'가 만난 표현입니다. 비슷한 표현으로는 '看起来 kànqǐlái (보기에 ~하다)'가 있는데요, 둘의 의미는 비슷하지만 약간의 차이가 있습니다. '看样子'는 보통 사물의 외관 자체로만 느낀 판단을 이야기할 때 주로 쓰이는 반면, '看起来'는 보고 느낀 생각을 이야기할 때 주로 쓰인답니다. 예를 들어 친구가 성난 얼굴을 하고 있을 때면 '看样子他不高兴 kànyàngzi tā bù gāoxìng (보아하니 그는 즐겁지 않은 것 같아)'라 쓸 수 있겠지요. 반면, 친구의 표정이나 여러 행동들로 미루어 화가 났겠구나 생각해서 표현하고자 할 때는 '看起来他不高兴 kànqǐlái tā bù gāoxìng (보기에 그는 즐겁지 않은 것 같아)'라 쓸 수 있습니다.

실전 대화

男 你给她打电话了吗?
Nǐ gěi tā dǎ diànhuà le ma?

女 打了，可她手机关机了。
Dǎ le, kě tā shǒujī guānjī le.

男 约会时间都过了半个多小时了，看样子她不会来了。
Yuēhuì shíjiān dōu guò le bàn ge duō xiǎoshí le, kànyàngzi tā búhuì lái le.

女 她向来都很守时的，不会出什么事吧?
Tā xiànglái dōu hěn shǒushí de, búhuì chū shénme shì ba?

남 너 걔한테 전화해 봤니?
여 해 봤지. 근데 핸드폰이 꺼져 있었어.
남 약속한 시간에서 벌써 30분이 지났어. 보아하니 오지 않을 것 같아.
여 여태껏 계속 시간을 잘 지켰는데, 무슨 일이 생긴 것은 아니겠지?

표현 활용

+ 这儿的人都认识他，看样子他在这儿很有名。
Zhèr de rén dōu rènshi tā, kànyàngzi tā zài zhèr hěn yǒumíng.

+ 到现在还没来，看样子他今天又要迟到了。
Dào xiànzài hái méi lái, kànyàngzi tā jīntiān yòu yào chídào le.

• 여기 있는 사람들이 모두 그를 아는 것을 보니 엄청 유명한 사람인 듯 해.
• 여태 안 오는걸 보면, 그는 오늘도 지각할 것 같아.

手机 shǒujī 핸드폰
守时 shǒushí 시간을 준수하다

不会吧
Búhuì ba

그럴 리가 없어, 아니겠지

얼마 전 할머니가 돌아가셨다는 사촌오빠의 전화 한 통에 저는 '不会吧'를 외쳤습니다. 사실 할머니께서 이미 돌아가신 것을 알았지만 그 사실에 수긍하기 어려웠기 때문이었죠. 이처럼 '不会吧'는 주로 어떤 상황에 대해 부정하고자 하지만 큰 확신을 가지지 못할 때 쓰이는 표현입니다. 비슷한 표현으로는 '不会的 búhuì de (아니야, 그럴 리가 없어)'가 있는데요, '不会的'는 '不会吧'와는 달리 어떤 상황에 대해 강한 확신을 가지고 부정할 때 주로 쓰인다는 차이점이 있으니 상황에 따라 잘 구분해서 사용하세요.

실전 대화

男 你怎么了?
Nǐ zěnme le?

女 真讨厌！明天的春游取消了。
Zhēn tǎoyàn! Míngtiān de chūnyóu qǔxiāo le.

男 不会吧！不是已经说好了吗?
Búhuì ba! Búshì yǐjīng shuōhǎo le ma?

女 老板说工作太忙了，以后再说！
Lǎobǎn shuō gōngzuò tài máng le, yǐhòu zài shuō!

남 무슨 일이야?
여 정말 짜증나! 내일 봄 소풍이 취소됐어.
남 그럴 리가 없어! 이미 다 끝난 이야기 아니었어?
여 사장님이 일이 너무 바쁘다고 나중에 다시 이야기하자고 하네!

표현 활용

+ 不会吧！你听错了吧?
  Búhuì ba! Nǐ tīngcuò le ba?
+ 不会吧? 他不是那种人。
  Búhuì ba? Tā búshì nà zhǒng rén.

• 그럴 리가 없어! 잘못 들었겠지.
• 그럴 리가 없어. 걔는 그런 사람이 아니야.

讨厌 tǎoyàn 싫어하다, 귀찮다
春游 chūnyóu 봄 소풍 가다

可以吗?
Kěyǐ ma?

가능할까요?, ~해도 될까요?

'可以吗?'는 '할 수 있다', '~해도 좋다'는 뜻을 가진 동사 '可以'와, 의문조사인 '吗'가 결합되어서 가능이나 허가의 여부를 물을 때 사용되는 표현입니다. 또한 '可以吗?'는 주로 문장의 마지막에 쓰여 앞에 쓰인 문장에 대한 허락을 요청할 때 쓰입니다. 비슷한 표현으로는 '行吗? xíng ma?'가 있습니다. 어떤 상황에 대해 상대방에게 동의를 구할 때 단도직입적으로 이야기를 꺼내는 대신, 마지막에 '可以吗?'를 붙여 주게 되면 좀 더 예의바른 표현이 되겠지요?

실전 대화

男 再给我两天时间，可以吗?
　　Zài gěi wǒ liǎngtiān shíjiān, kěyǐ ma?

女 不行，再晚也要今天做完。
　　Bùxíng, zài wǎn yě yào jīntiān zuòwán.

男 好吧，我尽量赶在今天做完。
　　Hǎo ba, wǒ jǐnliàng gǎn zài jīntiān zuòwán.

女 我相信你的能力，加油!
　　Wǒ xiāngxìn nǐ de nénglì, jiāyóu!

남 이틀만 시간을 더 줘. 가능해?
여 안 돼. 늦어도 오늘까지는 끝내야해.
남 좋아, 최대한 오늘까지 끝내볼게.
여 네 실력을 믿어! 힘내!

표현 활용

+ 我有事得先走一会儿，可以吗?
　Wǒ yǒu shì děi xiān zǒu yíhuìr, kěyǐ ma?

+ 请在明天三点之前帮我送到，可以吗?
　Qǐng zài míngtiān sān diǎn zhīqián bāng wǒ sòngdào, kěyǐ ma?

• 난 일이 있어서 먼저 가볼게. 괜찮아?
• 내일 3시 이전까지 배송해 줄 수 있겠어요?

能力 nénglì 능력, 역량

怎么回事儿?
Zěnme huí shìr?

어찌된 일이야?

'怎么回事儿?'는 '어떻게', '어찌된'의 의미를 지닌 대명사 '怎么'와 '~된 일'이란 의미를 지닌 '回事儿'가 합쳐진 표현으로, '무슨 일이야?', '어찌된 일이야?'의 뜻으로 사용되는 표현입니다. '怎么回事儿?'와 비슷한 뜻을 지닌 표현으로는 '怎么搞的? Zěnme gǎo de? (어찌된 일이야?)'가 있는데요, '怎么搞的?'는 '怎么回事儿?'와는 달리 어감상 질책의 의미가 강하니 구분해서 사용해야 합니다. '怎么回事儿?'는 일상 대화에서 사용되는 빈도가 높은 표현으로, 기억해 두시면 매우 유용하게 쓰인답니다.

실전 대화

男 怎么回事儿? 你不是不喜欢看恐怖片吗?
Zěnme huí shìr? Nǐ búshì bù xǐhuan kàn kǒngbùpiàn ma?

女 嗯，不过听说这部电影很好看。
Èng, búguò tīngshuō zhè bù diànyǐng hěn hǎokàn.

男 看的时候千万别吓哭了！
Kàn de shíhou qiānwàn bié xiàkū le!

女 放心吧！我没你想象的那么胆小。
Fàngxīn ba! Wǒ méi nǐ xiǎngxiàng de nàme dǎnxiǎo.

남 어찌된 일이야? 너 공포영화 보는 것 좋아하지 않잖아?
여 응. 그런데 이 영화가 엄청 재미있다고 해서.
남 절대 놀라서 울지 매!
여 걱정 매! 난 네가 생각하는 것처럼 그리 소심하지 않아.

표현 활용

+ 我不知道这一切到底是怎么回事儿。
  Wǒ bù zhīdào zhè yíqiè dàodǐ shì zěnme huí shìr.

+ 怎么回事儿? 他怎么还没来?
  Zěnme huí shìr? Tā zěnme hái méi lái?

- 나는 이 모든 것들이 도대체 어찌된 일인지 알 수 없어.
- 어찌된 일이야? 걔는 왜 아직도 오지 않니?

恐怖 kǒngbù 공포를 느끼다
哭 kū 울다
胆小 dǎnxiǎo 담이 작다, 소심하다

不知怎么的
Bùzhī zěnme de

왠지 모르겠지만

요 며칠 연이어 비가 내려서, 왠지 모르겠지만(不知怎么的) 정말 우울했어요. '不知怎么的'는 무언가 이유를 알 수 없거나 예측 불가능한 상황을 설명할 때 주로 사용되는 표현으로, 대게 문장의 가장 앞에 쓰여, 운을 띄우는 역할을 하고 있습니다. 만약 비만 오면 다리가 아픈 친구가 갑자기 "不知怎么的, 腿有点疼 Bùzhī zěnme de, tuǐ yǒudiǎn téng (왠지 모르겠지만, 다리가 조금 아프네)"라 말한다면, 얼른 미리 우산을 준비해야겠지요?

실전 대화

男 有消化药吗?
　　Yǒu xiāohuàyào ma?

女 没有。怎么了?
　　Méiyǒu. Zěnme le?

男 不知怎么的, 吃完晚饭后肚子一直不舒服。
　　Bùzhī zěnme de, chīwán wǎnfàn hòu dùzi yìzhí bù shūfu.

女 那你等一会儿, 我这就去买。
　　Nà nǐ děng yíhuìr, wǒ zhè jiù qù mǎi.

남 소화제를 가지고 있니?
여 없는데. 왜 그래?
남 왠지 모르겠지만, 저녁 먹은 후에 속이 계속 불편해.
여 그럼 조금만 기다려. 바로 가서 사 올게.

표현 활용

+ 不知怎么的, 他今天居然没迟到。
　Bùzhī zěnme de, tā jīntiān jūrán méi chídào.

+ 不知怎么的, 她两三天都没来上班。
　Bùzhī zěnme de, tā liǎngsān tiān dōu méi lái shàngbān.

· 왠지 모르겠지만, 놀랍게도 오늘 걔는 지각하지 않았어.
· 왠지 모르겠지만, 그녀는 2, 3일 동안 출근하지 않았어.

消化药 xiāohuàyào
소화제

肚子 dùzi 배, 복부

如果
Rúguǒ

만약에

'만약(如果) 그때 다른 선택을 했다면 어떻게 되었을까?', '만약(如果) 내가 지금 이 길을 선택한다면 나중에 어떤 일이 일어나게 될까?' 등등 우리는 살아가면서 수많은 가정을 하게 됩니다. '如果'는 '만약', '만일'을 의미하는 '如'와, '결과'를 의미하는 '果'가 함께 만난 표현으로 가정을 나타내며, 주로 문장의 앞 쪽에 위치해요. 영어로 말하자면 'if'와 같은 역할을 하는 표현이지요. 비슷하게 쓰이는 표현들로는 '要是 yàoshi'와 '假如 jiǎrú' 등이 있답니다.

실전 대화

男 接机准备都做好了吗？
　　Jiējī zhǔnbèi dōu zuòhǎo le ma?

女 都做好了，我这就出发去机场。
　　Dōu zuòhǎo le, wǒ zhè jiù chūfā qù jīchǎng.

男 如果有什么事，就马上给我打电话。
　　Rúguǒ yǒu shénme shì, jiù mǎshàng gěi wǒ dǎ diànhuà.

女 好的。
　　Hǎode.

남 공항 갈 준비는 다 되었니?
여 다 됐어. 지금 바로 공항으로 출발할거야.
남 만약 무슨 일이 있거든 바로 나에게 전화해줘.
여 알겠어.

표현 활용

+ 如果有时间、有钱的话，我就去旅行。
  Rúguǒ yǒu shíjiān、yǒu qián de huà, wǒ jiù qù lǚxíng.

+ 如果大学一毕业就能找到工作，那该多好啊！
  Rúguǒ dàxué yī bìyè jiù néng zhǎodào gōngzuò, nà gāi duō hǎo a!

- 만약 나에게 시간과 돈이 있다면 바로 여행을 떠날 거야.
- 만약에 대학 졸업과 동시에 취업을 할 수 있다면 얼마나 좋을까!

机场 jīchǎng 공항
毕业 bìyè 졸업, 졸업하다

万一
Wànyī

만일에, 혹시나

날씨가 흐린 날이면 어머니는 항상 밖으로 나가는 저에게 우산을 건네어 주셨어요. 어머니가 건네어 주신 우산을 바라보며 저는 항상 필요 없다고 말하고는 했는데요, 그럴 때마다 어머니가 하신 말씀이 있었어요. 그건 바로 "以防万一 yǐfáng wànyī (만일에 대비해야지)"입니다. '万一'는 '만일에', '혹시나'의 의미를 지닌 단어로, 아직 일어나지 않은 일들을 가정할 때 주로 쓰인답니다. 어머니는 저에게 '万一'를 대비해야 한다고 했습니다. 항상 '万一'를 잘 대비해야겠죠?

실전 대화

男 这件事万一让他知道了，我们就全完了。
Zhè jiàn shì wànyī ràng tā zhīdào le, wǒmen jiù quán wán le.

女 放心吧，我不会告诉任何人的。
Fàngxīn ba, wǒ búhuì gàosu rènhé rén de.

男 这我就放心了。
Zhè wǒ jiù fàngxīn le.

女 你就一百二十个放心吧。
Nǐ jiù yìbǎi èrshí ge fàngxīn ba.

남 이 일을 만일 그가 알게 된다면 우리는 전부 망하는거야.
여 안심해, 다른 사람한테 절대 말하지 않을 거야.
남 그럼 안심할게.
여 마음 푹 놔.

표현 활용

+ 好好准备，以防万一。
Hǎohāo zhǔnbèi, yǐfáng wànyī.

+ 万一出了什么事，就马上跟我联系。
Wànyī chū le shénme shì, jiù mǎshàng gēn wǒ liánxì.

· 만일을 대비해서 준비를 든든히 하세요.
· 만일 무슨 일이 생기면 바로 나한테 연락해야 해.

完 wán 완성하다, 실패하다
马上 mǎshàng 금방, 곧, 즉시

听说
Tīngshuō

듣기로는, 듣자하니

발 없는 말이 천리를 간다는 속담이 있죠. 이처럼 소문은 발 없는 말처럼 사람들 사이를 돌고 돌아서 천리가 아니라 수만리를 갈 수 있는 힘을 가지고 있어요. 어딘가에서 들은 소문을 다른 사람에게 전달할 때, 바로 '听说'를 쓸 수 있습니다. '听说'는 '듣다'의 의미인 동사 '听'과, '말하다'의 의미를 가진 동사 '说'가 합쳐져서 '듣고 말하다', 즉, '듣기로는', '듣자하니'란 의미를 지닌 표현이 되었습니다. 자신이 직접 보고 듣지 않고, 다른 사람들을 통해 들은 말들을 이야기할 때 주로 쓰일 수 있는 표현이 바로 이 '听说'입니다.

실전 대화

男 听说你的男朋友很有钱。
　 Tīngshuō nǐ de nánpéngyǒu hěn yǒu qián.

女 哪儿啊，净瞎说。
　 Nǎr a, jìng xiāshuō.

男 那他怎么给你买了那么贵的礼物呢？
　 Nà tā zěnme gěi nǐ mǎi le nàme guì de lǐwù ne?

女 刷卡买的呀。
　 Shuākǎ mǎi de ya.

남 듣자하니 네 남자 친구가 부자라며?
여 절대 아니야. 함부로 막 말하지 마.
남 그럼 어떻게 걔가 너한테 이렇게 비싼 선물을 사 줄 수 있는 거야?
여 카드로 결제한 거야.

표현 활용

+ 这我还是头一次听说。
　 Zhè wǒ háishì tóu yí cì tīngshuō

+ 听说这家公司待遇很好。
　 Tīngshuō zhè jiā gōngsī dàiyù hěn hǎo.

· 이건 나도 처음 듣는 일이야.
· 듣기로는 이 회사 복지가 괜찮다고 하더라.

> 有钱 yǒu qián 돈이 많다, 부유하다
> 待遇 dàiyù 대우, 대접

原来
Yuánlái

원래, 알고 보니

060

원래 몰랐던 어떤 사실을 알게 될 때가 있지요. 그럴 때는 '原来'란 표현을 씁니다. '原来'는 한자로 '원래'라고 읽는데, 중국어의 뜻도 크게 다르지 않아요. '原来'는 '본래'란 의미의 '本来 běnlái'와 헷갈릴 수 있는데, '本来'는 '原来'와는 달리, 몰랐던 사실을 새로 알게 되었을 때는 쓰지 않는답니다. 즉, '原来'는 과거나 현재의 상황에 변화가 생겼거나, 새로운 사실을 알게 되었을 때 주로 쓰인다는 점 기억해 두세요.

실전 대화

男 他这次又考砸了。
　　Tā zhècì yòu kǎozá le.

女 原来是这样，怪不得这两天总是愁眉苦脸的。
　　Yuánlái shì zhèyàng, guàibùde zhè liǎngtiān zǒngshì chóuméikǔliǎn de.

男 考试之前他跟我说这是最后一次。
　　Kǎoshì zhīqián tā gēn wǒ shuō zhè shì zuìhòu yí cì.

女 是吗? 真够可怜的。
　　Shì ma? Zhēn gòu kělián de.

남　걔는 이번 시험을 또 망쳤어.
여　그랬구나. 어쩐지 요 며칠 계속 우거지상이더니.
남　시험 전에 걔가 말하길 이번이 마지막 시험이랬어.
여　그래? 정말 안됐다.

표현 활용

+ 原来你们是姐妹，怪不得长得那么像。
　Yuánlái nǐmen shì jiěmèi, guàibùde zhǎng de nàme xiàng.

+ 原来你们是老朋友，我还以为你们不认识呢。
　Yuánlái nǐmen shì lǎopéngyǒu, wǒ hái yǐwéi nǐmen bú rènshi ne.

- 원래 너희 둘은 자매였구나, 어쩐지 이리도 닮았다 했지.
- 알고 보니 둘은 오랜 친구 사이였구나. 난 둘이 모르는 사이인 줄 알았어.

姐妹 jiěmèi 자매
像 xiàng 닮다

사람

托
上 以 加 了

Chapter
6

小跟班儿
xiǎo gēnbānr

껌딱지

친구에게 조카가 생겼는데 얼마나 이모를 따르는지 매일 같이 붙어 다니더군요. 주변 친구들은 그 조카를 가리켜 껌딱지(小跟班儿)라고 불렀답니다. '小跟班儿'에서 '跟班'은 동사로, '함께 일하다', '함께 공부하다'란 의미를 지니고 있습니다. '跟班'의 앞에 붙은 '小'는 '작다'라는 뜻 이외에도 어린 사람에 대한 친근감을 표현할 때도 쓰일 수 있답니다. 비슷하게 쓰이는 표현으로는 '跟屁虫 gēnpìchóng'이 있는데요, '小跟班儿'과는 다르게 성가시다는 의미가 더욱 강하게 내포되어 있으니, 상황에 따라 잘 구분해서 사용하셔야 합니다.

실전 대화

男 明天同学会带宝宝去吗?
　　Míngtiān tóngxué huì dài bǎobao qù ma?

女 十有八九得带上她，要不她又该缠着爸爸要妈妈了。
　　Shí yǒu bā jiǔ děi dài shàng tā, yàobù tā yòu gāi chán zhe bàba yào māma le.

男 你女儿简直就是你的小跟班儿，走到哪儿跟到哪儿。
　　Nǐ nǚ'ér jiǎnzhí jiùshì nǐ de xiǎo gēnbānr, zǒu dào nǎr gēn dào nǎr.

女 可不，不过听说等大一点儿就不跟了。
　　Kěbù, búguò tīngshuō děng dà yìdiǎnr jiù bù gēn le.

남 내일 아이와 함께 갈 거야?
여 십 중 팔구는 그럴 거야. 그렇지 않으면 엄마가 어디 있냐고 아빠에게 보챌 테니까.
남 정말 네 딸은 어디를 가든 너의 껌딱지구나. 어디를 가든지 따라다니네.
여 왜 아니겠어. 그래도 조금만 더 크면 붙어 있지 않으려고 한대.

표현 활용

+ 这个孩子是妈妈的小跟班儿，连上厕所也要跟着妈妈。
　Zhège háizi shì māma de xiǎo gēnbānr, lián shàng cèsuǒ yě yào gēn zhe māma.

+ 他是爸爸的小跟班儿。
　Tā shì bàba de xiǎo gēnbānr.

- 이 아이는 엄마의 껌딱지라니까. 심지어 화장실도 엄마와 함께 가려고 해.
- 걔는 아빠의 껌딱지야.

宝宝 bǎobao 귀염둥이
妈妈 māma 엄마
厕所 cèsuǒ 화장실

急性子
Jí xìngzi

조급한 사람, 성미가 급하다

처음 중국에 갔을 때, 한국에 비해 모든 것들이 느리게 처리되는 것 같아 가슴이 답답했던 경험이 있습니다. 뭐든지 빨리빨리(快快 kuàikuài) 하는 것에 익숙해져 안달복달하는 저를 두고 중국 친구들은 '急性子'라고 불렀답니다. '急性子'는 '급하다', '조급하다'의 뜻을 가진 형용사 '急'와 '성미', '성질'의 뜻을 가진 명사 '性子'가 합쳐진 표현으로, 조급하거나 성미가 급한 사람을 나타낼 때 사용합니다. 반대의 의미를 가진 표현으로는 '느림보'를 의미하는 '慢性子 mànxìngzi'란 표현이 있으니 함께 기억해 주세요.

실전 대화

男 怎么还没准备好啊?
Zěnme hái méi zhǔnbèi hǎo a?

女 你看你，又催上了，真拿你这个急性子没办法。
Nǐ kàn nǐ, yòu cuīshàng le, zhēn ná nǐ zhège jíxìngzi méi bànfǎ.

男 跟你这样的慢性子出门，真受不了。
Gēn nǐ zhèyàng de mànxìngzi chūmén, zhēn shòubùliǎo.

女 好了，好了，马上就好！你先出去吧！
Hǎo le, hǎo le, mǎshàng jiù hǎo! Nǐ xiān chūqù ba!

남 왜 아직 준비가 되지 않은거야?
여 이것 봐. 또 재촉이네. 정말 너 같은 성질이 급한 사람은 방법이 없다니까.
남 너 같은 느림보랑 외출하려니 정말 못 견디겠어.
여 알았어. 알았어. 금방 준비 할게! 너 먼저 나가 있어!

표현 활용

+ 他是个急性子。
Tā shì ge jíxìngzi.

+ 急性子也有急性子的好处。
Jíxìngzi yě yǒu jíxìngzi de hǎochù.

- 그는 성질이 급한 사람이야.
- 조급한 사람은 그 사람대로 좋은 점이 있어.

催 cuī 재촉하다, 독촉하다
办法 bànfǎ 방법, 수단

自来熟
Zìláishú

붙임성 좋은 사람, 오지랖쟁이

시베리아에서 에스키모에게 냉장고를 팔고 사막에 사는 사람들에게 난로를 파는 대단한 사람들이 있지요. 그런 사람들을 가리켜 '自来熟'라는 표현을 쓸 수 있답니다. '自来熟'는 주로 붙임성이 좋아 남들과의 교제에 능한 사람을 가리키는 표현인데요, '오지랖쟁이'와 같은 좋지 않은 뜻으로도 해석될 수 있답니다. 사실 '自来熟'는 어찌 보면 남들과 쉽게 친해질 수 있어 좋은 성격으로 통할 수도 있지만, 처음 보는 사람에게 과도한 친근감을 표시하는 '自来熟'는 정말 부담스럽지요. 이렇듯 '自来熟'는 두 가지 뜻으로 모두 사용될 수 있으니 주의해서 사용하세요.

실전 대화

男 刚才那些人是谁?
　　Gāngcái nàxiē rén shì shéi?

女 我新认识的中国朋友。
　　Wǒ xīn rènshi de Zhōngguó péngyou.

男 你真是个自来熟，刚来一个星期，就交了那么多朋友。
　　Nǐ zhēnshì ge zìláishú, gāng lái yí ge xīngqī, jiù jiāo le nàme duō péngyou.

女 朋友多，好办事。你也多交几个吧。
　　Péngyou duō, hǎo bànshì. Nǐ yě duō jiāo jǐ ge ba.

남 방금 그 사람들은 누구야?
여 새로 알게 된 중국 친구들이야.
남 넌 정말 사교성이 좋다니까. 여기 온지 일주일 밖에 되지 않았는데 엄청 많은 친구를 만들었네.
여 친구가 많으면, 일 처리가 쉬워지지. 너도 좀 더 친구를 만들어봐.

표현 활용

+ 他是个自来熟。
　 Tā shì ge zìláishú.

+ 自来熟的人容易交到朋友。
　 Zìláishú de rén róngyì jiāodào péngyou.

• 그는 오지랖쟁이야.
• 붙임성이 좋은 사람은 친구를 사귀기 쉬워.

> 办事 bànshi 일을 처리하다, 일을 보다
> 容易 róngyì 쉽다, 용이하다

铁公鸡
Tiěgōngjī

구두쇠

저희 아버지께서는 항상 근검절약 하시는 분이라 어렸을 때는 아버지를 구두쇠(铁公鸡)라 생각했어요. 하지만 저 역시 하나 둘 나이가 들어가며 어느새 아버지 못지않은 구두쇠(铁公鸡)로 거듭나고 있더군요. '铁公鸡'는 직역하면 '철로 만든 닭'이란 뜻입니다. 철로 만든 닭에서는 깃털 하나라도 뽑을 수 없지요. 즉, 바늘로 찔러도 피 한 방울 나오지 않을 것 같은 구두쇠를 가리켜 중국에서는 '철로 만든 닭(铁公鸡)'이라는 표현을 쓴답니다. 비슷한 의미를 가진 표현으로는 '小气鬼 xiǎoqiguǐ (짠돌이)'와 '吝啬鬼 lìnsèguǐ (인색한)'가 있으니 함께 기억해 두세요.

실전 대화

男 今天同学聚会谁买的单?
Jīntiān tóngxué jùhuì shéi mǎi de dān?

女 张明。
Zhāng Míng.

男 什么!那个铁公鸡掏的钱,怎么回事?
Shénme! Nàge tiěgōngjī tāo de qián, zěnme huí shì?

女 谁知道呢?是不是彩票中了大奖?
Shéi zhīdào ne? Shìbúshì cǎipiào zhòng le dàjiǎng?

남 오늘 동창회에서 누가 계산했어?
여 짱밍이 했어.
남 뭐라고! 그 구두쇠가 돈을 꺼내다니, 어떻게 된 일이야?
여 누가 알겠어? 복권 당첨이라도 했나?

표현 활용

+ 要想让他这个铁公鸡请客,除非太阳从西边出来。
Yào xiǎng ràng tā zhège tiěgōngjī qǐngkè, chúfēi tàiyáng cóng xībian chūlái.

+ 他是个十足的铁公鸡。
Tā shì ge shízú de tiěgōngjī.

- 개 같은 구두쇠에게 한 턱 쏘라고 하다니. 태양이 서쪽에서 뜬다면 모를까.
- 그는 정말 굉장한 구두쇠야.

聚会 jùhuì 모임
买单 mǎidān 계산서, 계산하다

脸皮厚
Liǎnpí hòu

낯가죽이 두껍다, 뻔뻔스럽다

낯짝이 두꺼운 사람을 뭐라고 할까요? '철면피?', '뻔뻔한 인간?', '脸皮厚'는 '얼굴 피부'를 뜻하는 '脸皮'와 '두껍다'는 뜻을 가진 동사 '厚'가 합쳐져서 '낯가죽이 두껍다', '뻔뻔스럽다', '비위가 좋다' 등의 의미로 쓰이는 표현입니다. 살다 보면 '脸皮厚'인 사람들을 많이 보게 되고 또 '脸皮厚'가 되도록 여러 사람들에게 강요받기도 합니다. 하지만 외국어를 습득하기 위해서는 반드시 '脸皮厚' 할 필요가 있다고 생각해요. '脸皮厚'와 반대되는 표현으로는 '낯짝이 얇다', '수줍음을 타다'의 뜻을 지닌 '脸皮薄 liǎnpí báo'가 있으니 꼭 함께 기억해 두세요.

실전 대화

男 我觉得跟人打交道越来越难。
  Wǒ juéde gēn rén dǎ jiāodào yuèláiyuè nán.

女 怎么了?
  Zěnme le?

男 客户无意中说的一句话，有时候真伤我的自尊心。
  Kèhù wúyì zhōng shuō de yí jù huà, yǒushíhòu zhēn shāng wǒ de zìzūnxīn.

女 搞业务的，就得脸皮厚点儿。加油！
  Gǎo yèwù de, jiù děi liǎnpí hòu diǎnr. Jiāyóu!

남 사람들을 사귀는 것이 점점 어려워지는 것 같아.
여 왜 그래?
남 손님이 무의식중에 던진 한 마디로, 가끔 자존심에 상처를 입고는 해.
여 일이잖아. 좀 더 뻔뻔해지렴. 힘내!

표현 활용

+ 中国有句俗语，叫做 "脸皮厚吃个够，脸皮薄吃不着"。
  Zhōngguó yǒu jù súyǔ, jiàozuò "liǎnpí hòu chī ge gòu, liǎnpí báo chībùzháo."

+ 有时候，脸皮厚点儿也有好处。
  Yǒushíhòu, liǎnpí hòu diǎnr yě yǒu hǎochù.

• 중국에는 "낯짝이 두꺼우면 배불리 먹을 수 있고, 수줍음이 많으면 굶는다"라는 속담이 있어.
• 가끔 낯가죽이 두꺼운 것도 좋은 점이 있어.

难 nán 어렵다
客户 kèhù 바이어, 손님
自尊心 zìzūnxīn 자존심

马大哈
Mǎdàhā

덜렁이, 건성쟁이

어딜 가나 물건을 이리저리 잘 잃어버리는 부주의한 사람들이 있습니다. 사실 제가 바로 그런 덜렁이 중의 하나였답니다. 중국에서는 이런 사람을 가리켜 '马大哈'라고 부릅니다. '马大哈'는 '马马虎虎 mǎmǎhūhū (대충 대충), 大大咧咧 dàdaliēliē (건성 건성), 嘻嘻哈哈 xīxīhāhā (히히 하하)'의 행위를 합쳐 만든 합성어로, '덜렁대며 부주의한 사람'을 가리키는 표현입니다. '马大哈'는 친한 친구사이나, 또는 아랫사람에게만 사용되는 말이니 주의해서 사용해야 하는 것 잊지 마세요!

실전 대화

男 新买的手机，又丢了。
　 Xīn mǎi de shǒujī, yòu diū le.

女 啊？昨天不是还跟我通话来着吗？什么时候丢的？
　 A? Zuótiān búshi hái gēn wǒ tōnghuà lái zhe ma? Shénme shíhòu diū de?

男 今天上班时好像在地铁里丢的。
　 Jīntiān shàngbān shí hǎoxiàng zài dìtiě lǐ diū de.

女 你看你，真是个马大哈！
　 Nǐ kàn nǐ, zhēnshì ge mǎdàhā!

남 새로 산 핸드폰을 또 잃어버렸어.
여 응? 어제 나와 통화하지 않았어? 언제 잃어버렸는데?
남 오늘 출근할 때 아마도 지하철에서 잃어버렸나봐.
여 네 꼴을 좀 봐. 정말 덜렁이잖아!

표현 활용

+ 他总是丢三落四，真是个马大哈。
　 Tā zǒngshì diūsān làsì, zhēnshì ge mǎdàhā.

+ 他做事粗心大意，是个马大哈。
　 Tā zuòshì cūxīndàyì, shì ge mǎdàhā.

· 그는 항상 이것 저것을 잘 잃어버려. 정말 덜렁이야.
· 걔는 일을 할 때 좀 부주의하고, 덜렁거려.

丢 diū 잃어버리다, 분실하다
丢三落四 diūsān làsì 잘 잃어버리다

热心肠
Rèxīncháng

따뜻한 마음 씀씀이

얼마 전 한 청년이 자신이 모은 돈을 어렵게 공부하는 후배들을 위해 장학금으로 기부했다는 소식을 들었습니다. 정말 따뜻한 마음씨를 가진 사람이지요. 중국에서는 이런 사람을 가리켜 '热心肠'이라 표현해요. '热心肠'은 '따뜻하다'란 뜻을 가진 '热'와, '마음 씀씀이'를 뜻하는 '心肠'이 합쳐진 표현으로, '따뜻한 마음씨를 가진 사람'을 묘사할 때 주로 사용합니다. '热心肠'과 반대되는 말로는 '냉정하고 무정한 마음씨'란 뜻의 '铁石心肠 tiěshíxīncháng'이 있으니 함께 기억해 두세요.

실전 대화

男 今天看新闻报道, 一位老人把自己一生的积蓄都捐了出来。
　　Jīntiān kàn xīnwén bàodào, yí wèi lǎorén bǎ zìjǐ yìshēng de jīxù dōu juān le chūlái.

女 是吗? 真的把全部财产都捐出来了吗?
　　Shì ma? Zhēnde bǎ quánbù cáichǎn dōu juān chūlái le ma?

男 嗯, 下这样的决定可真不容易。
　　Èng, xià zhèyàng de juédìng kě zhēn bù róngyì.

女 看来我们社会中这种热心肠的人还是大有人在的。
　　Kànlái wǒmen shèhuì zhōng zhè zhǒng rèxīncháng de rén háishì dàyǒurénzài de.

남 오늘 뉴스에서 봤는데, 한 노인이 평생 모은 돈을 기부했다고 해.
여 그래? 정말 전 재산을 기부했다고?
남 응, 이런 결정을 내리기란 정말 쉽지 않지.
여 우리 사회에 이런 따뜻한 마음씨를 가진 사람이 여전히 많구나.

표현 활용

+ 别人有什么困难他都热心帮助, 真是个热心肠的人。
  Biérén yǒu shénme kùnnan tā dōu rèxīn bāngzhù, zhēnshì ge rèxīncháng de rén.

+ 我周围热心肠的人很多。
  Wǒ zhōuwéi rèxīncháng de rén hěn duō.

- 그는 다른 사람에게 딱한 일이 생기면 친절하게 도와줘. 정말 좋은 마음씨를 가진 사람이지 뭐야.
- 내 주변에는 따뜻한 마음씨를 가진 사람이 매우 많아.

新闻 xīnwén 뉴스
积蓄 jīxù 저축하다, 저금
困难 kùnnan 곤란, 어렵다

舞迷
Wǔmí

댄스광

혹시 무언가에 푹 빠져 보신 적 있으신가요? 저는 예전에 한 가수의 열렬한 팬이었답니다. 그 가수의 앨범은 물론이고 일주일치 스케줄을 빠삭하게 꿰고 있을 정도로 열광했었답니다. 옛날의 저처럼 무언가에 빠진 상태를 중국에서도 '迷 mí'라 표현하는데요, '舞迷'는 '춤에 푹 빠진 마니아'를 의미하는 표현입니다. 혹시 매일 밤마다 클럽을 방문해 춤에 심취한 친구가 있다면 '舞迷!!'라 말할 수 있겠지요. 지금 여러분은 무엇에 '迷' 하고 있나요?

실전 대화

男 今天晚上有时间吗?
　 Jīntiān wǎnshang yǒu shíjiān ma?

女 嗯，什么事?
　 Èng, shénme shì?

男 一起去跳舞，怎么样?
　 Yìqǐ qù tiàowǔ, zěnmeyàng?

女 你这个舞迷，前天刚去跳过，又想跳了!
　 Nǐ zhège wǔmí, qiántiān gāng qù tiào guo, yòu xiǎng tiào le!

남 오늘 저녁에 시간 있어?
여 응, 무슨 일이야?
남 같이 춤추러 가자. 어때?
여 이 댄스광 같으니라고, 그저께 막 추고 돌아왔으면서 또 춤추러 갈 생각을 하다니!

표현 활용

+ 他是个舞迷，动不动就去跳舞。
　 Tā shì ge wǔmí, dòngbúdòng jiù qù tiàowǔ.

+ 她是个电视剧迷，整天坐在电视机前看电视。
　 Tā shì ge diànshìjù mí, zhěngtiān zuò zài diànshìjī qián kàn diànshì.

- 걔는 댄스광이야. 걸핏하면 춤추러 간다니까.
- 그녀는 드라마광이야. 온종일 TV앞에 앉아 TV만 보고 있다니까.

晚上 wǎnshang 저녁, 밤
跳舞 tiàowǔ 춤을 추다

嘴快
Zuǐ kuài

입이 싸다

입이 가벼운(嘴快) 친구를 만나게 되면 아무래도 하루 종일 말조심을 하느라 진땀을 흘리게 됩니다. '입이 싸다', '입이 가볍다'는 뜻을 가진 '嘴快'는 '입'을 의미하는 '嘴'와, '빠르다'를 의미하는 동사 '快'가 합쳐진 표현으로, 직역하면 '입이 빠르다'는 의미가 됩니다. 반대로 입이 무거워서 마음을 잘 털어 놓을 수 있는 친구가 있지요? 그런 사람을 보고 '嘴紧 zuǐ jǐn'이라 표현하니 둘 다 함께 기억해 주세요.

실전 대화

男 以后有什么话少跟她说。
　　Yǐhòu yǒu shénme huà shǎo gēn tā shuō.

女 为什么?
　　Wèishénme?

男 她那个人嘴太快，简直就是个传话筒。
　　Tā nàge rén zuǐ tài kuài, jiǎnzhí jiùshì ge chuánhuàtǒng.

女 嗯，那我以后可得小心点儿。
　　Ēn, nà wǒ yǐhòu kě děi xiǎoxīn diǎnr.

남 앞으로 걔랑 무슨 말을 하던 말을 좀 가려줘.
여 왜?
남 걔는 입이 너무 싸. 완전히 확성기라니까.
여 응, 그럼 앞으로 좀 더 조심할게.

표현 활용

+ 他这个人嘴太快，平时说话时一定要小心点儿。
　Tā zhège rén zuǐ tài kuài, píngshí shuōhuà shí yídìng yào xiǎoxīn diǎnr.

+ 这个人嘴很快，什么秘密都保不住。
　Zhège rén zuǐ hěn kuài, shénme mìmì dōu bǎobúzhù.

· 그는 입이 너무 가벼워서, 평소 대화할 때 반드시 조심해야 해.
· 얘는 입이 싸서 어떤 비밀이든 지키질 못해.

传话筒 chuánhuàtǒng
확성기, 메가폰

小心 xiǎoxīn 조심하다, 신중하다

嘴甜
Zuǐ tián

070

말을 잘하다

학교 다닐 때 남자 후배 중 비록 외모는 볼품없지만, 유독 여자들이 많이 따르는 친구가 있었답니다. 저는 항상 인기가 많은 그 후배에게 무슨 마성의 매력이라도 있는 것이 아닐까 궁금했었는데, 알고 보니 말을 참 잘 하더군요(嘴甜). '嘴甜'은 직역하면 '입이 달콤하다'는 뜻으로, '말을 잘한다'는 의미로 사용되는 표현입니다. 예전에는 '嘴甜'한 사람과 이야기하는 것이 너무 즐겁고 신났는데, 최근 주변 친구가 '嘴甜'한 바람둥이(花花公子 huāhuā gōngzǐ)에게 크게 데인 뒤로, 전 요즘 '嘴甜'한 남자를 조심하기 시작했답니다. 여러분의 주위에도 '嘴甜'한 사람이 있나요?

실전 대화

男 我觉得你最近好像瘦了一点儿。
　　Wǒ juéde nǐ zuìjìn hǎoxiàng shòu le yìdiǎnr.

女 是吗？可体重没有变化呀。
　　Shì ma? kě tǐzhòng méiyǒu biànhuà ya.

男 不过比以前苗条了，更漂亮了。
　　Búguò bǐ yǐqián miáotiao le, gèng piàoliang le.

女 你嘴真甜，怪不得那么多女孩子都喜欢你。
　　Nǐ zuǐ zhēn tián, guàibùde nàme duō nǚháizǐ dōu xǐhuan nǐ

남　최근 너 좀 마른 것 같아.
여　그래? 그런데 몸무게는 별 변화가 없어.
남　그래도 예전에 비해 날씬해졌어. 더 예뻐졌는걸.
여　정말 말을 잘하는 구나. 어쩐지 그렇게 많은 여자애들이 너를 좋아한다 했지.

표현 활용

+ 他的嘴真甜，怪不得大家都喜欢他。
　　Tā de zuǐ zhēn tián, guàibùde dàjiā dōu xǐhuan tā.

+ 嘴甜的人到哪儿都有人气。
　　Zuǐ tián de rén dào nǎr dōu yǒu rénqì.

· 걔는 말을 참 잘해. 어쩐지 모두들 걔를 좋아하더라니.
· 말을 잘 하는 사람들은 어디를 가더라도 사람들에게 인기가 있어.

体重 tǐzhòng 체중, 몸무게
苗条 miáotiao 날씬하다, 호리호리하다

감탄

托　了加　以　　上

Chapter
7

怎么说呢?
Zěnme shuō ne?

뭐라 말해야 할까?

무언가 말을 하려는데 머릿속에 떠오르질 않아서 말문이 탁 막힌 경험이 있지요? 그럴 때는 '怎么说呢?'라는 표현을 써 보세요. '怎么说呢?'는 '어떻게', '어떻게 …하겠니?'의 뜻을 가진 대명사 '怎么'와 '말하다'의 뜻을 가진 '说'가 합쳐진 표현으로, '어떻게 말해야 할까?', '뭐라 말해야 하지?'란 의미입니다. 하고자 하는 말이 순간 잘 떠오르지 않을 때 중국인들은 습관적으로 '怎么说呢?'를 말하곤 하는데요, 사실 '怎么说呢?'는 중국어에 상대적으로 서툰 외국인들에게 유용하게 쓰이는 표현이니 꼭 기억해 두세요.

실전 대화

男 你对现在的工作满意吗?
　　Nǐ duì xiànzài de gōngzuò mǎnyì ma?

女 怎么说呢, 工作环境比较好, 不过工作量太大了。
　　Zěnme shuō ne, gōngzuò huánjìng bǐjiào hǎo, búguò gōngzuòliàng tài dà le.

男 什么工作都不轻松。
　　Shénme gōngzuò dōu bù qīngsōng.

女 可不, 我这就知足了。
　　Kěbù, wǒ zhè jiù zhīzú le.

남　넌 지금 직업에 만족하니?
여　뭐라 말해야 할까? 작업 환경은 비교적 괜찮은데, 일이 너무 많아.
남　무슨 일이든 쉽지 않지.
여　누가 아니래. 난 지금에 만족하고 있어.

표현 활용

+ 怎么说呢, 我不太了解他。
　Zěnme shuō ne, wǒ bútài liǎojiě tā.

+ 怎么说呢, 这就是所谓的 "不打不成交" 吧。
　Zěnme shuō ne, zhè jiùshì suǒwèi de "bù dǎ bù chéngjiāo" ba.

- 어떻게 말해야 하나? 나는 걔를 잘 이해하지 못하겠어.
- 뭐라 말해야 할까? 이런 것을 두고 이른바 '미운 정이 들었다'고 하지.

> 轻松 qīngsōng 수월하다, 편하게 하다
> 不打不成交 bù dǎ bù chéngjiāo 싸우면서 친해지다

活该
Huógāi

072

당해도 싸다

드라마 속의 주인공을 마구 괴롭히던 서브 여주인공이 몰락하는 모습을 보면 사람들은 통쾌함을 느낍니다. 아마 이런 기분 때문에 드라마를 보는 것이 아닌가 싶네요. 어떤 일이나 사람에게 닥친 불행이 통쾌하고 쌤통이라고 느낄 때는 '活该'라고 표현해 봅시다. '活该'는 '당해도 싸다', '꼬시다', '쌤통이다'는 뜻으로 사용되는 표현인데요, 평소 남의 충고를 듣지 않고 나쁜 짓만 일삼다가 낭패를 당한 사람에게 "真的是活该呀! Zhēnde shì huógāi ya! (정말 꼬시다 꼬셔!)"라 말하면 되겠지요.

실전 대화

男 家里有胃药吗?
　　Jiālǐ yǒu wèiyào ma?

女 怎么了?
　　Zěnme le?

男 昨天喝多了，胃有点儿疼。
　　Zuótiān hēduō le, wèi yǒudiǎnr téng.

女 早就跟你说少喝点儿，活该！给你药！
　　Zǎojiù gēn nǐ shuō shǎo hē diǎnr, huógāi! Gěi nǐ yào!

남　집에 위장약이 있니?
여　무슨 일이야?
남　어제 너무 술을 많이 마셔서, 위가 좀 아파.
여　내가 예전부터 좀 적게 마시라고 했잖아. 당해도 싸지! 여기 약 있어!

표현 활용

+ 谁让你不听我的？活该！
　Shéi ràng nǐ bùtīng wǒ de? Huógāi!

+ 居心不正，活该倒霉！
　Jū xīn bú zhèng, huógāi dǎoméi!

- 누가 내 말 듣지 말랬어? 당해도 싸!
- 심보가 못됐어. 재수 없어도 싸지!

胃药 wèiyào 위장약
居心不正 jū xīn bú zhèng
마음이 바르지 못하다

怎么办?
Zěnmebàn?

어떡해?

예상치 못한 일을 겪어서 어찌해야 할 바를 모를 때 사용하는 표현이 있습니다. 바로 '怎么办?'입니다. '怎么办?'은 '어떡해', '어째서'의 의미를 가진 '怎么'와 '처리하다', '하다'는 의미를 가진 '办'이 만나서 '어떡해?'라는 의미로 사용되는 표현입니다. '怎么办?'은 상대방에게 정말 어찌해야 할지에 대한 방법을 물을 때 사용할 수도 있지만, 자신에게 닥친 부정적인 일에 대한 감탄사로도 쓰일 수 있습니다. 예를 들어 여행 중 갑자기 지갑을 소매치기 당했다거나, 오랫동안 준비한 시험에서 합격하지 못했을 때, "怎么办?(어떡하지?)"이라 말할 수 있겠네요. 사실, 살아가면서 '怎么办?'을 사용하는 일이 적으면 적을수록 좋겠지요?

실전 대화

男 你怎么了?
　　Nǐ zěnme le?

女 糟了, 我的钱包不见了。
　　Zāo le, wǒ de qiánbāo bújiàn le.

男 你再好好找找。
　　Nǐ zài hǎohāo zhǎozhao.

女 该找的地方我都找了, 还是没找到, 这可怎么办呢?
　　Gāi zhǎo de dìfang wǒ dōu zhǎo le, háishì méi zhǎodào, zhè kě zěnmebàn ne?

남 무슨 일 있어?
여 망했어, 지갑이 안 보여.
남 다시 잘 찾아 봐.
여 찾아볼 만 한 곳은 다 찾아 봤는데도 안 보여. 이 일을 어쩌면 좋지?

표현 활용

+ 如果他不同意, 该怎么办呢?
　Rúguǒ tā bù tóngyì, gāi zěnmebàn ne?

+ 这件事我真不知道该怎么办。
　Zhè jiàn shì wǒ zhēn bù zhīdào gāi zěnmebàn.

• 만약 걔가 동의하지 않으면 어떡하지?
• 이 일을 어찌해야 할지 정말 모르겠어.

地方 dìfang 장소, 곳
同意 tóngyì 동의하다, 승인하다

谁说不是呢
Shéi shuō búshì ne

074

누가 아니래

얼마 전 수업이 끝난 후 한 학생이 저에게 다가와 한자가 익숙하지 않지만 열심히 하면 중국어를 잘 할 수 있는지 물었어요. 저는 고개를 힘차게 끄덕이며 "누가 아니래요!(谁说不是呢) Shéi shuō búshì ne"라고 말했답니다. '谁说不是呢'는 '누가'란 뜻의 대명사 '谁'와 '아니라고 말하다'는 뜻의 '说不是'가 합쳐져서, '누가 아니래', '그렇고말고'의 의미로 사용되는 표현입니다. 이처럼 '谁说不是呢'는 상대방의 의견에 동의할 때 주로 사용되는 표현인데요. 친구와 대화할 때 '谁说不是呢!'라고 말하며 맞장구를 친다면 대화가 더욱 깊어질 수 있겠지요?

실전 대화

男 听说你今年要结婚, 房子准备好了吗?
　　Tīngshuō nǐ jīnnián yào jiéhūn, fángzi zhǔnbèi hǎo le ma?

女 哎, 买是买了, 可大部分都是银行的钱, 什么时候能还完呢?
　　Āi, mǎi shì mǎi le, kě dàbùfen dōu shì yínháng de qián, shénme shíhòu néng huánwán ne?

男 谁说不是呢? 房价越来越高, 房奴也越来越多。
　　Shéi shuō búshì ne? Fángjià yuèláiyuè gāo, fángnú yě yuèláiyuè duō.

女 好在利息不太高, 要不然真的受不了!
　　Hǎozài lìxī bútài gāo, yàobùrán zhēnde shòubùliǎo!

남 듣자하니 너 올해 결혼한다던데, 집은 준비 됐어?
여 아, 사긴 샀는데, 대부분 은행 돈이지. 언제쯤 다 갚을 수 있을까?
남 누가 아니래? 집값은 나날이 뛰고, 하우스푸어도 나날이 많아지고 있어.
여 이율이 그다지 높지 않아서 다행이야. 아니면 정말 견딜 수 없을 거야.

표현 활용

+ 谁说不是呢? 这种人不能跟他交朋友。
　　Shéi shuō búshì ne? Zhè zhǒng rén bùnéng gēn tā jiāo péngyou.

+ 谁说不是呢? 家家都有本难念的经啊!
　　Shéi shuō búshì ne? Jiājiā dōu yǒu běn nán niàn de jīng a!

- 누가 아니래? 이런 사람들은 친구를 사귈 수 없어.
- 누가 아니래? 집집마다 다 곤란한 일은 있는 법이지!

房价 fángjià 집의 가격
房奴 fángnú 하우스푸어

哪里哪里
Nǎlǐ nǎlǐ

천만에요

혹시 누군가 저를 칭찬한다면 저는 뭐라고 대답해야 할까요? 이럴 때 쓸 수 있는 표현이 바로 '哪里哪里'입니다. '哪里哪里'에서 '哪里'는 '어디', '어느 곳'의 뜻으로, 의문을 표현할 때 주로 사용하지요. 하지만 '哪里哪里'처럼 '哪里'가 중첩되면 그 의미가 바뀌게 되어 '천만에요', '별 말씀을요' 등의 겸손을 의미하는 표현이 된답니다. 겸손의 의미를 지닌 '哪里哪里'를 '어디', '어느 곳'인 '哪里'로 착각하게 되면 곤란하니 꼭 유의해 주세요.

실전 대화

男 你的汉语是在哪儿学的?
　　Nǐ de Hànyǔ shì zài nǎr xué de?

女 在大学学的。
　　Zài dàxué xué de.

男 你的汉语说得真地道。
　　Nǐ de Hànyǔ shuō de zhēn dìdao.

女 哪里哪里，还差得远呢。
　　Nǎli nǎli, hái chà de yuǎn ne.

남 너 중국어를 어디서 배웠니?
여 대학에서 배웠어.
남 너의 중국어는 완벽해.
여 천만에. 아직 멀었어.

표현 활용

+ 哪里哪里，大家都是朋友，别那么客气。
　Nǎli nǎli, dàjiā dōu shì péngyou, bié nàme kèqi.

+ 哪里哪里，以后我还有很多事要麻烦你呢。
　Nǎli nǎli, yǐhòu wǒ háiyǒu hěn duō shì yào máfan nǐ ne.

• 천만에. 모두 친구 사이인데, 그렇게 체면 차리지 마.
• 천만에. 나중에 나 역시 많은 일로 너를 귀찮게 할지도 몰라.

地道 dìdao 정통의, 오리지널
远 yuǎn 멀다

真的吗?
Zhēnde ma?

진짜야?, 정말이야?

얼마 전 제 남자 친구에게 오랫동안 정말 가지고 싶었던 반지를 깜짝 선물로 받았어요. 저는 반지를 보고도 도저히 믿기지 않아 몇 번이나 "真的吗?"를 외쳤답니다. '真的吗?'에서 '真'은 형용사로 쓰여서 '사실이다', '진짜이다'는 의미를 가지고 있으며, '진짜야?', '정말이야?'의 뜻으로 사용되는 표현입니다. 이처럼 '真的吗?'는 생각지도 못한 일이 일어났을 때 감탄사로 쓰이기도 하고, 또 사실의 재확인을 위해 쓰기도 합니다. 혹시 깜짝 놀랄만한 소식을 듣거나 예기치 못한 상황에 부딪히게 된다면 꼭 "真的吗?"라 말해 봅시다.

실전 대화

男 快祝贺我吧!
Kuài zhùhè wǒ ba!

女 怎么了? 有什么好事呀?
Zěnme le? Yǒu shénme hǎoshì ya?

男 我这次终于通过公务员考试了!
Wǒ zhècì zhōngyú tōngguò gōngwùyuán kǎoshì le!

女 真的吗? 太好了! 祝贺你! 祝贺你!
Zhēnde ma? Tài hǎo le! Zhùhè nǐ! Zhùhè nǐ!

남 빨리 나에게 축하해줘!
여 무슨 일이야? 무슨 좋은 일이라도 있어?
남 나 드디어 이번 공무원 시험에 합격했어!
여 진짜야? 정말 잘됐다! 축하해! 축하해!

표현 활용

+ 真的吗? 我真没想到。
  Zhēnde ma? Wǒ zhēn méi xiǎngdào.

+ 真的吗? 我真不敢相信。
  Zhēnde ma? Wǒ zhēn bùgǎn xiāngxìn.

- 진짜야? 난 정말 생각지도 못했어.
- 진짜야? 난 정말 믿지 못하겠어.

祝贺 zhùhè 축하하다
公务员 gōngwùyuán 공무원

谢天谢地
Xiètiān xièdì

천만 다행이다, 하느님 감사합니다

너무나도 간절히 바래왔던 일이 갑자기 이루어진다든지, 혹은 구사일생으로 위험한 순간을 모면할 수 있게 될 때면 꼭 "谢天谢地!"라 말해주세요. '谢天谢地'는 직역하면 '하늘과 땅에 감사를 드리다'는 뜻입니다. 즉, 온갖 만물에 다 감사할 정도로 기쁘고 다행이라는 뜻이지요.

실전 대화

男 你愿意嫁给我吗?
　 Nǐ yuànyì jià gěi wǒ ma?

女 愿意。
　 Yuànyì.

男 谢天谢地。我担心万一你拒绝我，我该怎么办呢?
　 Xiètiān xièdì. Wǒ dānxīn wànyī nǐ jùjué wǒ, wǒ gāi zěnmebàn ne?

女 放心吧，我这辈子就爱你一个。
　 Fàngxīn ba, wǒ zhè bèizǐ jiù ài nǐ yí ge.

남 나에게 시집오길 원하니?
여 원하고 있어.
남 하느님 감사합니다. 나는 만일 네가 나를 거절한다면 어떻게 하나 걱정했어.
여 걱정 마. 평생 동안 너 하나만 사랑할게.

표현 활용

+ 谢天谢地，我终于找到工作了。
　Xiètiān xièdì, wǒ zhōngyú zhǎodào gōngzuò le.

+ 我的努力没白费，真是谢天谢地。
　Wǒ de nǔlì méi báifèi, zhēnshì xiètiān xièdì.

· 천만 다행이야, 나 드디어 취직했어.
· 나의 노력이 헛되지 않았어. 정말 다행이야.

嫁 jià 시집가다, 출가하다
拒绝 jùjué 거절하다, 거부하다

我的天啊
Wǒ de tiān a

오 마이 갓, 맙소사

도대체 어느 정도의 수준에 이르면 중국어를 잘 한다고 할 수 있는 걸까요? 아마 그건 사람에 따라 기준점이 다르리라 생각됩니다. 저는 "我的天啊!"를 무의식중에 말했을 때, "아! 내가 이제 중국어를 어느 정도 할 수 있게 되었구나."라고 생각했었답니다. '我的天啊'는 직역하게 되면 '나의 하늘아'라는 뜻으로, 영어로는 'Oh my god', 한국어로는 '맙소사'란 의미로 사용되는 표현입니다. 비슷한 뜻의 표현으로는 '我的妈啊 wǒ de mā a (엄마야)'가 있는데요, 이 두 표현은 모두 깜짝 놀랐을 때 자신도 모르게 튀어 나오는 감탄사랍니다. 감탄사는 입에 익기 몹시 어렵지요. 하지만 입에 익도록 계속 반복한다면 언젠가는 자신도 모르게 '我的天啊'라 외치는 자신을 발견할 수 있게 될 거에요.

실전 대화

男 作业都做完了吗?
　　Zuòyè dōu zuòwán le ma?

女 什么作业?
　　Shénme zuòyè?

男 昨天老师不是让我们写一篇作文吗?
　　Zuótiān lǎoshī búshì ràng wǒmen xiě yì piān zuòwén ma?

女 我的天啊，我忘得一干二净！
　　Wǒ de tiān a, wǒ wàng de yìgān'èrjìng!

남 숙제는 다 했어?
여 무슨 숙제?
남 어제 선생님께서 우리에게 작문 숙제를 내주지 않았어?
여 오 마이 갓, 잊어버리고 있었어!

표현 활용

+ 我的天啊，你怎么变得这么漂亮！
　Wǒ de tiān a, nǐ zěnme biàn de zhème piàoliang!

+ 我的天啊，护照不见了！
　Wǒ de tiān a, hùzhào bújiàn le!

· 맙소사, 너 어떻게 이렇게 예쁘게 변했니!
· 맙소사, 여권이 안 보여!

一干二净 yìgān'èrjìng 깨끗이
护照 hùzhào 여권

행동

托
上 以 加 了

Chapter
8

一点儿也不
Yìdiǎnr yě bù

조금도 ~하지 않다

주위를 보면 지치지 않고 항상 에너지가 넘쳐서 "一点儿也不累! Yìdiǎnr yě búlèi (조금도 피곤하지 않아!)"를 외치고 다니는 친구들이 있지요. 여기서 쓰인 '一点儿也不'는 '조금'의 의미를 가진 '一点儿'과 '~도 또한 아니다'는 의미를 지닌 '也不'가 함께 만나서 '조금도 ~하지 않다'는 뜻으로 쓰이는 표현입니다. '一点儿也不'란 표현 자체가 강조의 의미를 가지고 있기 때문에, 대화할 때 '一点儿' 부분에 강세를 넣어 말한다면 좀 더 강하게 자신의 의도를 어필할 수 있답니다.

실전 대화

男 你看看，这件衣服我穿起来是不是有点儿小？
Nǐ kànkan, zhè jiàn yīfu wǒ chuān qǐlái shìbúshì yǒudiǎnr xiǎo.

女 一点儿也不小，正合适。
Yìdiǎnr yě bùxiǎo, zhèng héshì.

男 真的吗?
Zhēnde ma?

女 当然是真的了！我什么时候骗过你？
Dāngrán shì zhēnde le! Wǒ shénme shíhòu piàn guo nǐ?

남 이것 좀 봐, 나한테 이 옷이 좀 작아 보이지 않아?
여 조금도 작지 않아. 딱 맞아.
남 진짜야?
여 당연히 진짜지! 내가 언제 널 속인 적 있었니?

표현 활용

+ 面试时，他一点儿也不紧张。
  Miànshì shí, tā yìdiǎnr yě bù jǐnzhāng.

+ 他说的到底是什么意思，我一点儿也不明白。
  Tā shuō de dàodǐ shì shénme yìsi, wǒ yìdiǎnr yě bù míngbai.

- 면접할 때 걔는 조금도 긴장하지 않았어.
- 걔가 말하는 것이 도대체 무슨 뜻인지 난 조금도 이해가지 않아.

合适 héshì 적합하다
骗 piàn 속이다
面试 miànshì 면접시험

不得不
Bùdébù

어쩔 수 없이, ~해야 한다

어릴 때는 몰랐는데, 어른이 된다는 것은 하기 싫은 일이라도 때론 어쩔 수 없이 (不得不) 해야 함을 의미하더군요. '不得不'는 하기 싫지만 어쩔 수 없이 꼭 해야 하는 상황에서 주로 쓰이는 표현으로, '不得不'의 뒤에는 주로 동사가 옵니다. '~해야 한다'를 의미하는 또 다른 표현 중에 '一定 yídìng'이나 '要 yào'가 있는데요, '一定'이나 '要'는 꼭 해야 하는 자신의 의지를 나타내는 반면에, '不得不'는 자신의 의사와는 반하지만 의무로 해야 함을 뜻하고 있습니다. '不得不'와 비슷하게 쓰이는 표현으로는 '只好 zhǐhǎo'가 있으니 함께 기억해 주세요.

실전 대화

男 啊，头疼死了。
A, tóuténg sǐ le.

女 谁让你喝那么多酒？
Shéi ràng nǐ hē nàme duō jiǔ?

男 客户一直建议我干杯，我不得不喝呀。
Kèhù yìzhí jiànyì wǒ gānbēi, wǒ bùdébù hē ya.

女 那你也得悠着点儿，下次可得少喝点儿。
Nà nǐ yě děi yōu zhe diǎnr, xiàcì kě děi shǎo hē diǎnr.

남 아, 머리 아파 죽겠어.
여 그러게 누가 너한테 그리 많이 술을 마시랬어?
남 바이어가 계속 건배하자고 하는 바람에 어쩔 수 없이 마셨다니까.
여 좀 적당히 해. 다음부터 조금만 마셔.

표현 활용

+ 我们不得不同意他的意见。
  Wǒmen bùdébù tóngyì tā de yìjiàn.
+ 我也没别的办法，不得不这么做。
  Wǒ yě méi bié de bànfǎ, bùdébù zhème zuò.

- 나는 어쩔 수 없이 걔의 의견에 동의해야 해.
- 나도 다른 방법이 없어. 어쩔 수 없이 이렇게 해야 해.

酒 jiǔ 술
干杯 gānbēi 건배하다
意见 yìjiàn 견해, 의견

再说
Zàishuō

다시 이야기하다, 게다가(더군다나)

여러분들은 "언제 시간이 날 때 밥 한 끼 하자", "나중에 다시 이야기하자"는 말을 들어본 적 있나요? 사실 위의 말들은 진짜 약속을 잡으려 하는 것이 아닌, 그냥 인사치레에 가까운 말이지요. 동사적 용법으로 쓰인 '再说'는 '다시 이야기하자'는 뜻으로, '지금은 이 이야기를 거론하고 싶지 않다'는 의사의 표현입니다. 반면 접속사적 용법으로 쓰인 '再说'는 '게다가', '더구나'의 뜻을 가지고 있답니다. 혹시 중국 친구가 '以后再说 yǐhòu zàishuō (나중에 다시 이야기하자)'라고 말한다면 '아, 이 친구가 지금은 이 이야기를 꺼내고 싶어 하지 않구나!'라고 생각해 주세요.

🐼 실전 대화

男 你想好了吗?
   Nǐ xiǎnghǎo le ma?

女 还没呢。再给我几天时间好吗?
   Hái méi ne. Zài gěi wǒ jǐ tiān shíjiān hǎo ma?

男 那咱们下个星期再说吧。
   Nà zánmen xiàge xīngqī zàishuō ba.

女 好的。
   Hǎode.

남 잘 생각해 봤어?
여 아직. 며칠간 더 생각할 시간을 주지 않을래?
남 그럼 다음 주에 다시 이야기하자.
여 좋아.

🐼 표현 활용

+ 咱们下次再说吧。
  Zánmen xiàcì zàishuō ba.

+ 坐地铁又省时又省钱，再说，也很方便。
  Zuò dìtiě yòu shěng shí yòu shěngqián, zàishuō, yě hěn fāngbiàn.

- 우리 다음에 다시 얘기해 보자.
- 지하철을 이용하면 시간도, 돈도 절약할 수 있어. 게다가 편리하기까지 하잖아.

地铁 dìtiě 지하철
省时 shěngshí 시간을 절약하다
省钱 shěngqián 돈을 절약하다

极大关注
Jídà guānzhù

지대한 관심(주목)을 받다

최근 고령화 사회로 접어들면서 정부는 노인 문제에 대해 지대한 관심을 가지고 많은 정책들을 펼치려 노력하고 있어요. 이처럼 어떤 문제가 많은 주목이나 관심을 받을 때 '极大关注'란 표현을 쓸 수 있습니다. '极大关注'는 '최대한'의 의미를 가진 부사 '极大'와 '주시하다', '관심을 가지다'는 의미를 가진 동사 '关注'가 합쳐진 표현으로, '지대한 관심을 받다'는 의미를 지니고 있습니다. 사실 노인 문제는 정부뿐만 아니라, 우리들 역시 주변에 소외되고 힘든 노인들이 없는지 항상 큰 관심을 가지고 살펴보아야(极大关注) 할 문제이기도 하지요.

실전 대화

男 最近独居老人越来越多了。
Zuìjìn dújū lǎorén yuèláiyuè duō le.

女 可不, 国家现在也极大关注这个问题。
Kěbù, guójiā xiànzài yě jídà guānzhù zhège wèntí.

男 光关注不行动, 受苦的还是那些老人。
Guāng guānzhù bù xíngdòng, shòukǔ de háishì nàxiē lǎorén.

女 别太急, 我觉得情况慢慢会好起来的。
Bié tài jí, wǒ juéde qíngkuàng mànmān huì hǎo qǐlái de.

남 최근 독거노인이 나날이 많아지고 있어.
여 누가 아니래, 나라에서도 이 문제에 대해 지대한 관심을 가지고 있어.
남 관심만 가지고 행동에 옮기지 않잖아. 고통 받는 건 노인들 뿐이지.
여 너무 조급해 하지 마. 내 생각에 앞으로 천천히 좋아질 것 같아.

표현 활용

+ 政府极大关注就业问题。
  Zhèngfǔ jídà guānzhù jiùyè wèntí.
+ 公司极大关注员工们的工作积极性。
  Gōngsī jídà guānzhù yuángōngmen de gōngzuò jījíxìng.

• 정부는 취업 문제에 지대한 관심을 가지고 있어.
• 회사는 임직원들의 업무능률 향상에 대해 지대한 관심을 가지고 있어.

独居老人 dújū lǎorén
독거노인

行动 xíngdòng 행동, 움직이다

受冷落
Shòu lěngluò

찬밥신세, 냉대를 당하다

'受冷落'는 참 슬픈 표현입니다. '受冷落'는 '당하다', '받다'는 뜻을 가진 동사 '受'와, '냉대하다', '푸대접하다'는 뜻을 가진 동사 '冷落'가 합쳐져서 '찬밥신세', '냉대를 당하다'는 뜻으로 쓰이는 표현입니다. 자신이 속한 어떤 단체나 친구사이에서 '受冷落'한 감정을 느끼게 되면 참 서글픈 기분이 드는 것은 어쩔 수 없지요. 사실 사람은 누구나 환영받을(受欢迎 shòu huānyíng) 만한 가치 있는 존재입니다. 그러니 혹시 냉대를 당한다 하더라도 너무 상심 말아요.

실전 대화

男 今天我的一个好朋友来找我了。
　　Jīntiān wǒ de yí ge hǎopéngyǒu lái zhǎo wǒ le.

女 他找你有什么事?
　　Tā zhǎo nǐ yǒu shénme shì?

男 他说在公司里有种受冷落的感觉，很郁闷。
　　Tā shuō zài gōngsī lǐ yǒu zhǒng shòu lěngluò de gǎnjué, hěn yùmèn.

女 看来他在那家公司干不长了。
　　Kànlái tā zài nà jiā gōngsī gàn bù cháng le.

남 오늘 친한 친구가 나를 찾아 왔어.
여 무슨 일로 당신을 찾았어?
남 회사에서 찬밥 신세란 느낌이 들어서 답답하다고 하더군.
여 보아하니 그 회사에서 오래 버티지 못할 것 같네.

표현 활용

+ 我最近有一种受冷落的感觉。
　Wǒ zuìjìn yǒu yì zhǒng shòu lěngluò de gǎnjué.
+ 谁都不喜欢受冷落。
　Shéi dōu bù xǐhuan shòu lěngluò.

- 나 최근에 찬밥 신세라는 느낌을 받고 있어.
- 누구든 찬밥 신세를 좋아하지 않아.

> 郁闷 yùmèn 답답하고 괴롭다, 우울하다

尽力
Jìnlì

전력을 다하다

어떤 일을 전력을 다 해서 해본 적(尽力而为 jìnlì'érwéi)이 있나요? 저는 어떤 일을 계기로 그동안 건성건성 했던 중국어 공부에 전력(尽力)을 다했던 적이 있답니다. '尽力'는 '다할 진'에 '힘 력'의 한자가 합쳐진 표현으로 '전력을 다하다', '힘을 다하다'는 의미로 쓰이는 표현입니다. 사실 어떤 일을 할 때 전력을 한다(尽力而为)고 해서 꼭 성공한다는 보장은 없지요. 하지만 전력을 다하게 되면(尽力而为) 혹시 일이 실패로 끝났다 하더라도 최선을 다했으니 후회는 남지 않겠지요. 우리 오늘부터 다시 마음을 가다듬고 중국어 공부에 전력(尽力)을 다 해 볼까요?

🐼 실전 대화

男 论文写得怎么样了?
　Lùnwén xiě de zěnmeyàng le?

女 别提了!一点儿进展都没有。
　Bié tí le! Yìdiǎnr jìnzhǎn dōu méiyǒu.

男 加油!你能行!
　Jiāyóu! Nǐ néng xíng!

女 尽力吧!
　Jìnlì ba!

남 논문은 어떻게 쓰고 있어?
여 말도 마! 조금의 진전도 없다니까.
남 힘내! 넌 할 수 있어!
여 전력을 다할게!

🐼 표현 활용

+ 实在对不起,我已经尽力了。
　Shízai duìbùqǐ, wǒ yǐjīng jìnlì le.

+ 放心吧,大家都会尽力帮助你的。
　Fàngxīn ba, dàjiā dōu huì jìnlì bāngzhù nǐ de.

- 정말 미안해. 난 이미 전력을 다 했어.
- 마음 푹 놔. 모두들 온 힘을 다해 너를 도울 거야.

论文 lùnwén 논문
进展 jìnzhǎn 진전하다, 진척하다

露面儿
Lòu miànr

얼굴을 비추다

취업에 실패하고 진학에도 실패한 친구가 오랫동안 모임에 얼굴을 비추지 않아 (没露面儿 méi lòu miànr) 모두들 걱정하고 있는 와중에 어느 날 짠하고 나타나더군요. 친구의 근황이 궁금한 것도 있지만 오랜만에 본 친구가 너무 반가워서 다들 너무 기뻐했어요.(高兴得不得了 gāoxìng de bùdéliǎo) 이처럼 공개적으로 얼굴을 비출 때 '露面儿'이란 표현을 쓰는데요. '露面儿'에서 '露'는 동사로 '나타내다', '들어나다'는 뜻을 지니고 있답니다. 잠깐 모습을 보였던(露面儿) 친구는 안타깝게도 다시 얼굴을 내비치지 않는데요(没露面儿), 얼른 다시 모임에 얼굴을 비추었으면(露面儿) 정말 좋겠네요.

🐼 실전 대화

男 这不是张丽吗？好久不见！
Zhè búshì Zhāng Lì ma? Hǎojiǔ bújiàn!

女 好久不见！
Hǎojiǔ bújiàn!

男 你怎么这么长时间没露面儿？我还以为你回国了呢。
Nǐ zěnme zhème cháng shíjiān méi lòu miànr? Wǒ hái yǐwéi nǐ huíguó le ne.

女 真让你说中了，回了一趟国，前天才回来。
Zhēn ràng nǐ shuōzhòng le, huí le yí tàng guó, qiántiān cái huílái.

남 너 짱리 아니니? 오랜만이야!
여 오랜만이야!
남 왜 이렇게 긴 시간 동안 얼굴을 비추지 않았어? 난 네가 귀국한 줄 알았어.
여 네 말이 맞아. 귀국했다가 그저께야 비로소 다시 돌아왔어.

🐼 표현 활용

+ 会议已经结束了，他始终没露面儿。
  Huìyì yǐjīng jiéshù le, tā shǐzhōng méi lòu miànr.

+ 那个演员最近不怎么在公共场合露面儿。
  Nà ge yǎnyuán zuìjìn bù zěnme zài gōnggòng chǎnghé lòu miànr.

- 회의는 벌써 끝났지만, 걔는 결국 얼굴을 비추지 않았어.
- 그 배우는 요즘 어떻게 된 건지 공식석상에서 얼굴을 비추지 않아.

回国 huíguó 귀국하다
公共场合 gōnggòng chǎnghé 공공장소

走着瞧
Zǒu zhe qiáo

두고 보자

'走着瞧'는 '걸어가다'는 의미를 지닌 '走着'와 '보다', '구경하다'는 의미를 지닌 '瞧'가 합쳐진 표현으로, '두고 보자'는 의미로 사용되는 표현입니다. 즉, '走着瞧'를 직역하면 '되어가는 상황을 보다'는 뜻이 됩니다. '走着瞧'의 '두고 보자'는 문장에서 사용될 때 주로 부정적인 의미로 많이 쓰이는데요, 긍정적인 의미의 '두고 보자'는 '以后再说吧 yǐhòu zàishuō ba (나중에 다시 이야기해요)'가 있으니 혼동하지 않도록 주의해야겠습니다.

실전 대화

男 同学聚会怎么样?
Tóngxué jùhuì zěnmeyàng?

女 挺好的，特别是张丽，嫁了一个高帅富，真让人羡慕。
Tǐng hǎo de, tèbié shì Zhāng Lì, jià le yí ge gāoshuàifù, zhēn ràng rén xiànmù.

男 别羡慕她，走着瞧，我一定让你做个富太太。
Bié xiànmù tā, zǒu zhe qiáo, wǒ yídìng ràng nǐ zuò ge fùtàitai.

女 你可得说话算话呀!
Nǐ kě děi shuōhuà suàn huà ya!

남 동창회는 어땠어?
여 엄청 좋았어. 특히 짱리는 키 크고 돈 많고 잘 생긴 남자와 결혼했어. 정말 부럽다니까.
남 부러워하지 마. 두고 봐, 내가 반드시 너를 부잣집 사모님으로 만들어 줄게.
여 그 말 꼭 책임져야해!

표현 활용

+ 走着瞧，我一定给他点儿颜色看看。
  Zǒu zhe qiáo, wǒ yídìng gěi tā diǎnr yánsè kànkan.

+ 走着瞧，我不会放过他的。
  Zǒu zhe qiáo, wǒ búhuì fàngguò tā de.

- 두고 봐, 반드시 걔한테 본 때를 보여줄 거야.
- 두고 봐, 난 절대 걔를 그냥두지 않을 거야.

高帅富 gāoshuàifù 키 크고 잘생기며 부자인 사람
羡慕 xiànmù 부러워하다
放过 fàngguò 용서하다, 놓아주다

懒惰
Lǎnduò

게으르다, 나태하다

겨울 방학이나 여름 방학이 다가오면 한 없이 게을러져서(懒惰) 그저 이불 위에서 침대와 합체한 상태로만 있고 싶어지죠. 저만 그랬나요? 전 다들 그런 줄로만 알고 있었는데 아니라니 정말 다행이에요. 사실 방학은 조금만 게으름 피우다 보면 쏜살같이 지나가는 시간이더군요. '懒惰'는 형용사로 '게으르다', '나태하다'라는 의미를 지닌 표현입니다. 비슷하게 쓰이는 표현으로는 '게으름을 피우다'는 '偷懒 tōulǎn'이 있답니다. 사실 가끔의 게으름과 나태함은 고된 생활 중 활력소가 되기도 하지만, 나태함이 습성이 되어 버리면(懒惰成性 lǎnduò chéngxìng) 그 나태함에서 빠져나오기는 참으로 힘든 일이 되니 문제지요.

🐼 실전 대화

男 我现在才发现习惯真的很重要。
Wǒ xiànzài cái fāxiàn xíguàn zhēnde hěn zhòngyào.

女 怎么了？
Zěnme le?

男 我这个人平时懒惰成性，结果什么都做不好。
Wǒ zhège rén píngshí lǎnduò chéngxìng, jiéguǒ shénme dōu zuòbùhǎo.

女 知错就改嘛，只要你意志坚定，一定能勤快起来的。
Zhīcuò jiù gǎi ma, zhǐyào nǐ yìzhìjiāndìng, yídìng néng qínkuai qǐlái de.

남 나는 이제야 습관이 무척 중요하다는 사실을 알았어.
여 무슨 일인데?
남 나는 게으른 것이 습관이 되어서 뭘 해도 잘 안된단 말이지.
여 잘못을 알았으면 고치면 되지. 네 의지만 굳다면 반드시 부지런해질 수 있을 거야.

🐼 표현 활용

+ 成功的人没有一个是懒惰的。
Chénggōng de rén méiyǒu yí ge shì lǎnduò de.

+ 怎样做才能改变懒惰磨蹭的坏习惯呢？
Zěnyàng zuò cái néng gǎibiàn lǎnduò móceng de huài xíguàn ne?

• 성공하는 사람 중에는 게으른 사람이 한 명도 없어.
• 어떻게 하면 게으르고 늑장부리는 나쁜 습관을 고칠 수 있을까?

习惯 xíguàn 버릇, 습관이 되다
知错 zhīcuò 잘못을 알다

实话实说
Shíhuà shíshuō

사실대로 말하다

가끔 상대방을 위한다는 핑계로 선의의 거짓말을 할 때가 있습니다. 하지만 사실대로 모든 것을 말하는 것(实话实说)이 더 나을 때가 있지요. '实话实说'는 '참말', '솔직한 말'이란 뜻의 '实话'와, '사실대로 말하다', '솔직히 말하다'는 뜻의 '实说'가 합쳐진 표현으로, 마음에 있는 솔직한 심정을 탁 터놓고 이야기하고자 할 때 주로 쓰인답니다. 사실 나이가 들수록 사람들을 만날 때 '实话实说'하기 정말 쉽지 않은데요, 최근 저는 될 수 있으면 '实话实说'하고 '说真话 shuō zhēnhuà (진실을 말하다)' 하는 사람이 될 수 있도록 노력하고 있는데, 생각만큼 쉽진 않네요.

실전 대화

男 你怎么不说话?
Nǐ zěnme bù shuōhuà?

女 没什么。
Méi shénme.

男 实话实说, 你是不是生我气了?
Shíhuà shíshuō, nǐ shìbúshì shēng wǒ qì le?

女 我哪儿敢生您老先生的气呢?
Wǒ nǎr gǎn shēng nín lǎo xiānshēng de qì ne?

남 넌 왜 말이 없니?
여 별일 아니야.
남 사실대로 말해봐. 너 나한테 화났어?
여 내가 어떻게 감히 너 같이 대단한 사람에게 화낼 수 있겠어?

표현 활용

+ 实话实说, 我不太想去。
  Shíhuà shíshuō, wǒ bútài xiǎng qù.

+ 你看过《实话实说》这个电视节目吗?
  Nǐ kàn guo «shíhuà shíshuō» zhège diànshì jiémù ma?

- 사실대로 말해서, 난 별로 가고 싶지 않아.
- 너〈사실대로 말해〉라는 TV프로그램을 본 적 있니?

电视节目 diànshì jiémù
TV 프로그램

打瞌睡
Dǎkēshuì

꾸벅 꾸벅 졸다

막차를 타고 집으로 가다보면 꾸벅꾸벅 졸고 있는(打瞌睡) 사람, 아예 코까지 드르렁드르렁(呼吼 hūhǒu) 골면서 자는 사람 등등 다양한 사람들을 볼 수 있지요. '打瞌睡'는 '~를 하다'는 뜻의 '打'와 '말뚝잠을 자다'는 뜻의 '瞌睡'가 만나 '꾸벅 꾸벅 졸다'는 의미로 사용되는 표현입니다. 그렇다면 '打瞌睡'와 '잠을 자다'는 뜻의 '睡觉 shuìjiào'는 어떤 차이가 있을까요? '睡觉'는 본격적으로 잠을 청할 때 주로 쓰이는 반면, '打瞌睡'는 잠깐 토끼잠을 잘 때 쓰는 표현이랍니다. 즉, '打瞌睡'는 깊은 잠이 아닌, 잠깐 눈을 붙인다는 의미가 있어요. 비슷하게 쓰이는 표현으로는 '打盹儿 dǎ dǔnr'이 있으니 이 표현도 꼭 함께 외워두세요.

실전 대화

男 昨天的电影有意思吗?
　　Zuótiān de diànyǐng yǒu yìsi ma?

女 嗨,别提了,一点儿意思都没有,看得我直打瞌睡。
　　Hēi, bié tí le, yìdiǎnr yìsi dōu méiyǒu, kàn de wǒ zhí dǎkēshuì.

男 我原打算今天去看,听你这么一说,我得再考虑考虑。
　　Wǒ yuán dǎsuan jīntiān qù kàn, tīng nǐ zhème yì shuō, wǒ děi zài kǎolǜ kǎolǜ.

女 我保证你一看就后悔。
　　Wǒ bǎozhèng nǐ yí kàn jiù hòuhuǐ.

남　어젯밤 영화는 재밌었니?
여　아이고, 말도 마. 하나도 재미없었어. 보면서 계속 꾸벅꾸벅 졸기만 했다니까.
남　원래 오늘 보러가려고 했는데, 네가 말하는 것을 들으니 다시 생각해 봐야겠어.
여　내가 장담컨대, 보면 후회할 거야.

표현 활용

+ 刚吃完午饭就开始上课,容易打瞌睡。
　Gāng chīwán wǔfàn jiù kāishǐ shàngkè, róngyì dǎkēshuì.

+ 上课时要认真听讲,千万别打瞌睡。
　Shàngkè shí yào rènzhēn tīngjiǎng, qiānwàn bié dǎkēshuì.

• 금방 점심을 먹고 바로 수업을 들어가면 꾸벅꾸벅 졸기 쉬워.
• 수업할 때 꼭 열심히 듣고, 절대로 꾸벅꾸벅 졸지 마.

考虑 kǎolǜ 고려하다, 생각하다
保证 bǎozhèng 보증하다, 책임지다

逃课
Táokè

090

땡땡이치다

'逃课'는 '도망치다'는 의미의 동사 '逃'와 '수업'이란 의미를 가진 '课'가 합쳐져 '수업에서 도망치다' 즉, '땡땡이를 치다'는 의미로 사용되는 표현입니다. 가끔 '무단결석을 하다'는 뜻을 가진 '旷课 kuàngkè'와 헷갈려 하는 친구들이 있는데요, '逃课'는 말 그대로 등교를 한 후 수업 중에 '땡땡이치다'는 의미가 강한 반면, '旷课'는 작정하고 학교 자체를 무단결석 한 것을 말한답니다.

실전 대화

男 今天下午的演唱会你也去看吗?
Jīntiān xiàwǔ de yǎnchànghuì nǐ yě qù kàn ma?

女 想看是想看，不过下午有课呀。
Xiǎng kàn shì xiǎng kàn, búguò xiàwǔ yǒu kè ya.

男 我也有课，不过逃课也要去看。
Wǒ yě yǒu kè, búguò táokè yě yào qù kàn.

女 我们老师每次都点名，我可不敢逃课。
Wǒmen lǎoshī měicì dōu diǎnmíng, wǒ kě bùgǎn táokè.

남 오늘 오후에 열리는 콘서트에 너도 갈거니?
여 가고 싶기는 가고 싶은데, 오후에 수업이 있어.
남 나도 수업이 있지만 땡땡이치고 갈 거야.
여 우리 선생님은 매번 출석체크를 해서, 감히 땡땡이를 칠 수가 없어.

표현 활용

+ 听这门课的学生很多，偶尔逃一两次课老师也不知道。
Tīng zhè mén kè de xuésheng hěn duō, ǒu'ěr táo yī-liǎngcì kè lǎoshī yě bù zhīdào.

+ 昨天心情很郁闷，所以逃课一个人去逛街了。
Zuótiān xīnqíng hěn yùmèn, suǒyǐ táokè yí ge rén qù guàngjiē le.

- 듣기로는 이 수업은 학생들이 엄청 많아서 가끔 한 두 번 땡땡이를 친다 해도 선생님이 잘 모른다고 들었어.
- 어제 마음이 엄청 울적해서 수업을 땡땡이치고 혼자 아이쇼핑이나 했어.

演唱会 yǎnchànghuì
콘서트

点名 diǎnmíng
출석을 부르다

别理我
Bié lǐ wǒ

날 좀 내버려둬

정말 피곤하고 만사가 귀찮은 날, 또는 상대방과 싸워서 아무 말도 하고 싶지 않을 때 '别理我'라는 표현을 쓸 수 있습니다. '别理我'에서 '理'는 '정리하다', '다스리다', '무늬' 등등 정말 다양한 뜻을 지닌 단어로, 이 표현에서는 '~를 상대하다', '거들떠 보다'의 의미로 쓰이고 있어요. 직역하게 되면 '나를 상대하지 마'가 되는데요, 즉 혼자 있고 싶으니 '나를 좀 내버려둬'란 의미가 됩니다. 가끔 혼자 있고 싶은데 누군가 자꾸 귀찮게 한다면 조용하게 목소리를 쫙 깔고 '别理我'라고 말해 줍시다.

실전 대화

男 你怎么了? 生我的气了吗? 怎么一声不吭?
　　Nǐ zěnme le? Shēng wǒ de qì le ma? Zěnme yì shēng bùkēng?

女 别理我，我现在很烦。
　　Bié lǐ wǒ, wǒ xiànzài hěn fán.

男 好好好，我这就闭嘴。
　　Hǎo hǎo hǎo, wǒ zhè jiù bìzuǐ.

남 무슨 일이야? 나한테 화가 난 거니? 왜 한마디 말도 없어?
여 성가시니까 날 좀 내버려둬.
남 알았어, 알았어. 입 다물게.

표현 활용

+ 别理我，我想一个人静一静。
　 Bié lǐ wǒ, wǒ xiǎng yí ge rén jìng yī jìng.

+ 别理我，我现在没心情跟你聊。
　 Bié lǐ wǒ, wǒ xiànzài méi xīnqíng gēn nǐ liáo.

• 나 혼자 조용하게 있고 싶으니까 좀 내버려둬.
• 나 지금 너랑 이야기 할 기분 아니니까 좀 내버려둬.

> 一声不吭 yìshēng bùkēng 한마디도 말하지 않았다

说实话
Shuō shíhuà

솔직하게 말하다

도시 생활은 바쁘고 복잡해서 사람들은 옛날의 순수함을 많이 잃어버리곤 합니다. 심지어 친구들 사이에서도 자신의 마음을 툭 터놓고 말하지 못 할 때가 많아요. 하지만 이런 각박하고 바쁜 생활에서도 가끔은 자신의 마음을 솔직하게 이야기하고 싶을 때가 있지요. 그럴 때는 '说实话'라는 표현을 써 보세요. '说实话'는 '말하다'는 뜻을 지닌 동사 '说'와 '솔직한 말'을 뜻하는 '实话'가 합쳐져서 '진실을 말하다', '솔직하게 말하다'는 의미로 사용되는 표현입니다. 비슷하게 쓰이는 표현으로는 '说真的 shuō zhēnde (정말이지)'가 있으니 함께 기억해 두세요.

실전 대화

男 今天的聚会我不想去了。
　　Jīntiān de jùhuì wǒ bùxiǎng qù le.

女 怎么了？哪儿不舒服？
　　Zěnme le? Nǎr bù shūfu?

男 没有，说实话，我很紧张。
　　Méiyǒu, shuō shíhuà, wǒ hěn jǐnzhāng.

女 嗨，别人也都是第一次见面，紧张什么呀。
　　Hāi, biérén yě dōu shì dì yī cì jiànmiàn, jǐnzhāng shénme ya.

남 오늘 모임에 나는 가지 않을 생각이야.
여 무슨 일이야? 어디 불편해?
남 아니야. 사실대로 말해서, 엄청 긴장돼.
여 아, 다른 사람들 역시 첫 대면인데, 긴장하기는.

표현 활용

+ 说实话，我不喜欢他。
　Shuō shíhuà, wǒ bù xǐhuan tā.

+ 说实话，我从来没见过这种人。
　Shuō shíhuà, wǒ cónglái méi jiàn guo zhè zhǒng rén.

• 사실대로 말해서, 나는 그를 별로 좋아하지 않아.
• 솔직하게 말해서, 나는 이런 종류의 사람을 만난 적이 없어.

> 舒服 shūfu 편안하다, 가볍다
> 紧张 jǐnzhāng 긴장하다, 불안하다

开玩笑
Kāiwánxiào

농담하다

나는 농담을 할 기분이 아닌데 상대방은 계속 농담이라며 기분 나쁜 소리를 할 때가 있지요. 그럴 때는 상대방에게 "别开玩笑! Bié kāi wánxiào! (농담하지 마!)"라 말해 주세요. '开玩笑'는 '농담하다', '웃기다'는 의미로 주로 사용되는데요, 가끔 '(농담거리마냥) 하찮게 여기다'는 뜻으로도 사용되니 주의가 필요해요. 만약 '~와 농담을 하다'라 말하고 싶을 때는 '跟 gēn (~와)'을 사용해서 '跟A开玩笑 gēn A kāi wánxiào (A와 농담하다)'로 표현할 수 있답니다.

실전 대화

男 怎么了？真的生气了？
　 Zěnme le? Zhēnde shēngqì le?

女 讨厌！不理你了！
　 Tǎoyàn! Bùlǐ nǐ le!

男 好了，好了，别那么认真，跟你开玩笑的。
　 Hǎo le, hǎo le, bié nàme rènzhēn, gēn nǐ kāi wánxiào de.

女 哪儿有你那么开玩笑的？
　 Nǎr yǒu nǐ nàme kāi wánxiào de?

남 왜 그래? 정말 화났어?
여 꼴 보기 싫어! 너랑 상대하고 싶지 않아!
남 알았어, 알았어. 그렇게 진지하게 받아들이지 마. 그냥 너랑 농담한거라니까.
여 너처럼 그렇게 농담하는 사람이 어디 있니?

표현 활용

+ 他很喜欢开玩笑。
　 Tā hěn xǐhuan kāi wánxiào.

+ 跟你开个玩笑，千万别生气。
　 Gēn nǐ kāi ge wánxiào, qiānwàn bié shēngqì.

- 그는 농담하는 것을 좋아해.
- 너와 웃자고 하는 소리야. 절대 화내지마.

> 认真 rènzhēn 진지하다, 진담으로 받아들이다

睡懒觉
Shuìlǎnjiào

094

늦잠 자다

지금도 그렇지만 저는 어릴 적부터 아침에 일어나는 일이 세상에서 가장 어려운 일 중 하나였어요. 게으른 사람은 성공하지 못한다는 말이 있지만, 달콤한 아침의 늦잠(睡懒觉)은 절대 포기가 되지 않네요. '睡懒觉'는 '잠을 자다'는 뜻의 동사 '睡'와 '늦잠'의 뜻을 가진 명사 '懒觉'가 합쳐진 표현으로 주로 아침에 늦잠을 자는 행위를 의미하고 있습니다. 비슷하게 쓰이는 표현으로는 '睡过头 shuìguòtóu (늦게 일어나다, 늦잠을 자버리다)'가 있는데요, '睡懒觉'는 주로 주말에 평소보다 늦게 일어나는 것을 의미하는 반면, '睡过头'는 평소에 일어나야 할 시간보다 더 늦게 일어나는 것을 의미하고 있답니다.

실전 대화

男 今天上班又迟到了。
Jīntiān shàngbān yòu chídào le.

女 怎么？你又睡懒觉了？
Zěnme? Nǐ yòu shuìlǎnjiào le?

男 嗯，早起对我来说真是太不容易了。
Èng, zǎo qǐ duì wǒ lái shuō zhēnshì tài bù róngyì le.

女 早点儿睡就行了！
Zǎo diǎnr shuì jiù xíng le!

남 오늘 출근길은 또 지각이야.
여 왜? 너 또 늦잠 잤어?
남 응. 아침에 일어나는 건 정말 어려운 일이야.
여 좀 일찍 잠들면 되잖아!

표현 활용

+ 他从来不睡懒觉。
  Tā cónglái bú shuìlǎnjiào.

+ 真累啊，这个周末一定要睡个懒觉。
  Zhēn lèi a, zhège zhōumò yídìng yào shuì ge lǎnjiào.

- 그는 여태껏 늦잠을 자 본 적이 없어.
- 정말 피곤해. 이번 주말에는 반드시 늦잠을 잘 거야.

上班 shàngbān 출근하다
累 lèi 피곤하다

废话
Fèihuà

쓸데없는 말, 허튼소리를 하다

가끔 친구들과 실컷 수다를 떨고 돌아오는 길에 뭔가 씁쓸한 기분이 들 때가 있어요. 하루 종일 이야기했지만 결국 대부분이 쓸데없는 말들(废话) 이었어요. 꼭 무언가 생산적이고 그럴 듯한 이야기만 해야 하는 것은 아니지만, 그래도 몇 시간을 나와는 전혀 상관없는 연예인 이야기나 가십거리들로 보내버렸다고 생각하니 기분이 썩 좋진 않았어요. '废话'의 '废'는 '쓸모없는', '못 쓰게 된'을 뜻하는 형용사로, '废话'를 직역하게 되면, '쓸모없는 말'이 됩니다. 한 번 엎지른 물은 다시 담을 수 없는 것처럼(覆水难收) fùshuǐ nánshōu, 말 역시 한 번 뱉게 되면 절대 주어 담을 수 없으니 쓸데없는 말을 적게(少说废话) shǎoshuō fèihuà 해야겠습니다.

실전 대화

男 昨天我出差的时候开会了?
Zuótiān wǒ chūchāi de shíhou kāihuì le?

女 对。开了两个多小时。
Duì. kāi le liǎng ge duō xiǎoshí.

男 有什么重要内容吗?
Yǒu shénme zhòngyào nèiróng ma?

女 什么呀,说来说去,都是些废话。
Shénme ya, shuōlái shuōqù, dōu shì xiē fèihuà.

남 어제 내가 출장 갔을 때 회의했었어?
여 응. 2시간 정도 회의했었지.
남 무슨 중요한 내용이라도 있었어?
여 무슨. 그냥 설왕설래 했지. 전부 쓸데없는 말이었어.

표현 활용

+ 废话少说!
Fèihuà shǎo shuō!

+ 废话!这样做行的话,我为什么不这样做呢?
Fèihuà! Zhèyàng zuò xíng de huà, wǒ wèishénme bú zhèyàng zuò ne?

• 허튼소리 좀 그만해!
• 헛소리! 이렇게 하는 것이 괜찮다면, 내가 왜 그렇게 하지 않겠어?

出差 chūchāi 출장가다
说来说去 shuōlái shuōqù 자꾸 반복하여 말하다

拖后腿
Tuō hòutuǐ

096

발목을 잡다, 방해하다

어제 제 동생이 자신이 하려는 일을 제가 사사건건 발목을 잡고(拖后腿) 훼방 놓으려 한다며 성질을 부리더군요. 사실 훼방 놓으려던 것이 아니라 동생이 걱정되어 잔소리했던 것인데 어느새 어린애 같던 동생은 훌쩍 커서 저의 걱정이 필요치 않게 되었다 생각하니 왠지 슬퍼졌답니다. '拖后腿'는 '잡아끌다', '견인하다'는 뜻의 동사 '拖'와 '뒷다리'란 뜻의 '后腿'가 합쳐진 표현으로, 직역하게 되면 '뒷다리를 잡아끌다'가 됩니다. 즉, 남의 발목을 잡아 방해한다는 뜻이지요. '拖后腿' 역시 떼었다 붙였다 할 수 있는 표현으로, '拖A后腿 tuō A hòutuǐ (A의 발목을 잡다)'와 같이 쓰일 수 있습니다.

🐼 실전 대화

男 嗨，烦死了！
　Hēi, fánsǐ le!

女 怎么了？
　Zěnme le?

男 我跑得慢，这次运动会恐怕会拖咱们班的后腿。
　Wǒ pǎo de màn, zhècì yùndònghuì kǒngpà huì tuō zánmen bān de hòutuǐ.

女 没事儿，只要你尽力了，大家就不会怪你的。
　Méishìr, zhǐyào nǐ jìnlì le, dàjiā jiù búhuì guài nǐ de.

남 아. 죽겠네!
여 무슨 일이야?
남 달리기가 더뎌서, 아마 이번 운동회에 내가 우리 반의 발목을 잡을 것 같아.
여 괜찮아. 최선을 다하면 모두들 너를 탓하지 않을 거야.

🐼 표현 활용

+ 千万别拖别人的后腿。
　Qiānwàn bié tuō biérén de hòutuǐ.

+ 谁都不想拖公司的后腿。
　Shéi dōu bùxiǎng tuō gōngsī de hòutuǐ.

· 절대 다른 사람의 발목을 잡지 마.
· 그 누구도 회사에 방해가 되고 싶어 하진 않아.

> 跑 pǎo 달리다, 뛰다
> 运动会 yùndònghuì 운동회

不懂装懂
Bùdǒng zhuāngdǒng

모르면서 아는 척하다

여러분은 수업 시간에 모르면서 아는 척 한 적(不懂装懂) 있나요? 저는 예전에 질문하기 귀찮아서 모르면서 아는 척(不懂装懂) 넘어가려 했다가 교수님께 걸려서 혼쭐이 난 적이 있었어요. '不懂装懂'에서 '装'은 동사로 쓰여서 '~인 체하다'의 뜻을 가지고 있답니다. 즉, '알지 못하면서 아는 체하다'는 뜻이지요. 사실 공부할 때 '不懂装懂'한 태도는 가장 좋지 않은 태도라 할 수 있어요. 모르는 채로 그냥 지나쳐 버린다면 영원히 모르는 채로 남을 수 있으니 조금 귀찮고 부끄럽더라도 '不懂 bùdǒng (이해하지 못하다)'할 때는 꼭 선생님께 질문하는 습관을 가지는 것이 좋아요. 모르는 것은 절대 부끄러운 일이 아니니까요!

실전 대화

男 今天上课的内容你都听懂了吗?
　　 Jīntiān shàngkè de nèiróng nǐ dōu tīngdǒng le ma?

女 有的懂了, 有的还不太清楚。
　　 Yǒu de dǒng le, yǒu de hái bútài qīngchu.

男 那刚才你怎么没问老师, 这不是不懂装懂吗?
　　 Nà gāngcái nǐ zěnme méi wèn lǎoshī, zhè búshì bùdǒng zhuāngdǒng ma?

女 你没看见老师急着出去吗, 真没眼力见儿!
　　 Nǐ méi kànjiàn lǎoshī jí zhe chūqù ma, zhēn méi yǎnlì jiànr!

남 오늘의 수업 내용을 모두 이해했니?
여 어떤 것은 이해했고, 어떤 부분은 여전히 명확하지 않아.
남 그럼 왜 방금 선생님께 물어보지 않았어? 모르면서 아는 척 한 것 아니야?
여 선생님께서 급하게 나가는 것을 보지 못했니? 넌 정말 눈치가 없어!

표현 활용

+ 学习的时候千万不能不懂装懂。
  Xuéxí de shíhou qiānwàn bùnéng bùdǒng zhuāngdǒng.

+ 不懂装懂是一种不好的习惯。
  Bùdǒng zhuāngdǒng shì yì zhǒng bùhǎo de xíguàn.

- 공부할 때는 모르면서 아는 척 하면 절대 안 돼.
- 모르면서 아는 척 하는 것은 별로 좋지 않은 습관이야.

> 听懂 tīngdǒng 알아듣다
> 眼力见 yǎnlì jiàn 눈치가 있다

098

又来了
Yòu lái le

또 시작이네

어제는 오랜만에 오랜 친구들과 모임을 가졌는데요. 한 친구가 갑자기 자신의 신세 한탄을 늘어놓기 시작하더군요. 그러자 옆에서 가만히 듣고 있던 다른 친구가 그 친구를 향해 "你又来了! Nǐ yòu lái le! (또 시작이네!)"라고 쏘아 붙여 분위기가 일순간에 살벌해졌답니다. 다들 살벌한 분위기를 무마시키고자 했지만 결국 감정이 상한채로 헤어지고야 말았습니다. '又来了'는 '또 시작이네'란 뜻으로, 상대방이 자주 했던 행위를 또 할 때, 비판하고자 하는 의도로 사용되는 표현입니다. '又来了'는 일상생활에서 사용빈도가 상당히 높은 표현이니 꼭 기억해서 외워두세요.

실전 대화

男 咱们找个时间谈谈吧。
　　Zánmen zhǎo ge shíjiān tántan ba.

女 谈什么? 有什么好谈的?
　　Tán shénme? Yǒu shénme hǎo tán de?

男 又来了！有什么话说出来才能解决问题呀！
　　Yòu lái le! Yǒu shénme huà shuō chūlái cái néng jiějué wèntí ya!

女 我觉得我们之间没有什么好谈的了。
　　Wǒ juéde wǒmen zhījiān méiyǒu shénme hǎo tán de le.

남 우리 시간 있으면 이야기 좀 하자.
여 뭘 이야기해? 무슨 이야기 거리가 있다고?
남 또 시작이네! 할 말이 있으면 말을 해야 문제를 해결할 수 있잖아!
여 내 생각에 우리 둘 사이에는 별 이야기할 것이 없는 것 같아.

표현 활용

+ 又来了！这句话我都听了一百遍了。
　Yòu lái le! Zhè jù huà wǒ dōu tīng le yì bǎi biàn le.

+ 又来了！别这么凶，好不好?
　Yòu lái le! Bié zhème xiōng, hǎo bù hǎo?

• 또 시작이네! 난 이 말을 벌써 백 번째 들었단 말이야.
• 또 시작이네! 사납게 좀 굴지 마. 알았어?

谈 tán 이야기하다
凶 xiōng 불길하다, 사납다

상태

托了加以上

Chapter
9

谈不上
Tánbúshàng

~라고까지 말할 수 없다

참 부끄럽지만 대학시절 저의 작은 취미는 글쓰기였어요. 뭐 거창하게 작가라고까지 말할 순 없지만(谈不上什么作家 tánbúshàng shénme zuòjiā), 그래도 졸작이나마 여러 가지 습작들을 끄적거렸습니다. '谈不上'은 '말하다', '논하다'의 뜻을 가진 동사 '谈'과 '~하지 못하다'는 뜻을 가진 접미사 '不上'이 합쳐진 표현으로, '~라고까지는 말할 수 없다'의 의미를 지닌 표현입니다. 귀엽다고까지는 말할 수 없다(谈不上可爱) tánbúshàng kě'ài'처럼, 말하고자 하는 대상은 항상 '谈不上'의 뒤에 온다는 점 꼭 기억해 두세요.

실전 대화

男 今天这些菜都是你做的吗？
Jīntiān zhèxiē cài dōu shì nǐ zuò de ma?

女 嗯，怎么样，味道还行吧？
Èng, zěnmeyàng, wèidào hái xíng ba?

男 没想到你做菜还真有两下子，简直跟大厨做得没有两样。
Méi xiǎngdào nǐ zuò cài hái zhēn yǒu liǎngxiàzi, jiǎnzhí gēn dàchú zuò de méiyǒu liǎngyàng.

女 大厨谈不上，不过大家都挺爱吃我做的菜。
Dàchú tánbúshàng, búguò dàjiā dōu tǐng ài chī wǒ zuò de cài.

남 오늘 이 요리들을 네가 다 만든 거야?
여 응. 어때? 맛이 그럭저럭 괜찮지?
남 너의 요리 실력이 이리 뛰어난지 몰랐어. 그야말로 요리사가 만든 거나 다름없네.
여 요리사라고까지 할 건 없는데, 그래도 모두들 내가 만든 요리를 좋아하지.

표현 활용

+ 男朋友谈不上，只是普通朋友。
  Nánpéngyǒu tánbúshàng, zhǐshì pǔtōng péngyou.

+ 美女谈不上，不过长得还行。
  Měinǚ tánbúshàng, búguò zhǎng de hái xíng.

· 남자 친구라고까진 할 수 없고, 그저 보통 친구야.
· 미녀라고까진 할 수 없지만, 그럭저럭 예쁘게 생겼어.

味道 wèidào 맛, 기분
大厨 dàchú 주방장
两样 liǎngyàng 다르다, 상이하다

不在
Búzài

~에 있지 않다

학창시절 하교 후 집으로 가지 않고 밖에서 놀기를 좋아하던 친구가 있었어요. 그때는 핸드폰이 흔하지 않았던 때라 그 친구와 통화하려면 꼭 집으로 전화를 걸어야 했었는데, 그때마다 친구의 어머니는 "她不在家 Tā búzài jiā (걔는 집에 없단다)"라고 말씀하셨어요. 이처럼 어떤 사물이나 사람이 '~에 있지 않음'을 나타낼 때는 '不在'라는 표현을 사용하는데요, '不在'의 뒤에는 주로 장소나 의문조사가 함께 쓰입니다. 또한 '不在'는 죽음을 굉장히 완곡하게 나타내기도 하는데요, 앞뒤의 문맥을 살펴보면 구체적으로 어떤 뜻으로 '不在'가 사용되고 있는지 파악할 수 있답니다.

실전 대화

男 请问，王明在吗?
Qǐngwèn, Wáng Míng zài ma?

女 不在，他刚刚出去。
Búzài, tā gānggāng chūqù.

男 那他什么时候回来呢?
Nà tā shénme shíhòu huílái ne?

女 马上就回来，你进来等他吧。
Mǎshàng jiù huílái, nǐ jìnlái děng tā ba.

남 실례합니다. 왕밍 있나요?
여 없어요. 걔는 방금 나갔어요.
남 그럼 언제 돌아오나요?
여 금방 돌아 올 거예요. 들어와서 기다리세요.

표현 활용

+ 他不在，刚刚出去。
  Tā búzài, gānggāng chūqù.

+ 他父母不在家，就去他家玩儿吧。
  Tā fùmǔ búzài jiā, jiù qù tā jiā wánr ba.

- 걔는 없어. 방금 나갔거든.
- 걔네 부모님은 집에 안 계셔. 걔네 집에 가서 놀자.

请问 qǐngwèn 실례합니다
等 děng 기다리다

相当
Xiāngdāng

상당히, 꽤

어느 날 저는 길거리를 지나다가 굉장히 아름다운 여성을 봤어요. 다음날 저는 친구들에게 어제 보았던 여성분에 대해 이렇게 말했답니다. "相当漂亮! Xiāngdāng piàoliang! (엄청 예뻤어!)" '相当'이란 표현은 한국어에서도 자주 쓰이는 표현입니다. '相当'은 동사로 쓰일 때면 실력이나 상태가 대등함을 나타냅니다. 반대로 정도를 나타내는 부사로 쓰일 때는 '상당히', '꽤'의 의미를 가집니다. 부사로 쓰이는 '相当'은 정도를 나타내는 표현이니, 강하게 읽어주신다면 좋겠지요?

실전 대화

男 你觉得我男朋友人怎么样?
　　Nǐ juéde wǒ nánpéngyǒu rén zěnmeyàng?

女 相当不错，跟你挺相配的。
　　Xiāngdāng búcuò, gēn nǐ tǐng xiāngpèi de.

男 真的吗? 借你吉言。
　　Zhēnde ma? Jiènǐjíyán.

女 什么时候吃你们的喜糖啊?
　　Shénme shíhòu chī nǐmen de xǐtáng a?

남 네 생각에 내 남자 친구는 어때?
여 꽤 괜찮지. 너랑 엄청 잘 어울려.
남 진짜? 네 말처럼 잘 됐으면 좋겠어.
여 언제 사탕 먹을 수 있어? (언제 국수 먹여줄 수 있어?)

표현 활용

+ 我看你们两家条件相当，要是你们合得来的话，我觉得你们挺配的。
　Wǒ kàn nǐmen liǎng jiā tiáojiàn xiāngdāng, yàoshì nǐmen hédelái de huà, wǒ juéde nǐmen tǐng pèi de.

+ 中国人相当重视面子。
　Zhōngguórén xiāngdāng zhòngshì miànzi.

- 너희 둘은 집안 사정이 비슷하니까, 만약 둘만 잘 맞는다면 잘 어울릴 것이라 생각해.
- 중국인들은 체면을 상당히 중시한다니까.

相配 xiāngpèi 서로 어울리다, 짝이 맞다
面子 miànzi 체면, 면목

好不容易
Hǎoburóngyì

겨우, 간신히

우리가 흔히 '좋다'는 의미로 알고 있는 '好'는 부사로 쓰일 때면 '好热的天 hǎo rè de tiān (엄청 더운 날씨야!)'처럼 정도의 심함을 나타내기도 합니다. '好不容易'는 정도의 심함을 나타내는 '好'와 '쉽지 않다'는 의미의 '不容易 bù róngyì'가 만나서 '겨우', '간신히'란 표현이 되었답니다. 비슷한 표현으로는 '好容易 hǎo róngyì (가까스로)'와 '很不容易 hěn bù róngyì (쉽지 않다)'가 있어요. 시험에 겨우 턱걸이로 합격할 수 있었다든지, 아니면 사랑하는 사람을 위해 구하기 힘든 영화표를 간신히 구할 수 있을 때 바로 '好不容易'라는 표현을 쓸 수 있겠네요.

실전 대화

男 时间不早了，我得回去了。
　　Shíjiān bùzǎo le, wǒ děi huíqù le.

女 好不容易见一面，再坐一会儿吧。
　　Hǎobùróngyì jiàn yí miàn, zài zuò yíhuìr ba.

男 不了，明天我要早起出差。
　　Bù le, míngtiān wǒ yào zǎoqǐ chūchāi.

女 是吗？那我就不留你了，快回去休息吧。
　　Shì ma? Nà wǒ jiù bù liú nǐ le, kuài huíqù xiūxi ba.

남　시간이 늦었네. 빨리 가야겠어.
여　겨우 이렇게 만났는데, 좀 더 있다가 가지.
남　안 돼, 내일 아침 일찍 출장가야 해.
여　그래? 그럼 더 잡지 않을게, 어서 돌아가 쉬어.

표현 활용

+ 他跑了好几家商店，好不容易才买到。
  Tā pǎo le hǎo jǐ jiā shāngdiàn, hǎobùróngyì cái mǎidào.

+ 我们好不容易才爬到了山顶。
  Wǒmen hǎobùróngyì cái pádào le shāndǐng.

- 그는 몇 군데 상점을 다 돌고서야 겨우 물건을 살 수 있었어.
- 우리는 간신히 산의 정상에 도달했어.

爬山 páshān 산을 오르다, 등산하다
山顶 shāndǐng 산꼭대기

差不多
Chàbuduō

103

그럭저럭, 비슷하다

무슨 일이든 그럭저럭 대충대충 하려는 사람이 있죠? 이런 사람을 중국에서는 '差不多先生 chàbuduō xiānsheng (그럭저럭 선생)'이라 부른답니다. '差不多先生'은 중국 현대 소설에 등장하는 인물로, 이 작품은 중국 사람들의 '差不多'적인 사고방식을 비판하고 있답니다. 만약 소개팅을 나간 친구가 돌아와 가족들에게 '差不多'라 대답했다면 과연 그 친구는 상대가 마음에 들었다는 것일까요? 아니면 별로라는 뜻일까요? 답은 그 친구만이 알 수 있겠죠. 이렇듯 '差不多'는 그 의도가 애매해서 정확한 의미파악이 쉽지 않은 반면에 적절히 사용한다면 매우 편리한 말도 될 수 있어요.

실전 대화

男 差不多就行了，别那么认真。
　　Chàbùduō jiù xíng le, bié nàme rènzhēn.

女 那怎么行呢？要做就要做出个样儿来。
　　Nà zěnme xíng ne? Yào zuò jiù yào zuòchū ge yàngr lái.

男 可也是，那咱们就一起努力吧。
　　Kě yě shì, nà zánmen jiù yìqǐ nǔlì ba.

女 好的，哈哈。
　　Hǎode, hāhā.

남 엔간하면 됐어. 그렇게 열심히 하지 마.
여 어떻게 그럴 수 있어? 하려면 제대로 해야지.
남 그건 그렇지. 그럼 우리 같이 노력해 보자.
여 좋아. 하하하.

표현 활용

+ 差不多是差不多，不过不是完全相同。
　Chàbùduō shì chàbùduō, búguò búshì wánquán xiāngtóng.

+ 他们俩的个子差不多一样高。
　Tāmen liǎ de gèzi chàbùduō yíyàng gāo.

· 비슷하긴 비슷한데, 완전히 같지는 않아.
· 걔 둘의 키는 거의 비슷해.

努力 nǔlì 노력하다, 열심히 하다
个子 gèzi 키, 체격

不得了
Bùdéliǎo

정도가 심하다, 대단하다

영어 강사에서 시작해 최근 중국 최고 부자로 등극한 'Alibaba' 그룹의 마윈 회장에게 중국 사람들은 '不得了'라는 감탄사를 연발합니다. '不得了'는 주로 회화체에서 어떤 일에 대한 감탄이나 정도의 심각함을 나타낼 때 많이 쓰이는 표현입니다. 정도의 심함을 나타낼 때는 '高兴得不得了 gāoxìng de bùdéliǎo (대단히 기뻐하다)' 같이 '不得了'의 앞에 '得'를 붙여 주세요. 또한 '不得了'는 '真不得了 zhēn bùdéliǎo (정말 대단하네)'와 같이 단독으로 사용되어 감탄의 의미로 쓰이기도 합니다.

실전 대화

男　你知道中国的"阿里巴巴集团"吗?
　　Nǐ zhīdào Zhōngguó de "Ālǐbābā Jítuán" ma?

女　那还用说。那不就是马云创立的公司吗?
　　Nà hái yòng shuō. Nà bú jiùshì Mǎyún chuànglì de gōngsī ma?

男　没错儿，马云从一个英语讲师发展为一个著名企业家，真不得了！
　　Méicuòr, Mǎyún cóng yí ge yīngyǔ jiǎngshī fāzhǎn wéi yí ge zhùmíng qǐyèjiā, zhēn bùdéliǎo!

女　谁说不是呢?
　　Shéi shuō búshì ne?

남　너 중국의 "알리바바그룹"에 대해 알고 있니?
여　무슨 말이 더 필요하겠어. 마윈이 창립한 회사 아니야?
남　맞아, 마윈은 영어선생님에서 유명한 경영자가 되었지. 정말 대단하다니깐!
여　누가 아니래!

표현 활용

+ 这两天天气热得不得了。
  Zhè liǎngtiān tiānqì rè de bùdéliǎo.

+ 头疼得不得了。
  Tóuténg de bùdéliǎo.

· 요 며칠 동안 날씨가 대단히 더웠어.
· 두통이 너무 심해.

英语 yīngyǔ 영어
著名 zhùmíng 저명하다, 유명하다

我中暑了
Wǒ zhòngshǔ le

더위 먹다

베이징의 위도는 서울과 비슷해서 한국의 날씨와 거의 비슷해요. 하지만 대륙성 기후라서 여름의 더위와 겨울의 추위는 정말 대단합니다. 특히 북경의 여름은 몹시 길고 무더워서 여름이 오면 더위 먹는 사람들이 많답니다. 이럴 때 쓸 수 있는 표현이 '我中暑了'인데요, '我中暑了'에서 '中'은 '가운데', '중간'이라는 의미 이외에도 '받다', '중독', '당하다' 등등, 매우 다양한 의미를 가지고 있어요. 또한 '暑'는 '덥다'는 의미를 지닌 형용사로, 명사로 쓰이게 되면 '여름'을 의미하기도 합니다. '中'의 다양한 쓰임새에 대해서는 아래 표현 활용을 함께 참고하면 좀 더 쉽게 이해하실 수 있을 거예요.

실전 대화

男 你脸怎么这么红?
Nǐ liǎn zěnme zhème hóng?

女 我也不知道。一整天在外面跑业务，现在脸发烧，头疼。
Wǒ yě bù zhīdào. Yì zhěngtiān zài wàimiàn pǎo yèwù, xiànzài liǎn fāshāo, tóuténg.

男 是不是中暑了? 快去看看医生吧。
Shìbúshì zhòngshǔ le? Kuài qù kànkan yīshēng ba.

女 那我先走一会儿，去医院看看。
Nà wǒ xiān zǒu yíhuìr, qù yīyuàn kànkan.

남 너 얼굴이 왜 이렇게 붉어졌니?
여 나도 잘 모르겠어. 하루 종일 밖에서 외근 다녔더니 얼굴에 열이 나고 두통이 있어.
남 혹시 더위 먹은 거 아니야? 어서 빨리 병원을 가야지.
여 그럼 나 먼저 갈게. 병원으로 가서 진찰 좀 받아봐야겠어.

표현 활용

+ 大热天一直在外面工作，容易中暑。
Dà rètiān yìzhí zài wàimiàn gōngzuò, róngyì zhòngshǔ.

+ 她看中了一个男生。
Tā kànzhòng le yí ge nánshēng.

- 이 더운 날씨에 계속 밖에서 일하다 보면 쉽게 더위 먹을 수 있어.
- 그녀는 그 남자를 마음에 들어 해.

发烧 fāshāo 열이 나다

差点儿
Chàdiǎnr

하마터면, 간신히

간발의 차로 지각을 면했을 때, '差点儿'이란 표현을 쓸 수 있습니다. '差点儿'은 '거의 ~할 뻔하다'는 뜻을 지닌 표현으로, 주로 원하지 않던 일이 발생할 뻔 했지만, 결국 간발의 차로 발생하지 않았을 때 쓰입니다. 비슷하게 쓰이는 표현으로는 '差点儿没 chàdiǎnr méi'가 있는데요, '差点儿'과 '差点儿没'는 원하지 않았던 일을 말할 때는 같은 뜻으로 쓰이지만, 원했던 일을 말할 때는 다른 뜻으로 쓰입니다. '差点儿'은 원했던 일이 간발의 차로 일어나지 못할 때 쓰이는 반면, '差点儿没'는 원했던 일이 간신히 이루어졌을 때 주로 쓰인답니다.

실전 대화

男 没想到，四五年不见，张红老了那么多。
　　Méi xiǎngdào, sì wǔ nián bújiàn, Zhāng Hóng lǎo le nàme duō.

女 你见到她了?
　　Nǐ jiàndào tā le?

男 嗯，今天上午在地铁里见到的。我差点儿没认出来是她。
　　Èng, jīntiān shàngwǔ zài dìtiě lǐ jiàndào de. Wǒ chàdiǎnr méi rèn chūlái shì tā.

女 看来这几年她吃了不少苦。
　　Kànlái zhè jǐ nián tā chī le bùshǎo kǔ.

남 생각도 못했어. 4, 5년 못 본 사이에 짱홍이 그렇게 많이 늙었다니.
여 그녀를 만났어?
남 응, 오늘 오전에 지하철에서 그녀와 마주쳤었지. 거의 못 알아 볼 뻔 했지 뭐야.
여 보아하니 요 몇 년간 많이 고생했나보네.

표현 활용

+ 我今天差点儿迟到了。
　Wǒ jīntiān chàdiǎnr chídào le.

+ 他差点儿没赶上火车。
　Tā chàdiǎnr méi gǎnshàng huǒchē.

・ 나 오늘 거의 지각할 뻔 했어.
・ 그는 하마터면 기차에 오르지 못할 뻔 했지 뭐야.

苦 kǔ 힘들다, 고통스럽다
火车 huǒchē 기차

合得来
Hédelái

코드가 잘 맞다

유독 나와 코드가 잘 맞는 사람이 있는 반면에, 첫 눈에 봐도 코드가 맞지 않을 것 같은 사람이 있지요. 코드가 잘 맞는 사람을 만났을 때 쓸 수 있는 표현이 바로 '合得来'입니다. '合得来'와 비슷한 뜻으로는 '이야기가 서로 잘 통하다'는 뜻을 가진 '谈得来 tándelái'가 있습니다. 사실 '合得来(코드가 잘 맞다)'하게 되면 자연스레 '谈得来(이야기가 잘 통하다)'하게 되지요. 혹시 주변에 '合得来'한 사람이 있다면 어서 빨리 친구로 만들어 보세요. 시간이 지날수록 자신과 코드가 잘 맞는 사람은 찾기 힘들어지니까요.

실전 대화

男 你还跟高中同学保持联系吗?
　　Nǐ hái gēn gāozhōng tóngxué bǎochí liánxì ma?

女 当然了，上个周末我们还聚了聚呢。
　　Dāngrán le, shàngge zhōumò wǒmen hái jù le jù ne.

男 真羡慕你。我的高中同学都联系不上了。
　　Zhēn xiànmù nǐ. Wǒ de gāozhōng tóngxué dōu liánxìbúshàng le.

女 大家都很合得来，有共同语言。希望你快点儿跟老同学取得联系。
　　Dàjiā dōu hěn hédelái, yǒu gòngtóng yǔyán. Xīwàng nǐ kuài diǎnr gēn lǎo tóngxué qǔdé liánxì.

남　너 아직도 고등학교 친구들이랑 연락하고 있니?
여　당연하지. 저번 주말에도 모였었어.
남　정말 부럽다. 나는 고등학교 친구들과는 연락이 닿지 않아.
여　모두들 코드가 잘 맞고, 말도 잘 통해. 너도 빨리 동창들과 연락이 닿을 수 있으면 좋겠다.

표현 활용

+ 他跟同事们合得来。
　Tā gēn tóngshìmen hédelái.

+ 她脾气好，跟谁都合得来。
　Tā píqi hǎo, gēn shéi dōu hédelái.

- 그와 동료들은 코드가 잘 맞아.
- 그녀는 성격이 좋아서, 그 누구와도 코드가 잘 맞는다니까.

保持 bǎochí 유지하다, 지키다

用不着
Yòngbuzháo

필요 없다, 쓸모없다

어떤 물건이 쓸모없어진다는 것은 참 슬픈 일인 것 같습니다. 물건을 살 당시에는 정말 필요한 것 같아서 구입했지만, 결국 시간이 지나면서 필요 없어지는(用不着) 일이 참 많지요. '用不着'는 '쓰다', '사용하다'의 의미인 동사 '用'과 동사의 뒤에 놓여서 '~하지 못하다'는 의미인 '不着'가 함께 쓰여서 '필요 없다', '쓸모없다'는 뜻으로 쓰이는 표현입니다. 반대의 표현으로는 '필요 있다', '쓸모 있다'의 뜻으로 사용되는 '用得着 yòngdezháo'가 있으니 함께 기억해 두세요.

실전 대화

男 晚上有时间吗？
Wǎnshang yǒu shíjiān ma?

女 嗯，有事儿吗？
Èng, yǒu shìr ma?

男 上次多亏你帮忙，我想请你吃顿饭。
Shàngcì duōkuī nǐ bāngmáng, wǒ xiǎng qǐng nǐ chī dùn fàn.

女 朋友之间用不着这么客气。
Péngyou zhījiān yòngbùzháo zhème kèqi.

남 저녁에 시간 있니?
여 응. 무슨 일 있어?
남 저번에 네가 도와준 덕분이야. 너에게 밥 한 끼 사고 싶어.
여 친구사이에 이런 체면은 필요 없다니까.

표현 활용

+ 时间来得及，用不着那么着急。
Shíjiān láidejí, yòngbùzháo nàme zháojí.

+ 这些书你拿去吧，我用不着了。
Zhèxiē shū nǐ ná qù ba, wǒ yòngbùzháo le.

- 시간이 넉넉하니까, 그렇게 조급해 할 필요 없어.
- 이 책들은 네가 가져가. 나는 필요 없어.

客气 kèqi 공손하다, 예의바르다
书 shū 책

没说的
Méi shuō de

두말 할 필요가 없다

어떤 일이나 사건에 대해 지적할 결점이 없거나, 혹은 더 이상 언급할 필요도 없을 만한 일을 맞닥뜨리면, '没说的'라는 표현을 사용해 보세요. '没说的'는 존재의 부정을 나타내는 동사인 '没'와 '말하다'의 뜻을 가진 '说'가 합쳐져서 '말할 필요가 없다', '흠 잡을 것이 없다'는 의미로 사용되는 표현입니다. 즉, 두말할 필요도 없이 확실한 사안이란 뜻이지요. 지금처럼 매일 매일 꾸준히 중국어 공부에 매진하다 보면 언젠가는 "너의 중국어 실력은 두말할 필요도 없어!(你的汉语简直没说的!) Nǐ de Hànyǔ jiǎnzhí méi shuō de!"라는 말을 분명 들을 수 있을 거예요.

실전 대화

男 昨天的相亲会怎么样?
Zuótiān de xiāngqīnhuì zěnmeyàng?

女 不错, 我跟一个男生交换了手机号, 约好这个周末见。
Búcuò, wǒ gēn yí ge nánshēng jiāohuàn le shǒujīhào, yuēhǎo zhège zhōumò jiàn.

男 那祝你好运！如果这次你成功了, 可别忘了我这个媒人啊！
Nà zhù nǐ hǎoyùn! Rúguǒ zhècì nǐ chénggōng le, kě bié wàng le wǒ zhège méiren a!

女 没说的, 到时候我一定请你大吃一顿。
Méi shuō de, dàoshíhòu wǒ yídìng qǐng nǐ dà chī yí dùn.

남 어제 맞선은 어땠어?
여 나쁘지 않았어. 남자랑 전화번호도 교환했고, 주말에 만나기로 약속도 했어.
남 행운을 빌게! 만약 이번에 잘되면 중매해 준 나를 잊지 말아야해!
여 두말 할 필요도 없지. 때가 되면 꼭 크게 한 턱 쏠게.

표현 활용

+ 我没说的, 你看着办吧。
Wǒ méi shuō de, nǐ kàn zhe bàn ba.

+ 咱俩谁跟谁呀, 没说的, 这个忙我帮定了。
Zán liǎ shéi gēn shéi ya, méi shuō de, zhège máng wǒ bāng dìng le.

- 나는 두말 하지 않을 테니 네가 알아서 해.
- 우리 사이에 뭘 그리 따져. 두말 하지 말고, 이 일은 내가 도와주는 것으로 하자.

相亲 xiāngqīn 서로 친근하다, 사이가 좋다
手机号 shǒujīhào 핸드폰 번호

火得厉害
Huǒ de lìhai

대세다, 인기가 많다

저희 동네에는 할머니가 하시는 오래된 호떡집이 있어요. 방송에도 몇 번 나가고 또 동네에서 워낙 유명한 집이라 말 그대로 호떡집에 불이 난 듯 항상 사람들이 바글바글 거린답니다. 이런 호떡집을 가리켜 '火得厉害'라 할 수 있겠네요. '火得厉害'는 직역하면 '번창(흥성)함이 대단하다'는 뜻으로, 굉장히 인기를 끌고 있거나 대세인 상황을 나타내는 표현입니다. 중국에서는 드라마 '별에서 온 그대(来自星星的你 láizì xīngxing de nǐ)'의 인기를 타고 '치맥(炸鸡啤酒 zhájī píjiǔ)'이 대세로 떠올랐다고 하는데요, 중국의 치맥은 어떤 맛인지 정말 궁금하네요.

실전 대화

男 你喜欢吃炸鸡啤酒吗?
    Nǐ xǐhuan chī zhájī píjiǔ ma?
女 当然喜欢了。怎么？今晚你请客？
    Dāngrán xǐhuān le. Zěnme? Jīnwǎn nǐ qǐngkè.
男 嗯。咱们一起去吃吧。
    Èng. Zánmen yìqǐ qù chī ba.
女 听说现在炸鸡啤酒在中国火得厉害着呢！
    Tīngshuō xiànzài zhájī píjiǔ zài Zhōngguó huǒ de lìhai zhe ne!

남 너 치맥 좋아하니?
여 당연히 좋아하지. 왜? 오늘 밤 한 턱 쏘게?
남 응. 우리 같이 가자.
여 듣자하니 요즘 치맥이 중국에서 인기가 많다더라!

표현 활용

+ 这个歌手现在火得厉害着呢。
  Zhège gēshǒu xiànzài huǒ de lìhai zhe ne.
+ 这种款式今年火得厉害。
  Zhè zhǒng kuǎnshì jīnnián huǒ de lìhai.

- 이 가수가 요즘 대세야.
- 이런 스타일이 올해 대세야.

炸鸡 zhájī 치킨
啤酒 píjiǔ 맥주

完蛋
Wándàn

끝장나다, 망했다

저는 처음 중국어 자격시험인 HSK를 쳤을 때 세상이 무너지는 듯한 절망감을 느꼈답니다. 시험을 완전 망쳤거든요(完蛋). 시험치고 돌아가는 길에 저는 계속 "完蛋, 完蛋!"을 외쳤답니다. '完蛋'은 '끝나다', '실패하다'는 뜻의 동사 '完'과 명사로 쓰인 '蛋'이 합쳐진 표현으로, 어떠한 상황이 절망적이거나 희망이 보이지 않을 때 주로 사용합니다. '完蛋'에서 '蛋'은 원래 '알' 또는 '알처럼 둥근 것'을 가리키는 뜻으로 주로 쓰이지만, '完蛋'과 같이 가끔 동사 뒤에 쓰여서 동사의 동작을 부정적인 의미로 바꾸게도 합니다. 비슷하게 쓰이는 표현으로는 '희망이 없다', '가망이 없다'는 뜻의 '没戏 méixì'가 있으니 함께 외워두세요.

🐼 실전 대화

男 几点了?
　Jǐ diǎn le?

女 八点。
　Bā diǎn.

男 完蛋了！又要迟到了。
　Wándàn le! Yòu yào chídào le.

女 谁让你不听人话，通宵玩游戏呢?
　Shéi ràng nǐ bù tīng rén huà, tōngxiāo wán yóuxì ne?

남　몇 시야?
여　8시야.
남　망했어! 또 지각이야.
여　그러게 누가 너더러 말을 듣지 않고 밤새 게임하래?

🐼 표현 활용

+ 完蛋了，他知道这件事了。
　Wándàn le, tā zhīdào zhè jiàn shì le.

+ 这次考试要是不能通过，那就真的完蛋了。
　Zhècì kǎoshì yàoshi bùnéng tōngguò, nà jiù zhēnde wándàn le.

· 망했어. 걔가 이 일을 알게 되어 버렸어.
· 이번 시험에 통과하지 못하면 정말 끝장이야.

通宵 tōngxiāo 밤새도록, 철야
游戏 yóuxì 게임

说不清楚
Shuō bu qīngchu

112

말로 설명하기 어렵다

어느 드라마에서 여주인공이 남자 주인공에게 "나를 왜 사랑하느냐(你为什么爱我? Nǐ wèishénme ài wǒ?)" 물었습니다. 남자 주인공은 한참을 망설이다가 "나도 모르겠어. 말로는 다 설명하기 힘들어(我也不知道，说不清楚。Wǒ yě bù zhīdào, shuō bù qīngchu.)라 대답하더군요. 말로는 설명하기 어렵고, 애매한 일을 표현하고자 할 때는 '说不清楚'라는 표현을 쓸 수 있답니다. '说不清楚'는 '말하다'는 뜻의 동사 '说'와 '명확하지 않다', '불분명하다'는 뜻의 '不清楚'가 합쳐진 표현으로, 상대방에게 명확한 답을 주지 못할 때 주로 쓰는 표현입니다. 비슷하게 쓰이는 표현으로는 '不好说(bù hǎo shuō 말하기 어렵다)', '说不定(shuō bú dìng 단언하기 어렵다)'이 있으니 함께 기억해 두세요.

실전 대화

男　听说你下个月就要结婚了？
　　Tīngshuō nǐ xiàge yuè jiùyào jiéhūn le?

女　嗯。下个月十号。
　　Èng, xiàge yuè shí hào.

男　现在什么感受？很期待吧？
　　Xiànzài shénme gǎnshòu? Hěn qīdài ba?

女　有几分期待也有几分担心，我也说不清楚。
　　Yǒu jǐ fēn qīdài yě yǒu jǐ fēn dānxīn, wǒ yě shuō bu qīngchu.

남　듣자하지 너 다음 달에 결혼한다며?
여　응. 다음달 10일이야.
남　지금 어떤 심정이야? 기대되지?
여　좀 기대되기도 하고, 걱정되기도 해. 나도 말로 다 설명하기 힘들어.

표현 활용

+ 他们俩的关系我也说不清楚。
  Tāmen liǎ de guānxi wǒ yě shuō bu qīngchu.

+ 说不清楚，他今天可能来，也可能不来。
  Shuō bu qīngchu, tā jīntiān kěnéng lái, yě kěnéng bù lái.

- 걔들 둘의 관계는 나도 말로는 설명하기 힘들어.
- 정확하게 말할 수 없어. 걔는 오늘 올 수도 있고, 아마 안 올 수도 있어.

结婚 jiéhūn 결혼하다
期待 qīdài 기대하다, 고대하다

嘴痒痒
Zuǐ yǎngyang

입이 근질거리다

동화 '벌거벗은 임금님'을 보면 한 남자가 임금님이 벌거벗은 사실을 말하고 싶어 숲으로 가는 장면이 나옵니다. 얼마나 입이 근질거렸을까요? '嘴痒痒'은 이럴 때 적절하게 쓰일 수 있는 표현입니다. '嘴'는 주둥이를 뜻하는 한자로 중국어에서는 '입' 또는 '먹을거리', '음식'으로 쓰이고 있어요. '痒痒'은 '가렵다', '좀이 쑤시다'는 표현으로 쓰이고 있답니다. 이 두 단어를 합치게 되면 '입이 근질거리다'는 표현으로 쓰일 수 있습니다. 무언가를 말하고 싶어 입이 근질거릴 때, 또는 정말 입이 간지러울 때, 중국 친구에게 '嘴痒痒'이라 말해주시면 되겠죠?

실전 대화

男 你昨天到底发生了什么事?
　　Nǐ zuótiān dàodǐ fāshēng le shénme shì?

女 我嘴痒痒。受不了了。我都告诉你。
　　Wǒ zuǐ yǎngyang. Shòubuliǎo le. Wǒ dōu gàosu nǐ.

男 快说说，究竟什么事呀?
　　Kuài shuōshuo, jiūjìng shénme shì yā?

女 我跟男朋友分手了。
　　Wǒ gēn nánpéngyou fēnshǒu le.

남　너 어제 밤에 도대체 무슨 일이 있었던 거야?
여　입이 근질거려 도저히 못 참겠어. 전부 이야기해 줄게.
남　어서 말해봐, 도대체 무슨 일인데?
여　나 남자 친구랑 헤어졌어.

표현 활용

+ 因为他嘴痒痒，所以把这件事全都告诉朋友了。
  Yīnwèi tā zuǐ yǎngyang, suǒyǐ bǎ zhè jiàn shì quán dōu gàosu péngyou le.

+ 吃鳗鱼嘴痒痒是怎么回事?
  Chī mányú zuǐ yǎngyang shì zěnme huí shì?

· 그는 입이 근질거려서, 이 일을 친구에게 전부 말해버리고 말았다.
· 장어를 먹었는데 입이 간지러워. 왜 그럴까?

受不了 shòubuliǎo
견딜 수 없다
鳗鱼 mányú 장어

发呆
Fādāi

넋을 잃다, 얼이 빠지다

따뜻한 봄날 수업시간에 창문 밖을 바라보면 자신도 모르게 넋을 잃게(发呆)될 때가 있죠? '发呆'는 '발생하다'는 뜻의 동사 '发'와 '둔하다', '멍하다'는 형용사 '呆'가 만나 '넋을 잃다'는 의미로 사용되는 표현입니다. 중국어에서는 '동사+목적어' 구조를 가진 동사의 중간 부분에는 다른 성분들을 집어넣을 수 있는데요, 이를 가리켜 이합사라 합니다. '发呆'는 이합사라 중간에 다른 성분들을 넣을 수 있답니다. 예를 들어 '너 뭘 그리 넋을 잃고 있니?'를 말하고자 할 때, '무엇'에 해당하는 '什么 shénme'의 위치는 '发呆什么'가 아닌 '发什么呆'에 온다는 점 기억해 두세요.

실전 대화

男 你最近有什么心事吗？怎么动不动就一个人发呆？
Nǐ zuìjìn yǒu shénme xīnshì ma? Zěnme dòngbúdòng jiù yí ge rén fādāi?

女 其实我妈妈得了癌症，我很担心。
Qíshí wǒ māma dé le áizhèng, wǒ hěn dānxīn.

男 怪不得。那她现在病情怎么样了？
Guàibùde. Nà tā xiànzài bìngqíng zěnmeyàng le?

女 正在接受化疗。
Zhèngzài jiēshòu huàliáo.

남 너 최근에 무슨 고민이 있니? 왜 걸핏하면 혼자 얼이 빠져 있니?
여 사실은 우리 엄마가 암에 걸려서 걱정하고 있었어.
남 어쩐지. 어머니의 병세는 어때?
여 지금 항암치료 중이야.

표현 활용

+ 听完之后，他一句话也不说，一个人坐在那儿发起呆来。
Tīngwán zhīhòu, tā yí jù huà yě bùshuō, yí ge rén zuòzài nàr fā qǐ dāi lái.

+ 有什么事就跟我说，千万别老是一个人发呆。
Yǒu shénme shì jiù gēn wǒ shuō, qiānwàn bié lǎoshì yí ge rén fādāi.

- 다 들은 후, 그는 한 마디 말도 하지 않고 얼이 빠진 채 혼자 앉아 있었어.
- 혼자서 자주 멍하게 있지 말고, 무슨 일이 있으면 나랑 이야기해.

癌症 áizhèng 암
化疗 huàliáo 화학치료

还是老样子
Háishi lǎo yàngzi

여전히 옛 모습 그대로야

학교를 졸업한 후 오랫동안 연락이 끊겼던 친구를 만난 적이 있나요? 저는 얼마 전 슈퍼에서 중학교 동창을 우연히 만났는데요, 나이는 저만 먹는 것인지 친구는 많은 세월이 흘렀지만 '여전히 예전 모습 그대로(还是老样子)'더군요. 어떻게 지내냐는 저의 물음에 친구는 '늘 그렇지 뭐(还是老样子)'라 슬쩍 웃으며 대답했어요. 이렇듯 '还是老样子'란 표현은 외관상의 변화가 일어나지 않음을 이야기할 때도 쓰이는 반면, 감정이나 상태의 변화가 일어나지 않았음을 이야기할 때도 쓰일 수 있습니다. 참, '还是老样子'에서 '老样子 lǎo yàngzi'는 '유행에 뒤떨어진 구식'을 의미하기도 한다는 점 함께 기억해 두세요.

실전 대화

男 老同学，咱们这是多长时间没见了?
Lǎotóngxué, zánmen zhè shì duō cháng shíjiān méi jiàn le?

女 有十多年了吧。
Yǒu shí duō nián le ba.

男 你一点儿都不见老，还是老样子。
Nǐ yìdiǎnr dōu bújiàn lǎo, háishì lǎo yàngzi.

女 还不老呢? 瞧，鬓角都白了。
Hái bùlǎo ne? Qiáo, bìnjiǎo dōu bái le.

남 친구야, 우리 얼마나 오랫동안 보지 못했었지?
여 10년이 넘는 시간이었지.
남 넌 조금도 늙지 않았구나. 여전히 옛날 모습 그대로야.
여 아직 안 늙어? 봐, 귀밑머리가 전부 하얗게 변했는걸.

표현 활용

+ 我没什么变化，一切还是老样子。
Wǒ méi shénme biànhuà, yíqiè háishì lǎo yàngzi.

+ 这里没有什么变化，还是五年前的老样子。
Zhèli méiyǒu shénme biànhuà, háishì wǔnián qián de lǎo yàngzi.

· 나는 별 다른 변화 없이 전부 여전히 옛 모습 그대로야.
· 여기는 별다른 변화 없이 여전히 5년 전 옛 모습 그대로야.

鬓角 bìnjiǎo 귀밑머리
变化 biànhuà 변화, 변화하다

红眼病
Hóngyǎnbìng

결막염, 시샘하다

'红眼病'은 '결막염', 그리고 '시샘하다'는 두 가지 의미를 가진 재미있는 표현입니다. '红眼病'은 직역하면 '빨간 눈의 병'으로, 눈이 빨개지는 '결막염'을 의미하고 있습니다. 하지만 눈이 빨개질 정도로 다른 사람을 시샘하고 질투할 때 역시 '红眼病'이란 표현을 쓸 수 있답니다. 혹시 사촌이 땅을 산 듯 다른 사람의 성공을 배 아파하는 친구가 있다면 "你得了红眼病吗? Nǐ dé le hóngyǎnbìng ma? (너 시샘 하는 거야?)"라 말해 주세요.

실전 대화

男 真是"人怕出名, 猪怕壮"啊。
　　Zhēnshì "Rén pà chūmíng, zhū pà zhuàng" a.

女 怎么了?
　　Zěnme le?

男 你看这个演员现在很火, 网上马上就上传了这么多恶性帖子。
　　Nǐ kàn zhège yǎnyuán xiànzài hěn huǒ, wǎngshàng mǎshàng jiù shàngchuán le zhème duō èxìng tiězi.

女 有些人就是"红眼病", 见不得别人好。
　　Yǒuxiē rén jiùshì "hóngyǎnbìng", jiànbùdé biérén hǎo.

남 정말 "모난 돌이 정맞는다"더니.
여 무슨 일이야?
남 이 연예인이 지금 핫 하니까, 인터넷에 이렇게 많은 악성루머가 퍼지는 것 좀 봐봐.
여 어떤 사람들은 질투가 많아서, 다른 사람이 좋게 되는 꼴을 못 본다니까.

표현 활용

+ 现代社会有很多人都有"红眼病"。
　Xiàndài shèhuì yǒu hěn duō rén dōu yǒu "hóngyǎnbìng".

+ 有些人就是"红眼病", 见不得别人比自己强。
　Yǒuxiē rén jiùshì "hóngyǎnbìng", jiànbùdé biérén bǐ zìjǐ qiáng.

- 현대 사회의 많은 사람들이 "결막염"을 앓고 있어.
- 어떤 사람들은 질투가 많아서, 다른 사람이 자신보다 나은 것을 못 봐.

人怕出名, 猪怕壮
rén pà chūmíng, zhū pà zhuàng 모난 돌이 정 맞는다

了不起
Liǎobuqǐ

대단하다, 뛰어나다

새벽 수업부터 저녁 야간 수업까지 빡빡한 일과로 하루를 보내는 저에게 어느 날 친구가 "真了不起! Zhēn liǎobuqǐ! (정말 대단해!)"라 말하더군요. '了不起'에서 '了'는 '마치다', '완결하다'는 뜻으로 동사적 의미도 있는 반면, 가능보어로도 쓰일 수 있어요. '了不起'에서 '了'는 동사로 쓰여서, 직역하게 되면 '마칠 수 없다', '끝낼 수 없다'의 의미가 됩니다. 즉, 끝이 보이지 않을 정도로 대단하고 뛰어나다는 뜻이지요. '了不起'와 비슷한 뜻을 지닌 표현으로는 '제법이다', '용하다'를 의미하는 '真行 zhēn xíng'과 '정말 대단하다'를 의미하는 '真厉害 zhēn lìhai'가 있으니 함께 기억해 둡시다.

실전 대화

男 你这是去哪儿?
Nǐ zhè shì qù nǎr?

女 去补习班学西班牙语。
Qù bǔxíbān xué Xībānyáyǔ.

男 英语、汉语、日语，这次又是西班牙语，你真了不起！
Yīngyǔ、Hànyǔ、Rìyǔ, zhècì yòu shì Xībānyáyǔ, nǐ zhēn liǎobùqǐ!

女 哪儿的话！我只是对外语感兴趣。
Nǎr de huà! Wǒ zhǐshì duì wàiyǔ gǎn xìngqù.

남 너 어디가?
여 스페인어 배우러 학원가고 있어.
남 영어, 중국어, 일본어에다가 이번에 또 스페인어라니. 너 정말 대단하다!
여 무슨 소리야! 난 그저 외국어에 관심 있을 뿐이야.

표현 활용

+ 这个队每次都拿冠军，真了不起。
  Zhège duì měicì dōu ná guànjūn, zhēn liǎobùqǐ.

+ 没什么了不起的，这些我也做得了。
  Méi shénme liǎobùqǐ de, zhèxiē wǒ yě zuòdeliǎo.

- 이 팀은 매번 우승해. 정말 대단해.
- 뭐 별로 대단한 것도 없네. 이런 것은 나도 할 수 있어.

补习 bǔxí 보충 학습, 과외하다
西班牙语 Xībānyáyǔ 스페인어

出洋相
Chū yángxiàng

웃음거리가 되다, 추태를 부리다

얼마 전 오랜만에 꺼낸 굽이 높은 신발을 신고 열심히 길을 걷다가 그만 '꽈당' 하고 넘어졌어요. 넘어져서 아프기도 아팠지만, 무엇보다 지나가던 다른 사람들에게 웃음거리가 되어서(出洋相) 몹시 창피했답니다. '出洋相'을 직역하면 '양인(洋人)의 모습을 보이다'는 의미가 되는데요, 동양인과는 다른 생김새나 언어, 행동습관들로 인해 옛날 중국인들은 서양인들의 모습을 부정적으로 인식했답니다. 그 영향으로 생긴 '出洋相'은 지금까지도 '웃음거리다 되다', '추태를 부리다'의 의미로 널리 쓰이고 있습니다.

🐼 실전 대화

男 演出准备得怎么样了?
Yǎnchū zhǔnbèi de zěnmeyàng le?

女 差不多了。
Chàbùduō le.

男 再多练几遍,人那么多,千万别出洋相。
Zài duō liàn jǐ biàn, rén nàme duō, qiānwàn bié chū yángxiàng.

女 放心吧,不会让你失望的。
Fàngxīn ba, búhuì ràng nǐ shīwàng de.

남 공연 준비는 어때?
여 거의 다 되어가.
남 몇 번 더 연습해. 사람이 이렇게 많은데, 절대 웃음거리가 되면 안 돼.
여 안심해. 실망시키지 않을게.

🐼 표현 활용

+ 谁都不想在别人面前出洋相。
  Shéi dōu bùxiǎng zài biérén miàn qián chū yángxiàng.

+ 没想到今天在这么多熟人面前出了洋相。
  Méi xiǎngdào jīntiān zài zhème duō shúrén miàn qián chū le yángxiàng.

- 그 누구도 다른 사람 앞에서 웃음거리가 되길 원하지 않아.
- 오늘 이렇게 많은 아는 사람들 앞에서 웃음거리가 되리라고는 생각하지 못했어.

演 yǎn 공연하다, 연기하다
熟人 shúrén 잘 아는 사람

受欢迎
Shòu huānyíng

환영받다, 인기 있다

최근 중국에서는 한국 드라마나 가수들이 매우 환영받고 있다고(受欢迎) 하지요? 이러한 분위기를 타고 한국 화장품이나 옷, 가방들 역시 중국 사람들에게 매우 인기를 끌고(受欢迎) 있어요. '受欢迎'은 '받다', '받아들이다'는 뜻의 동사인 '受'와, '환영하다', '환영받다'는 뜻의 동사 '欢迎'이 합쳐진 표현으로, '환영받다', '인기 있다'의 뜻을 지니고 있습니다. 최근에 중국에서 한국의 '치맥'이 엄청나게 환영받고(很受欢迎) 있다고 하니 중국 친구에게 '치맥'을 같이 먹자고 하면 좋아하겠죠?

실전 대화

男 咱们换个频道，看看新闻怎么样？
Zánmen huàn ge píndào, kànkan xīnwén zěnmeyàng?

女 不行，这是现在最受欢迎的电视剧，特有意思。
Bùxíng, zhè shì xiànzài zuì shòu huānyíng de diànshìjù, tè yǒu yìsi.

男 有什么好看的，内容都是虚构的。
Yǒu shénme hǎokàn de, nèiróng dōu shì xūgòu de.

女 有意思就行。
Yǒu yìsi jiù xíng.

남 우리 TV채널 좀 바꾸자. 뉴스 보는 것은 어때?
여 안 돼. 이건 요즘 가장 인기 있는 드라마란 말이야. 엄청 재미있어.
남 뭐가 재미있어. 다 지어낸 이야기들인데.
여 재미있으면 됐지.

표현 활용

+ 这个综艺节目很受观众的欢迎。
Zhège zōngyì jiémù hěn shòu guānzhòng de huānyíng.

+ 你的这种做法是不会受欢迎的。
Nǐ de zhè zhǒng zuòfǎ shì búhuì shòu huānyíng de.

- 이 버라이어티 쇼는 모두에게 인기 있어.
- 너의 이런 방법은 환영받지 못해.

频道 píndào 채널
虚构 xūgòu 허구, 픽션

没办法
Méi bànfǎ

방법이 없다

★ 120

정말 막다른 골목길에 부딪친 것 같은 기분을 느껴 보신 적 있으신가요? 그런 상황을 바로 '没办法'라 할 수 있어요. '没办法'는 '없다'는 뜻의 동사 '没'와 '방법', '수단'이란 뜻의 명사 '办法'가 합쳐져서 '방법이 없다'는 뜻으로 사용되는 표현입니다. 여기서 '办法'는 우리말의 '방법'과 발음이 매우 흡사해서 자칫 잘못하면 한국어와 비슷하게 발음될 수 있으니 성조에 주의해서 발음하셔야 해요. 살아가다 보면 누구나 '没办法'한 상황에 부딪칠 때가 있지요. 하지만 하늘이 무너져도 솟아날 구멍이 있는 것처럼(天无绝人之路 tiān wú jué rén zhī lù) 잘 살펴보면 '有办法 yǒu bànfǎ (방법이 있다)'하니 언제나 긍정적으로 생각하도록 노력해 보아요.

🐼 실전 대화

男 上次面试结果出来了吗?
Shàngcì miànshì jiéguǒ chūlái le ma?

女 出来了，又没通过。
Chūlái le, yòu méi tōngguò.

男 别泄气，你那么努力，有很多好机会等着你呢。
Bié xièqì, nǐ nàme nǔlì, yǒu hěn duō hǎo jīhuì děng zhe nǐ ne.

女 唉，没办法，只好期待下一次了。
Ài, méi bànfǎ, zhǐhǎo qīdài xià yí cì le.

남 저번 면접 결과는 나왔니?
여 나왔어. 또 불합격이야.
남 낙담하지 마. 이렇게 노력하는데, 많은 기회들이 네 앞에서 기다리고 있을 거야.
여 휴. 방법이 없어. 그저 다음번을 기대하는 수밖에.

🐼 표현 활용

+ 没办法，我也无能为力。
  Méi bànfǎ, wǒ yě wúnéng wéilì.

+ 没办法，现在去已经来不及了。
  Méi bànfǎ, xiànzài qù yǐjīng láibùjí le.

- 방법이 없어. 나 역시 어찌할 도리가 없는걸.
- 방법이 없는걸. 지금 간다 하더라도 늦었어.

结果 jiéguǒ 결과, 결실
泄气 xièqì 낙담하다, 기가 죽다

我也一样
Wǒ yě yíyàng

나도 그래, 나도 똑같아

집으로 돌아가는 길에, 얼마 전 회사를 퇴직한 친구가 만나자고 연락이 왔어요. 친구는 자유를 꿈꾸며 회사를 퇴직했지만, 현실은 그리 녹록치 않았고 약간 우울한 상태였어요. 요즘 너는 어떠하냐는 친구의 질문에, 저는 '我也一样'이라 대답해 주었어요. '我也一样'은 '나도 똑같다', '나 역시 마찬가지다'의 의미를 지닌 표현으로, 상대방의 의견에 동조하거나 맞장구를 칠 때 사용할 수 있어요. '我也一样'의 '我 wǒ (나)' 대신 '你 nǐ (너)'를 넣으면 '너도 똑같다', '너 역시 마찬가지다'의 뜻이 되니 함께 기억해 두세요.

실전 대화

男 昨天学的生词你都背下来了吗?
　　Zuótiān xué de shēngcí nǐ dōu bèi xiàlái le ma?

女 哪儿呀，背是背了，就是转身就忘。
　　Nǎr ya, bèi shì bèi le, jiùshì zhuǎnshēn jiù wàng.

男 我也一样，下午有听写，咱们快点儿背吧。
　　Wǒ yě yíyàng, xiàwǔ yǒu tīngxiě, zánmen kuài diǎnr bèi ba.

女 好的。
　　Hǎode.

남　어제 배웠던 단어를 다 외웠어?
여　무슨 소리야. 외우긴 외웠는데, 돌아서자마자 다 잊어버렸어.
남　나도 그래. 오후에 받아쓰기가 있어. 우리 빨리 외우자.
여　좋아.

표현 활용

+ 我也一样，想不起来了。
　Wǒ yě yíyàng, xiǎngbùqǐ lái le.

+ 我也一样，这次真的不想去。
　Wǒ yě yíyàng, zhècì zhēnde bùxiǎng qù.

・나도 똑같아. 생각나지 않아.
・나도 그래. 이번에는 정말 가고 싶지 않아.

生词 shēngcí 새 단어, 새 낱말
背 bèi 외우다, 암송하다

사랑, 연애

托

了 加 以 上

Chapter

10

吃醋
Chīcù

질투하다, 시기하다

'吃醋'는 원래 '식초를 마신다'는 의미로, '질투하다', '시기하다'는 뜻도 동시에 가지고 있습니다. 당나라 태종 때 '방현령'이란 재상이 있었는데, 태종은 큰 공을 세운 방현령에게 궁녀 두 명을 하사했어요. 하지만 방현령에게는 질투심이 대단한 아내가 있었기 때문에 궁녀들을 집으로 데려갈 수 없었답니다. 그래서 태종은 방현령의 아내를 불러 질투를 그만 둘 수 없다면 독주를 마시라고 했어요. 방현령의 아내는 독주를 다 마시면서 절대 궁녀들을 집으로 들일 수 없다고 말했어요. 이 방현령의 아내가 마셨던 독주는 사실 식초였답니다. 그래서 이후 사람들은 '질투를 하다'는 말을 할 때면 '吃醋' 즉, '식초를 마신다'라 말했습니다. 독한 식초를 단번에 마실 수 있는 방현령의 아내는 정말 대단한 사랑꾼이었네요.

실전 대화

男 刚才那个男生怎么跟你那么亲热?
　　Gāngcái nàge nánshēng zěnme gēn nǐ nàme qīnrè?

女 怎么，吃醋了?
　　Zěnme, chīcù le?

男 你是我的女朋友，你说我能不吃醋吗?
　　Nǐ shì wǒ de nǚpéngyou, nǐ shuō wǒ néng bù chīcù ma?

女 别担心，他是我弟弟。
　　Bié dānxīn, tā shì wǒ dìdi.

남　방금 그 남자와 왜 그렇게 친한 거야?
여　왜, 질투나?
남　너는 내 여자 친구잖아. 내가 질투하지 않을 수 있겠어?
여　걱정 마, 걔는 남동생이야.

표현 활용

+ 朋友成功我高兴还来不及呢，怎么会吃醋呢?
　Péngyou chénggōng wǒ gāoxìng hái láibùjí ne, zěnme huì chīcù ne?

+ 小孩子很爱吃醋。
　Xiǎoháizi hěn ài chīcù.

• 친구가 성공했다는데 내가 왜 기뻐하지 않고 질투하겠어?
• 어린 아이들은 질투심이 많아.

亲热 qīnrè 친밀하고 다정스럽다
小孩子 xiǎoháizi 어린아이

看上
Kànshàng

123

마음에 들다, 반하다

얼마 전 길거리 쇼윈도에서 어떤 목걸이를 보고 전 마음을 홀랑 빼앗겼답니다(看上了). 결국 사악함을 마구 내뿜는 가격표를 보고는 고개를 절레절레 흔들며 돌아와야 했지만, 아직까지 제 마음에 남아 있는 걸 보면 아무래도 그 목걸이에게 홀딱 반했나 봅니다. '看上'은 '마음에 들다', '반하다'는 의미의 표현으로, 마음에 드는 사람뿐만 아니라 물건에게도 사용할 수 있습니다. '看上'과 반대되는 표현으로는 '눈에 차지 않다', '마음에 들지 않다'는 뜻인 '看不上 kànbúshàng'도 있으니 함께 기억해 주세요.

실전 대화

男 你相信一见钟情吗?
Nǐ xiāngxìn yíjiàn zhōngqíng ma?

女 应该有吧。怎么?
Yīnggāi yǒu ba. Zěnme?

男 我一眼就看上你了,这不是一见钟情吗?
Wǒ yì yǎn jiù kànshàng nǐ le, zhè búshì yíjiàn zhōngqíng ma?

女 你看你,又来了……
Nǐ kàn nǐ, yòu lái le

남 년 첫 눈에 반하는 것을 믿니?
여 분명 있을 거야. 왜?
남 나는 너를 처음 본 순간 마음에 들었어. 이것이 바로 첫 눈에 반하는 것이 아니겠어?
여 봐봐, 또 시작이네……

표현 활용

+ 她一眼就看上他了。
Tā yì yǎn jiù kànshàng tā le.

+ 这种男人她怎么能看上呢?
Zhè zhǒng nánrén tā zěnme néng kànshàng ne?

• 그녀는 첫 눈에 그를 마음에 들어 했어.
• 그녀가 이런 남자를 어떻게 마음에 들어할 수 있지?

> 应该 yīnggāi ~해야 한다, ~하는 것이 마땅하다

三角恋
Sānjiǎoliàn

삼각관계

TV 드라마에서 절대 빠질 수 없는 관계가 있지요? 바로 '三角恋'입니다. '三角恋'은 '삼각관계', '삼각형'의 뜻인 '三角'와 '서로 사랑하다'의 뜻인 '恋'이 합쳐진 표현으로 2명의 연애가 아닌 3명의 연애를 의미하고 있답니다. 하지만 이런 삼각관계에서는 꼭 한 사람이 실연의 상처를 입기 마련이지요. 혹시 삼각관계(三角恋)에 빠져 보신 적 있나요? 제가 사랑하는 사람이 저 아닌 다른 누군가와 또 다른 인연을 맺는다니, '三角恋'은 생각만 해도 슬퍼지네요.

실전 대화

男 你呀你，怎么喜欢上了一个有女朋友的男人呢？
Nǐ ya nǐ, zěnme xǐhuan shàng le yí ge yǒu nǚpéngyou de nánrén ne?

女 他那么帅，那么有才能，他就是我的白马王子。
Tā nàme shuài, nàme yǒu cáinéng, tā jiùshì wǒ de báimǎ wángzǐ.

男 不管怎么说，我就是觉得三角恋不怎么好。
Bùguǎn zěnme shuō, wǒ jiùshì juéde sānjiǎoliàn bù zěnme hǎo.

女 我也知道，但我真的不能没有他。
Wǒ yě zhīdào, dàn wǒ zhēnde bùnéng méiyǒu tā.

남 너도 참. 어떻게 여자 친구가 있는 남자를 좋아할 수 있니?
여 걔는 잘생기고, 재능도 있는걸. 그야말로 나의 백마 탄 왕자야.
남 하여튼 난 삼각관계는 별로 좋지 않다고 생각해.
여 나도 알고 있어. 하지만 난 걔가 없이는 안 돼.

표현 활용

+ 三角恋真的很辛苦。
  Sānjiǎoliàn zhēnde hěn xīnkǔ.

+ 三角恋的结果是至少有一个人受伤。
  Sānjiǎoliàn de jiéguǒ shì zhìshǎo yǒu yí ge rén shòushāng.

- 삼각관계는 정말 고통스러워.
- 적어도 한 사람은 상처를 입게 되는 것이 삼각관계의 결말이야.

才能 cáinéng 재능, 솜씨
百马王子 báimǎ wángzǐ 백마 탄 왕자

AA制
AA zhì

더치페이

여러분은 친구와 만나서 식사하거나 간단하게 술 한 잔을 하게 되면 어떤 방법으로 계산하나요? 제 친구들을 살펴보면 예전은 돌아가며 계산하다 요즘은 철저하게 더치페이로 계산하더군요. 더치페이로 계산하게 되면 정이 없어 보일 수도 있지만 반면에 친구들 사이에 감정 상하는 일이 없어지고 눈치도 덜 보게 되지요. 더치페이를 뜻하는 'AA制'에서 'AA'는 'Algebraic Average'의 약자로 '대표적 평균'을 의미하고 있습니다. 또한 'AA制'는 원래 같은 양의 약을 처방한다는 것을 의미하는 의학용어이기도 했지만, 지금은 의학용어인 원래의 뜻보다는 '각자 자기의 것을 계산하다'의 뜻으로 더 많이 사용되고 있답니다.

실전 대화

男 你和朋友一起吃饭，一般怎么结账？
　 Nǐ hé péngyou yìqǐ chīfàn, yìbān zěnme jiézhàng?

女 大家轮着来，有时我请，有时朋友请。你呢？
　 Dàjiā lún zhe lái, yǒushí wǒ qǐng, yǒushí péngyou qǐng. Nǐ ne?

男 我们大部分都是AA制，这样做比较省事。
　 Wǒmen dàbùfèn dōu shì AA zhì, zhèyàng zuò bǐjiào shěngshì.

女 那不是太没人情了吗？
　 Nà búshì tài méi rénqíng le ma?

남　너는 친구와 함께 식사할 때 보통 어떻게 계산하니?
여　돌아가면서 계산하지. 가끔은 내가, 또 가끔은 친구가 계산해. 너는?
남　우린 대부분 더치페이하지. 이렇게 하면 편리해.
여　그럼 너무 정이 없어 보이지 않아?

표현 활용

+ 很多大学生都采用AA制。
　 Hěn duō dàxuéshēng dōu cǎiyòng AA zhì.

+ 他和朋友一起吃饭时，每次都是AA制。
　 Tā hé péngyou yìqǐ chīfàn shí, měicì dōu shì AA zhì.

• 매우 많은 대학생들이 더치페이를 해.
• 걔는 친구와 함께 밥 먹을 때 항상 더치페이를 하더라.

结帐 jiézhàng 결제하다, 계산하다

人情 rénqíng 인지상정, 감정

被甩了
Bèi shuǎi le

차이다, 딱지맞다

미스코리아도 울고 갈만큼 아리따운 친구가 어느 날 학교에 오더니 엉엉 울기 시작했습니다. 알고 보니 남자 친구와 헤어졌더군요(分手 fēnshǒu). 게다가 남자 친구가 그 친구를 찼다는 사실을 알고 주위의 모든 친구들은 다 경악을 금치 못했어요. 단 한 번도 딱지맞은(被甩了) 적이 없던 친구였거든요. '被甩了'는 '차이다', '딱지맞다'는 의미를 지닌 표현입니다. 'A가 B를 찼어!'라 말하고 싶을 때는 'A被B甩了 A bèi B shuǎi le'라 말해 주시면 된답니다. 비슷한 표현으로는 '分手'가 있는데요, '分手'는 '被甩了'와는 다르게 둘의 동의하에 이뤄진 이별이라는 점에 유의해 주세요.

실전 대화

男 你这个阳光女孩儿今天怎么这么不高兴?
　　Nǐ zhège yángguāng nǚháir jīntiān zěnme zhème bù gāoxìng?
女 我跟男朋友分手了。
　　Wǒ gēn nánpéngyǒu fēnshǒu le.
男 你把他给甩了?
　　Nǐ bǎ tā gěi shuǎi le?
女 哪儿啊,他移情别恋,我被他甩了。
　　Nǎr a, tā yíqíng biéliàn, wǒ bèi tā shuǎi le.

남　너처럼 밝은 아이가 오늘은 왜 이리 기분이 안 좋아 보이니?
여　남자 친구와 헤어졌거든.
남　네가 걔를 찼어?
여　무슨 소리야. 걔의 애정이 변했지. 내가 차였어.

표현 활용

+ 他被女朋友甩了。
　Tā bèi nǚpéngyou shuǎi le.
+ 他又帅又能干,小心被甩了。
　Tā yòu shuài yòu nénggàn, xiǎoxīn bèi shuǎi le.

• 걔는 여자 친구에게 차였어.
• 그는 잘생긴데다가 능력도 있잖아. 차이지 않도록 조심해.

> 阳光 yángguāng 햇빛, 밝은
> 能干 nénggàn 유능하다, 솜씨 있다

表白
Biǎobái

고백하다

'表白'의 사전적 의미는 '자신의 마음을 나타내다', '설명하다'입니다. 중국어에서 '나타내다', '설명하다'의 의미를 지닌 표현들은 수없이 많아요. 그 중 '表白'는 주로 상대에 대한 자신의 마음을 고백할 때 쓰인답니다. 평소 마음에 두었던 이성 친구에게 '表白'한다는 것은, 자신의 사랑을 고백한다는 뜻입니다. '表白'에서 '表'는 '표현하다'는 의미를 가지고 있고, '白'는 '설명하다', '보고하다'는 의미를 가지고 있습니다. 특히 '白'는 '순결하다', '깨끗하다'는 형용사적 의미도 함께 가지고 있기 때문에 '表白'를 '깨끗하고 거짓 없는 마음을 표현하다'고 해석하는 것도 괜찮겠네요.

실전 대화

男 我想向女友求婚，可不知怎么办才好。
　　Wǒ xiǎng xiàng nǚyǒu qiúhūn, kě bùzhī zěnmebàn cái hǎo.

女 这对女人来说很重要，你可得用点儿心。
　　Zhè duì nǚrén lái shuō hěn zhòngyào, nǐ kě děi yòng diǎnr xīn.

男 不论如何，只要我向她表白我的真心，就行了吧？
　　Búlùn rúhé, zhǐyào wǒ xiàng tā biǎobái wǒ de zhēnxīn, jiù xíng le ba?

女 这你就不懂了。女人都很期待与众不同的求婚。
　　Zhè nǐ jiù bùdǒng le. Nǚrén dōu hěn qīdài yǔ zhòng bùtóng de qiúhūn.

남　여자 친구에게 프러포즈를 하고 싶은데, 어떻게 해야 하지 잘 모르겠어.
여　여자에게 있어 프러포즈는 엄청 중요하지. 신경 좀 써야 할거야.
남　어떻든 간에, 그녀를 향한 나의 진심을 고백하면 되지 않을까?
여　참 모르는구나! 여자들은 모두 다른 사람들과는 다른 프러포즈를 원한다니까.

표현 활용

+ 我不知道该怎么表白我对你的爱。
　Wǒ bù zhīdào gāi zěnme biǎobái wǒ duì nǐ de ài.

+ 我很爱他，但一直没机会向他表白我的爱意。
　Wǒ hěn ài tā, dàn yìzhí méi jīhuì xiàng tā biǎobái wǒ de àiyì.

- 너에 대한 나의 사랑을 어떻게 고백해야 좋을지 모르겠어.
- 나는 걔를 매우 사랑하지만, 나의 마음을 고백할 기회가 계속 없었어.

求婚 qiúhūn 구혼하다
真心 zhēnxīn 진심

单相思
Dānxiāngsī

짝사랑하다

그 사람만 보면 가슴이 두근두근 뛰는 짝사랑(单相思)을 해 보신 적 있나요? 짝사랑은 잔인하지만 한편으로는 한 번쯤은 꼭 경험해 볼만한 감정이지요. '单相思'는 '짝사랑을 하다'는 뜻의 표현인데요, 여기서 '单'은 '혼자'를 의미하고 있습니다. 한마디로 '혼자 그리워하는 마음'이란 뜻인데요, 비슷하게 쓰이는 표현으로는 '单恋 dānliàn'이 있으니 기억해 주세요. 혼자 짝사랑하는 마음이 깊어지면 상사병(害相思 hàixiāngsī)을 앓게 됩니다. 혹시 지금 짝사랑하는 사람이 있다면 용기를 내서 고백해 보세요. 그 사람도 나를 생각하고 있을지 모르니까요.

실전 대화

男 你跟他说了吗?
Nǐ gēn tā shuō le ma?

女 还没，我怕他拒绝我。
Hái méi, wǒ pà tā jùjué wǒ.

男 那也比你整天这样单相思强啊！
Nà yě bǐ nǐ zhěngtiān zhèyàng dānxiāngsī qiáng a!

女 你说的有道理，那我今天就跟他摊牌。
Nǐ shuō de yǒu dàolǐ, nà wǒ jīntiān jiù gēn tā tānpái.

남 걔한테 말해 봤니?
여 아니 아직. 걔가 나를 거절할까봐 두려워.
남 그래도 지금처럼 하루 종일 짝사랑하는 것 보다 낫잖아!
여 네 말도 맞아. 그럼 오늘 걔랑 결판을 내야겠어.

표현 활용

+ 你单相思过吗?
  Nǐ dānxiāngsī guo ma?

+ 单相思的滋味很难受。
  Dānxiāngsī de zīwèi hěn nánshòu.

· 너 짝사랑해 본 적 있니?
· 짝사랑하는 기분은 참 괴롭지.

摊牌 tānpái 승부를 결정하다
滋味 zīwèi 맛, 속마음, 기분

一见钟情
Yíjiàn zhōngqíng

첫 눈에 반하다

여러분은 '첫 눈에 반하다(一见钟情)'는 말을 믿나요? 전 애석하게도 그런 경험이 없어서 믿지 않지만, 제 친구는 첫 눈에 반한 여성분을 몇 년간 쫓아다니다가 결국 결혼에 성공했답니다. '一见钟情'은 '한 번 보다'의 뜻을 지닌 '一见'과 '반하다', '애정을 가지다'는 뜻을 지진 '钟情'이 합쳐진 표현으로, '첫 눈에 반하다'는 뜻으로 사용되는 표현입니다. 만약 '~에게 첫 눈에 반하다'는 표현을 쓰고 싶을 때는 '对+사랑에 빠지는 대상+一见钟情'처럼, 앞에 '对(~에게) duì'를 덧붙이면 된답니다. 혹시 첫 눈에 반한 상대가 있다면 "我对你一见钟情! Wǒ duì nǐ yíjiàn zhōngqíng! (너에게 첫 눈에 반했어!)"이라고 용감하게 고백해 보세요.

🐼 실전 대화

男 你和你男朋友谁先追谁的?
Nǐ hé nǐ nánpéngyou shéi xiān zhuī shéi de?

女 我先追他的。我对他是一见钟情。
Wǒ xiān zhuī tā de. Wǒ duì tā shì yíjiàn zhōngqíng.

男 哇,没想到你这么勇敢。
Wā, méi xiǎngdào nǐ zhème yǒnggǎn.

女 这也许就是爱情的力量吧!
Zhè yěxǔ jiùshì àiqíng de lìliàng ba!

남 너와 네 남자 친구 중 누가 먼저 쫓아 다녔니?
여 내가 먼저 걔를 쫓아 다녔지. 첫 눈에 반했어.
남 와, 네가 이렇게 용감한지 몰랐어.
여 아마 사랑의 힘이 아닐까!

🐼 표현 활용

✦ 你相信一见钟情吗?
Nǐ xiāngxìn yíjiàn zhōngqíng ma?

✦ 我觉得一见钟情真的很浪漫。
Wǒ juéde yíjiàn zhōngqíng zhēnde hěn làngmàn.

• 넌 첫 눈에 반한다는 것을 믿니?
• 내 생각에 첫 눈에 반한다는 것은 매우 낭만적인 것 같아.

> 追 zhuī 뒤쫓다, 따라다니다
> 爱情的力量 àiqíng de lìliàng 사랑의 힘

来电
Láidiàn

필(feel) 꽂히다

이성 친구를 만나는 순간 필이 딱 꽂히는 경험을 한 적 있나요? 필이 꽂히면 마치 전기에 감전된 듯 '짜릿'하지요. 그래서 중국에서 '필 꽂히다'는 표현을 '来电'이라고 쓰나 봅니다. '来电'은 직역하면 '전기가 들어오다', '전보나 전화가 오다'의 의미를 가지고 있어요. 하지만 신세대 중국 친구들 사이에서는 '마치 전기가 들어온 듯 짜릿하게 꽂히다'는 의미로도 통한답니다. 누구나 한번쯤은 전기가 통한(来电) 사람이 있겠지요? 혹시 아직 만나지 못한 분들은 필 꽂히는(来电) 사람을 만나면 용감하게 다가가세요.

🐼 실전 대화

男 昨天和你相亲的那个男的怎么样?
Zuótiān hé nǐ xiāngqīn de nàge nán de zěnmeyàng?

女 哎,别提了,根本不来电,一点儿感觉都没有。
Āi, bié tí le, gēnběn bù láidiàn, yìdiǎnr gǎnjué dōu méiyǒu.

男 看来这次又没戏了。
Kànlái zhècì yòu méi xì le.

女 可不,我的白马王子到底在哪儿啊?
Kěbù, wǒ de báimǎ wángzǐ dàodǐ zài nǎr a?

남 어제 맞선 본 그 남자는 어때?
여 에고, 말도 마. 필이 전혀 안 꽂혀서, 조금의 감정도 생기지 않아.
남 보아하니 이번에도 가망이 없겠네.
여 누가 아니래. 나의 백마 탄 왕자님은 도대체 어디에 있을까?

🐼 표현 활용

✚ 跟他在一起的时候,舒服是舒服,不过不来电。
Gēn tā zài yìqǐ de shíhou, shūfu shì shūfu, búguò bù láidiàn.

✚ 跟一个不来电的人在一起,真的很难受。
Gēn yí ge bù láidiàn de rén zài yìqǐ, zhēnde hěn nánshòu.

· 걔랑 연애할 때 편안하기는 편안했지만, 필이 오지 않았어.
· 필 꽂히지 않는 상대랑 같이 있으려니 정말 괴로워.

根本 gēnběn 전혀, 도무지, 아예

难受 nánshòu 괴롭다, 상심하다

시간

托了加以上

Chapter
11

来得及
Láidejí

늦지 않다. 제 시간에 할 수 있다

아침 일찍 일어나야 하는 아침 1교시 수업은 너무 잔인하지요. 저는 1교시에 수업이 있을 때마다 잠들기 전 "내일 늦지 않게(来得及) 해 주세요!"라 기도한답니다. '来得及'는 '늦지 않다', '제 시간에 할 수 있다'는 뜻을 가진 표현으로, '来得及'에서 '得'는 '적당하다', '알맞다'는 뜻을 가지고 있습니다. '来得及'를 직역하게 되면 '~일이 미치는 시간이 적당하다(알맞다)'가 된답니다. '来得及'와 반대되는 표현으로는 '~할 시간이 없다', '늦다'는 뜻을 지닌 '来不及 láibují'가 있으니 함께 기억해 두세요. 혹시 지금 중국어를 배우기엔 너무 늦었다(来不及)라 생각하고 계신가요? 그렇다면, 늦지 않았다(来得及)고 말하고 싶네요.

실전 대화

男 几点的火车?
　　Jǐ diǎn de huǒchē?

女 十一点的，现在才十点，来得及。
　　Shíyī diǎn de, xiànzài cái shí diǎn, láidejí.

男 车不等人，还是早点儿去车站吧。
　　Chē bùděng rén, háishì zǎodiǎnr qù chēzhàn ba.

女 放心吧，晚不了。
　　Fàngxīn ba, wǎnbùliǎo.

남 몇 시 기차야?
여 11시 영화야. 지금 겨우 10시야. 늦지 않아.
남 차는 사람을 기다리지 않아. 좀 일찍 역으로 가 있으렴.
여 걱정 마. 늦지 않아.

표현 활용

+ 现在去还来得及。
　Xiànzài qù hái láidejí.

+ 离电影开演还有十分钟，现在买票还来得及。
　Lí diànyǐng kāiyǎn háiyǒu shí fēnzhōng, xiànzài mǎi piào hái láidejí.

- 지금 가도 늦지 않아.
- 영화 상영 시각 전까지 아직 10분 남았어. 지금 표를 사도 늦지 않아.

站 zhàn 역, 정류소

越来越
Yuèláiyuè

점점, 갈수록

하루하루 나날이 달라져 가는 어떤 상황을 이야기하고자 할 때는 어떤 표현을 써야 할까요? 여기 적절한 표현이 있는데요, 바로 '越来越'입니다. '越来越'는 '점점 ~해진다'는 뜻을 가진 표현으로 '越来越' 뒤에는 항상 형용사가 따라 옵니다. 예를 들어 "汉语老师越来越漂亮。Hànyǔ lǎoshī yuèláiyuè piàoliang. (중국어 선생님은 점점 예뻐져요.)"의 문장에서 형용사는 '越来越'의 뒤에 있는 '漂亮(예쁘다)'이 되겠지요? 참! '越来越'는 전체의 문장에서 부사 역할을 하기 때문에 정도부사인 '很 hěn (매우, 아주)'이 함께 쓰일 수 없답니다. 많이들 헷갈려 하는 부분이니 참고해 두세요.

실전 대화

男 你觉得学汉语有意思吗?
　　Nǐ juéde xué Hànyǔ yǒu yìsi ma?

女 嗯，我觉得学汉语越来越有意思。
　　Ēn, wǒ juéde xué Hànyǔ yuèláiyuè yǒu yìsi.

男 那你会进步得很快的。
　　Nà nǐ huì jìnbù de hěn kuài de.

女 希望如此。
　　Xīwàng rúcǐ.

남　중국어 배우는 거 재미있니?
여　응, 중국어는 배우면 배울수록 재미있다니까.
남　그럼 엄청 빨리 늘겠네.
여　그렇게 되었으면 좋겠어.

표현 활용

+ 来韩国旅行的中国游客越来越多。
  Lái Hánguó lǚxíng de Zhōngguó yóukè yuèláiyuè duō.

+ 天气越来越冷了。
  Tiānqì yuèláiyuè lěng le.

- 한국으로 오는 중국인 관광객들은 나날이 많아지고 있어.
- 날씨가 나날이 추워지고 있어.

游客 yóukè 여행객, 관광객
冷 lěng 춥다, 쌀쌀하다

从此以后
Cóngcǐ yǐhòu

이후로, 그 후로

동화책의 마지막은 항상 '공주님과 왕자님은 행복하게 잘 살았답니다.'로 끝나지요. 이상하게도 저는 그 이후가(从此以后) 몹시 궁금했어요. 지금도 그 이후를 알 순 없지만 공주님과 왕자님은 행복하게 잘 살리라 믿고 있답니다. '从此以后'는 '지금부터', '이제부터'란 뜻을 가진 부사 '从此'와 '이후'의 뜻을 가진 '以后'가 합쳐진 표현입니다. '从此以后'와 비슷하게 쓰이는 표현으로는 '오늘 이후부터'란 뜻을 가진 '从今以后'와 '今后'가 있습니다. 혹시 그동안 중국어 공부에 좀 소홀하진 않았나요? 그렇다면 지금부터(从此以后) 다시 열심히 공부해 봅시다.

실전 대화

男 烟涨价了, 很多烟民开始戒烟了。
　　Yān zhǎngjià le, hěn duō yānmín kāishǐ jièyān le.
女 你这个烟民没什么感受吗?
　　Nǐ zhège yānmín méi shénme gǎnshòu ma?
男 我也得戒了, 从此以后不抽了。
　　Wǒ yě děi jiè le, cóngcǐ yǐhòu bùchōu le.
女 希望你这次能说话算数。
　　Xīwàng nǐ zhècì néng shuōhuà suànshù.

남　담뱃값이 올라서, 굉장히 많은 애연가들이 금연을 시작했어.
여　애연가로서 뭐 느끼는 바가 없어?
남　나도 곧 금연해야지. 앞으로 담배피지 않을게.
여　네 다짐대로 되었으면 정말 좋겠다.

표현 활용

+ 从此以后, 他们再也没见过面。
　　Cóngcǐ yǐhòu, tāmen zài yě méi jiàn guo miàn.
+ 从此以后, 我们就成了好朋友。
　　Cóngcǐ yǐhòu, wǒmen jiù chéng le hǎopéngyǒu.

- 그 후로, 그들은 다시는 보지 않았어.
- 그 후. 우리는 좋은 친구가 되었지.

涨价 zhǎngjià 물가가 오르다
戒烟 jièyān 금연하다

从来
Cónglái

지금까지, 여태껏

중국은 참 자연경관이 아름다운 나라 중 하나지요. 중국의 남쪽지방이나 서쪽지방의 경치는 사람들로 하여금 혀를 내두르게 합니다. 이 아름다운 경치를 바라보며 사람들은 "从来没见过如此美丽的景色! Cónglái méi jiàn guo rúcǐ měilì de jǐngsè! (지금까지 이렇게 아름다운 풍경을 본 적이 없어!)"라며 감탄합니다. '从来'는 살면서 단 한 번도 보고, 겪지 못한 일들을 표현할 때 주로 쓰입니다. 때문에 '从来'의 뒤에는 주로 '没'나 '不'와 같은 부정형 단어가 함께 쓰인다는 점도 함께 기억해 두세요.

실전 대화

男 你脸色怎么这么不好?
　　Nǐ liǎnsè zěnme zhème bùhǎo?

女 嗨，别提了，从来没见过像他这么不讲理的人。
　　Hēi, bié tí le, cónglái méi jiàn guo xiàng tā zhème bù jiǎnglǐ de rén.

男 到底是怎么回事?
　　Dàodǐ shì zěnme huí shì?

女 是他自己不小心摔倒的，反而说是我把他推倒的。
　　Shì tā zìjǐ bù xiǎoxīn shuāidǎo de, fǎn'ér shuō shì wǒ bǎ tā tuīdǎo de.

남 너 안색이 왜 이리도 안 좋니?
여 휴, 말도 마. 여태껏 걔처럼 억지 부리는 사람을 본 적이 없다니까.
남 도대체 무슨 일이야?
여 자기가 부주의하게 넘어지고는 오히려 내가 자신을 밀었다고 말하더라니까.

표현 활용

+ 他从来不抽烟。
　 Tā cónglái bù chōuyān.

+ 他们俩从来没红过脸。
　 Tāmen liǎ cónglái méi hóng guo liǎn.

• 걔는 지금까지 한 번도 담배를 펴본 적이 없어.
• 걔들 둘은 여태껏 한 번도 얼굴을 붉힌 적이 없었어.

颜色 yánsè 안색, 모습
抽烟 chōuyān 담배를 피다

一下子
Yíxiàzi

단번에, 한 번에

단번에(一下子) 중국어를 잘 할 수 있는 비법은 없는 걸까요? 아니면 단번에(一下子) 확 예뻐지는 비결은 없을까요? 아쉽게도 모든 일들은 계단을 올라가듯 차곡차곡 경험이 쌓인 뒤에나 한 번에(一下子) 이루어 질 수 있지요.

'단번에', '한 번에'란 의미를 가진 '一下子'는 동작이 매우 민첩하거나 한꺼번에 일어남을 의미하는 표현입니다. 즉, 어떤 동작이나 상황이 일어나는 시간이 매우 짧음을 의미하고 있습니다. '一下子'는 '돌연', '갑자기'를 뜻하는 '突然 tūrán'과 그 쓰임이 헷갈릴 수 있는데요, '突然'은 예상치 못한 일이 일어났을 때 주로 쓰인다는 점 기억해 두세요.

실전 대화

男 你在忙什么呢?
Nǐ zài máng shénme ne?

女 正忙着赶一份报告。
Zhèng máng zhe gǎn yí fèn bàogào.

男 快写完了吗?
Kuài xiěwán le ma?

女 哎, 别提了, 我原以为一下子就能弄完, 可其实并不那么简单。
Āi, bié tí le, wǒ yuán yǐwéi yíxiàzi jiù néng nòngwán, kě qíshí bìng bú nàme jiǎndān.

남 뭐 때문에 바빠?
여 보고해야 할 것이 있어서 바빠.
남 다 써가니?
여 아, 말도 마. 원래 단번에 완성할 수 있을 줄 알았는데, 그렇게 간단하지 않아.

표현 활용

+ 我一下子就明白了他的意思。
  Wǒ yíxiàzi jiù míngbái le tā de yìsi.

+ 他饿极了, 一下子吃了三碗饭。
  Tā èjí le, yíxiàzi chī le sān wǎn fàn.

- 나는 걔의 의도를 단번에 알 수 있었어.
- 걔는 배가 너무 고파서 단번에 밥을 세 공기나 비웠다니까.

报告 bàogào 보고, 보고서
饿 è 배고프다. 굶주리다

天天
Tiāntiān

날마다

중국어에서 '天'은 많은 뜻을 가지고 있어요. '天'은 '하늘'을 의미하기도 하고, '하루', '날', '일'을 의미하기도 하지요. 이번에 함께 살펴볼 표현인 '天天'은 '하루'의 의미가 중첩되어 '하루+하루', 즉 계속되는 나날을 의미하고 있습니다. 비슷한 뜻을 지닌 표현으로는 '每天 měitiān'이 있답니다. 사실 매일(天天)같이 무언가를 꾸준히 한다는 것은 참 어려운 일인 것 같아요. 하지만 매일 열심히 중국어를 공부하다(天天学习汉语) 보면 언젠가는 중국어 실력이 확 늘어 있는 자신을 발견할 수 있을 거예요.

실전 대화

男 你们俩和好了吗?
　　Nǐmen liǎ héhǎo le ma?

女 还没。
　　Hái méi.

男 天天在一个办公室上班，抬头不见低头见的，赶快化解吧。
　　Tiāntiān zài yí ge bàngōngshì shàngbān, táitóu bújiàn dītóu jiàn de, gǎnkuài huàjiě ba.

女 我也这么想，但一直没找到合适的机会。
　　Wǒ yě zhème xiǎng, dàn yìzhí méi zhǎodào héshì de jīhuì.

남　너희 둘이 화해했니?
여　아직 안했어.
남　매일 한 사무실에서 근무하면서 시도 때도 없이 볼 텐데 빨리 풀어버려.
여　나도 그렇게 생각해. 그런데 계속 마땅한 기회를 찾지 못했어.

표현 활용

+ 她天天去公园晨练。
　Tā tiāntiān qù gōngyuán chénliàn.

+ 天天都重复同样的生活，真没劲。
　Tiāntiān dōu chóngfù tóngyàng de shēnghuó, zhēn méi jìn.

- 그녀는 매일 공원에서 아침 운동을 해.
- 날마다 반복되는 생활은 정말 시시해.

和好 héhǎo 화해하다, 화목하게 되다
办公室 bàngōngshì 사무실

半天
Bàntiān

한나절, 한참 동안

친구와 약속을 했는데, 친구가 약속시간을 어겨 한참 뒤에나 헐레벌떡 달려왔다면 뭐라고 이야기해야 할까요? "하루 종일 기다렸어"라 이야기할 수 있겠지요. 한국에서 오랜 시간을 표현할 때 '하루 종일'을 사용하는 반면에, 중국에서는 '半天', 즉 '한나절'이란 단어를 주로 사용합니다. 이렇듯 '半天'은 '한나절'과 '한참 동안'이란 두 가지 뜻을 동시에 지니고 있어요.

실전 대화

男 等了你半天，怎么才来呀？
　　Děng le nǐ bàntiān, zěnme cái lái ya?

女 真不好意思，我打瞌睡，坐过站了。
　　Zhēn bùhǎo yìsi, wǒ dǎkēshuì, zuò guò zhàn le.

男 是吗？坐过几站？
　　Shì ma? Zuò guò jǐ zhàn?

女 四站。
　　Sì zhàn.

남　한참 동안 기다렸는데 왜 이제야 와?
여　진짜 미안해, 잠깐 조는 바람에 역을 지나쳐 버렸어.
남　그래? 몇 정거장을 지났는데?
여　네 정거장.

표현 활용

✦ 他们俩聊了半天。
　　Tāmen liǎ liáo le bàntiān.

✦ 忙了半天，快歇一会儿吧。
　　Máng le bàntiān, kuài xiē yíhuìr ba.

• 걔들 둘은 한참 동안 이야기했어.
• 한나절 내내 바빴지, 어서 좀 쉬렴.

歇 xiē 휴식하다, 쉬다

외모

托了加以上

Chapter
12

难看
Nán kàn

못 생겼다

얼마 전 잘생겼다는 다른 친구들의 말만 철석같이 믿고 나간 소개팅에서 '难看'한 남자를 소개받았다며 한탄하는 친구를 만났습니다. 친구는 '帅 shuài (잘생긴)'한 남자는 바라지도 않지만, 너무 '难看'한 남자도 원하지 않는다며 슬퍼했답니다. '难看'은 '나쁘다', '흉하다'의 의미를 가진 '难'과 '보다'는 의미를 가진 '看'이 합쳐서 '못 생기다'는 의미로 사용되는 표현입니다. 비슷한 뜻을 가진 표현으로는 '丑 chǒu (추하다)'가 있습니다. 지금 혹시 '难看'에 속아 내면의 아름다움을 놓치고 있는 사람들이 있다면 다시 한 번 주위를 돌아보세요. 아름다운 내면을 가진 사람이 당신을 기다리고 있을지 모르니까요.

실전 대화

男 哎，快来看看，就是这个演员，漂亮吧？
Āi, kuài lái kànkan, jiùshì zhège yǎnyuán, piàoliang ba?

女 哪个？我看看。
Nǎge? Wǒ kànkan.

男 中间那个。
Zhōngjiān nàge.

女 好看什么呀！颧骨那么高，真难看！
Hǎokàn shénme ya! Quángǔ nàme gāo, zhēn nánkàn!

남 야, 빨리 와서 봐. 바로 이 배우야. 예쁘지?
여 어떤 사람이야? 어디 보자.
남 중간에 있는 이 사람.
여 뭐가 예뻐! 광대가 저렇게 높은데! 정말 못생겼어!

표현 활용

+ 他长得很难看。
Tā zhǎng de hěn nánkàn.

+ 她哭的样子很难看。
Tā kū de yàngzi hěn nánkàn.

• 걔는 정말 못생겼어.
• 그녀의 우는 모습은 정말 못생겼어.

颧骨 quángǔ 광대뼈
哭 kū 울다

整容
Zhěngróng

139

성형수술을 하다

최근 중국에서 한국 성형관광이 각광받고 있다고 합니다. 꼭 한국으로 원정오지 않더라도 요즘은 중국 현지에서도 성형외과들을 심심찮게 볼 수 있는데요, 예뻐지고자 하는 욕망은 국적을 초월한 감정임은 분명한가 봐요. '整容'은 '정리하다', '정비하다'란 의미를 가진 동사 '整'과 '용모'를 의미하는 명사인 '容'이 합쳐진 표현으로, 직역하게 되면 '용모를 정리·정비하다'가 됩니다. '整容'을 통해 좀 더 아름다워질 수 있고, 또 자신의 콤플렉스도 없앨 수 있지만 무분별한 '整容'은 위험하니 자제해야 되겠죠. 비슷한 표현으로는 '整形 zhěngxíng'이 있으니 함께 기억해 두세요.

실전 대화

男 一个假期不见，你好像更漂亮了。
   Yí ge jiàqī bújiàn, nǐ hǎoxiàng gèng piàoliang le.

女 算你有眼光，其实我趁放假做了双眼皮手术。
   Suàn nǐ yǒu yǎnguāng, qíshí wǒ chèn fàngjià zuò le shuāngyǎnpí shǒushù.

男 怪不得，哎，我发现很多男生也开始整容了。
   Guàibùde, āi, wǒ fāxiàn hěn duō nánshēng yě kāishǐ zhěngróng le.

女 爱美之心，人皆有之嘛，你也试试吧。
   Ài měi zhī xīn, rén jiē yǒu zhī ma, nǐ yě shìshì ba.

남 한 학기 못 본 사이에 더 예뻐진 것 같아.
여 너 보는 눈이 있구나. 사실은 방학기간을 이용해 쌍꺼풀 수술을 했어.
남 어쩐지. 아, 요즘에는 남자애들도 성형수술을 많이 하더라.
여 아름다움을 사랑하는 마음이야 사람마다 다 있지 않겠어? 너도 한번 해 보렴.

표현 활용

+ 其实她是一个整容美女。
  Qíshí tā shì yí ge zhěngróng měinǚ.

+ 你做过整容吗?
  Nǐ zuò guo zhěngróng ma?

- 사실 그녀는 성형 미인이야.
- 너 성형수술 한 적 있니?

假期 jiàqī 휴가 기간
双眼皮 shuāngyǎnpí 쌍꺼풀

娃娃脸
Wáwaliǎn

동안

한국에서 불고 있는 동안열풍이 최근 중국에도 거세게 불고 있습니다. 중국에서는 동안을 가리켜 '娃娃脸'이라고 표현합니다. '娃娃脸'은 '인형', '어린애'의 뜻을 가진 명사 '娃娃'와 '얼굴'을 뜻하는 '脸'이 합쳐져 만들어진 표현으로 직역하면 '어린애 얼굴', '인형 얼굴'이 됩니다. 인형이나 어린이 얼굴 같이 앳되어 보인다는 뜻이죠. 모두가 '娃娃脸'을 원하지만 사실 모두가 '娃娃脸'이 될 수는 없겠지요. 그렇다고 우리 너무 슬퍼하지 말아요. '娃娃脸'은 '娃娃脸' 나름의 고충이 분명 있을 테니까요. (娃娃脸也有娃娃脸的烦恼。Wáwaliǎn yě yǒu wáwaliǎn de fánnǎo.)

실전 대화

男 这个女演员今年多大了?
　　Zhège nǚyǎnyuán jīnnián duō dà le?

女 快五十了吧。
　　Kuài wǔshí le ba.

男 真是娃娃脸，看起来跟二十多岁似的。
　　Zhēnshì wáwaliǎn, kànqǐlái gēn èrshí duō suì shì de.

女 演员嘛，保养得好。
　　Yǎnyuán ma, bǎoyǎng de hǎo.

남　이 여배우는 올해 나이가 어떻게 되지?
여　50살이 다 되어가.
남　정말 동안이야. 20살 좀 넘어 보이는 것 같은데.
여　배우잖아. 관리를 잘 한 거지.

표현 활용

+ 你真是个娃娃脸，一点儿都不见老。
　Nǐ zhēn shì ge wáwaliǎn, yìdiǎnr dōu bújiàn lǎo.

+ 娃娃脸适合什么发型?
　Wáwaliǎn shìhé shénme fàxíng?

· 너 정말 동안이구나. 정말 조금도 늙어 보이지 않아.
· 동안에게는 어떤 헤어스타일이 어울릴까?

保养 bǎoyǎng 보양하다, 수리하다
发型 fàxíng 헤어스타일

性感
Xìnggǎn

섹시하다

이 표현은 제가 중국 유학시절에 굉장히 많이 사용했던 표현입니다. 제가 섹시하냐고요? 물론 섹시하다고 말하고픈 마음이 굴뚝같지만, 주변 친구들의 비난이 두려우니 말을 줄여야겠네요. '性感'은 '성(SEX)'을 뜻하는 '性'과 '느끼다', '생각하다'를 뜻하는 '感'이 합쳐진 표현으로 '섹시하다', '성적인 매력이 있다'의 뜻으로 쓰이는 표현입니다. 참, 제가 왜 이 표현을 자주 사용했냐고요? 저는 흥정할 때 이 표현을 주로 썼답니다. 혹시 바늘도 하나 들어가지 않을 것 같은 냉정한 가게 주인을 만난다면 "有没有性感美女特价？ Yǒu méiyǒu xìnggǎn měinǚ tèjià? (섹시미녀 특가는 없나요?)"라는 멘트를 날려 주세요.

🐼 실전 대화

男 裙子怎么这么短？
   Qúnzi zěnme zhème duǎn?

女 怎么？太性感了，不放心吗？
   Zěnme? Tài xìnggǎn le, bú fàngxīn ma?

男 嗯，换条长点儿的吧。
   Èng, huàn tiáo cháng diǎnr de ba.

女 上班来不及了，我先走一步，拜拜！
   Shàngbān láibùjí le, wǒ xiān zǒu yí bù, báibái!

남 치마가 왜 이렇게 짧아?
여 뭐라고? 너무 섹시해서 걱정되니?
남 응. 좀 긴 걸로 갈아입자.
여 출근 시간에 늦었어. 나 먼저 간다. 안녕!

🐼 표현 활용

+ 她打扮得很性感。
  Tā dǎban de hěn xìnggǎn.

+ 这个车模很性感。
  Zhège chēmó hěn xìnggǎn.

- 그녀는 엄청 섹시하게 치장했어.
- 이 레이싱 모델은 엄청 섹시해.

裙子 qúnzi 스커트
车模 chēmó 레이싱 모델

酷毙了
Kùbì le

쿨 하다, 멋있다

요즘 TV를 보면 너무 멋지고 잘생긴 연예인들이 많은 것 같아요. 중국에서는 이런 멋진 남자들을 가리켜 '酷毙了'라 표현한답니다. '酷毙了'에서 '酷'는 영어의 'Cool'을 의미하고 '毙'는 '죽다'를 의미하고 있습니다. 즉, 죽이게 쿨 하다는 뜻이지요. 비슷한 표현으로는 '정말 잘생겼다'의 의미를 가진 '帅呆了 shuàidāi le'가 있습니다. 만약 '酷毙了'와 '帅呆了'를 여성에게 사용하게 되면 터프한 여성이란 어감을 가지게 되니, 주의하셔야 합니다.

🐼 실전 대화

男 你看什么呢？那么投入？
　　Nǐ kàn shénme ne? Nàme tóurù?

女 最新的男子组合。
　　Zuìxīn de nánzǐ zǔhé.

男 真幼稚！有什么好看的！
　　Zhēn yòuzhì! Yǒu shénme hǎokàn de!

女 你懂什么呀！他们个个都酷毙了，很有人气！
　　Nǐ dǒng shénme ya! Tāmen gègè dōu kùbì le, hěn yǒu rénqì!

남 뭘 보고 있기에 그리 집중하고 있어?
여 최근에 나온 남성 아이돌 그룹이야.
남 정말 유치하구나! 뭐 볼게 있다고!
여 네가 뭘 알아! 얘들은 한 명 한 명 모두 멋있어서 엄청 인기 있다고!

🐼 표현 활용

+ 三岁小孩儿戴着太阳镜，真是酷毙了！
　Sān suì xiǎoháir dài zhe tàiyángjìng, zhēnshì kùbì le!

+ 他真是酷毙了！
　Tā zhēnshì kùbì le!

• 세 살밖에 안 된 어린애가 선글라스를 쓰고 있으니까 정말 멋진데!
• 그는 정말 쿨 해!

男子组合 nánzǐ zǔhé
남성 아이돌 그룹
太阳镜 tàiyángjìng 선글라스

帅呆
Shuàidāi

정말 잘생겼다

얼마 전 친구가 요즘 만나는 사람이라며 자신의 남자 친구를 소개시켜 주었어요. 제 친구도 퀸카지만 친구의 남자 친구 역시 킹카(帅呆)더군요. 정말이지 선남선녀가 따로 없었답니다. 정말 멋있는 킹카 같은 남자를 가리켜 '帅呆'라고 표현하는데요, 비슷한 뜻을 지닌 표현으로는 '酷毙了 kùbì le'가 있습니다. 사실 여자라면 누구나 '帅呆'한 사람을 좋아하고 만나고 싶어하지요. 하지만 외형적인 '帅呆'보다 '热心肠 rèxīncháng (따뜻한 마음씨)'이 더 중요하겠지요?

실전 대화

男 周末你又去看演唱会了？
Zhōumò nǐ yòu qù kàn yǎnchànghuì le?

女 嗯，别提多有意思了。
Èng, bié tí duō yǒu yìsi le.

男 周末也不好好歇歇，不累吗？
Zhōumò yě bù hǎohāo xiēxie, búlèi ma?

女 累什么呀！那些歌手个个都帅呆了，真来劲！
Lèi shénme ya! Nàxiē gēshǒu gègè dōu shuàidāi le, zhēn láijìn!

남 주말에 너 또 콘서트 보러 갔었니?
여 응, 말도 못하게 재밌었어.
남 주말에 제대로 쉬지도 못했는데 피곤하지 않아?
여 뭐가 피곤해! 가수들이 모두 얼마나 잘생겼던지 정말 짱이었어!

표현 활용

+ 那个男演员帅呆了。
Nàge nányǎnyuán shuàidāi le.

+ 她的男朋友个子又高，长得又帅，简直帅呆了。
Tā de nánpéngyǒu gèzi yòu gāo, zhǎng de yòu shuài, jiǎnzhí shuàidāi le.

- 그 남자 배우는 정말 잘생겼어.
- 그녀의 남자 친구는 키도 크고 잘생겼다니까. 그야말로 끝장나게 잘생겼어.

> 来劲 láijìn 힘이 솟다, 신나게 하다

쇼핑

托上以加了

Chapter

13

有眼光
Yǒu yǎnguāng

보는 눈이 있다, 안목이 있다

제 친구 중 패션을 사랑하고 컬러 조합을 기가 막히게 잘 하는 친구가 있답니다. 모두들 그 친구를 향해 "보는 눈이 있어!(有眼光) yǒu yǎnguāng"라며 엄지손가락을 치켜 올립니다. 저도 그 친구와 함께 쇼핑을 가게 되면 항상 그 아이의 안목(眼光)에 감탄해 마지않습니다. '有眼光'은 '있다'는 의미의 동사 '有'와 '안목', '식견'의 의미를 지닌 명사 '眼光'이 합쳐진 표현으로, '보는 눈이 있다', '식견이 있다' 등의 의미로 쓰이는 표현입니다. 누군가 저에게 무언가를 잘 볼 수 있는 안목 하나를 선택할 선택권을 준다면, 저는 사람을 잘 볼 수 있는 안목을 선택하고 싶네요. 여러분은 어떠한 안목을 가지고 싶으신가요?

🐼 실전 대화

男 你看这双怎么样?
Nǐ kàn zhè shuāng zěnmeyàng?

女 颜色还可以，就是款式太过时了。
Yánsè hái kěyǐ, jiùshì kuǎnshì tài guòshí le.

男 你买东西有眼光，还是你帮我挑一双吧。
Nǐ mǎi dōngxi yǒu yǎnguāng, háishì nǐ bāng wǒ tiāo yì shuāng ba.

女 好吧，这双怎么样? 款式入时，颜色也很漂亮。
Hǎo ba, zhè shuāng zěnmeyàng? Kuǎnshì rùshí, yánsè yě hěn piàoliang.

남 네가 볼 때는 어때?
여 색깔은 괜찮은데, 스타일이 유행에 뒤떨어져.
남 네가 물건 보는 눈이 있으니, 나를 도와서 한 쌍만 골라줘.
여 좋아. 이건 어때? 유행하는 스타일에 색깔 역시 예뻐.

🐼 표현 활용

+ 还是你有眼光，挑了个这么好的老公。
Háishì nǐ yǒu yǎnguāng, tiāo le ge zhème hǎo de lǎogōng.

+ 我这个人很有眼光，不会看错人的。
Wǒ zhège rén hěn yǒu yǎnguāng, búhuì kàn cuò rén de.

· 이렇게 좋은 남편감을 고른 것을 보니, 그래도 네가 보는 눈이 있구나.
· 나는 사람 보는 눈이 있어서, 사람을 잘 못 보는 일이 없지.

款式 kuǎnshi 스타일, 양식
老公 lǎogōng 남편, 신랑

试试
Shìshi

한번 해 보다

중국의 재래시장에 가면 호객행위를 하는 상인들을 많이 만날 수 있지요. 특히나 과일가게나 옷가게 주인들의 입에서 끊임없이 흘러나오는 한 단어가 있는데요, 바로 '试试'입니다. 과일을 먹어보라든지, 옷을 입어보라고 권하는 의미에서 주로 쓰이는 '试试'는 '한번 해 보다'는 사전적 의미를 가지고 있어요. '试试'는 주로 음식이나 옷, 신발, 모자 등을 착용할 때 사용되기도 하지만, 어떠한 사건이나 일을 시도해 보고자 할 때도 쓰인답니다. 적절히 사용한다면 더욱 풍부한 어휘력을 뽐낼 수 있겠죠?

실전 대화

男 试试看,味道还行吧?
Shìshi kan, wèidao hái xíng ba?

女 哇,真好吃,真的是你亲手做的吗?
Wā, zhēn hǎochī, zhēnde shì nǐ qīnshǒu zuò de ma?

男 当然了,看你这么喜欢,以后常做给你吃。
Dāngrán le, kàn nǐ zhème xǐhuan, yǐhòu cháng zuò gěi nǐ chī.

女 说好了,不许反悔。
Shuōhǎo le, bùxǔ fǎnhuǐ.

남 한번 먹어봐, 맛이 괜찮아?
여 우와, 진짜 맛있어, 진짜 네가 만든 거야?
남 당연하지, 이렇게 좋아하는걸 보니 앞으로 자주 만들어 줘야겠네.
여 좋아, 맘 바꾸면 안 돼!

표현 활용

+ 这双鞋我能试试吗?
  Zhè shuāng xié wǒ néng shìshi ma?
+ 不知道结果会怎么样,但我想试试。
  Bù zhīdào jiéguǒ huì zěnmeyàng, dàn wǒ xiǎng shìshi.

- 이 신발 한번 신어 봐도 될까요?
- 결과가 어찌될지 모르겠지만 한번 해 보려고 해.

亲手 qīnshǒu 직접, 손수
反悔 fǎnhuǐ 후회하여 번복하다, 마음이 변하다

讨价还价(讲价/砍价)
Tǎojià huánjià

흥정하다

중국에서 생활하려면 가장 먼저 배워야 할 스킬이 무엇일까요? 바로 '흥정의 기술'이죠. 정찰제가 아직 완전하게 자리 잡지 않은 중국의 재래시장에서는 흥정이 필수인데요, 이 흥정을 '讨价还价'라 합니다. '讨价还价'는 다른 말로 '讲价 jiǎngjià' 또는 '砍价 kǎnjià'로 쓰기도 하는데요, 모두 '흥정하다'는 뜻으로 사용되고 있답니다. 관광객들이 주로 방문하는 재래시장은 특히나 가격 널뛰기가 심한데요, 이럴 때 '有美女特价吗?(미녀특가는 없나요?)'라고 슬쩍 흥정의 기술을 발휘해 본다면 흥정의 고수로 거듭날 수 있겠죠?

실전 대화

男 你买东西时怎么不讨价还价?
　　Nǐ mǎi dōngxi shí zěnme bù tǎojià huánjià?

女 嫌麻烦。
　　Xián máfan.

男 在中国买东西不讲价，小心挨宰!
　　Zài Zhōngguó mǎi dōngxi bù jiǎngjià, xiǎoxīn áizǎi!

女 差不了多少。
　　Chàbuliǎo duōshǎo.

남　넌 물건 살 때 왜 흥정을 하지 않니?
여　귀찮아서 그래.
남　중국에서 흥정을 하지 않으면 바가지 쓸 수 있어!
여　얼마 차이도 나지 않는 걸.

표현 활용

+ 在中国买东西时一定要学会讨价还价。
　Zài zhōngguó mǎi dōngxi shí yídìng yào xuéhuì tǎojià huánjià.

+ 他买东西时不习惯讨价还价。
　Tā mǎi dōngxi shí bù xíguàn tǎojià huánjià.

• 중국에서 물건을 살 때는 꼭 흥정을 배워야 해.
• 걔는 물건 살 때 흥정하는 것을 익숙치 않아 해.

东西 dōngxi 물건, 사물

刷卡
Shuākǎ

카드를 긁다, 카드로 결제하다

최첨단과 거리가 있는 저에게는 카드로 무언가를 결제해서 물건을 산다는 행위 자체가 참 신기하게 느껴져요. 또 신용카드를 긁게 되면(刷卡) 실제의 돈이 가늠되지 않는 단점이 있어서, 저는 될 수 있으면 현찰이나 체크카드로 물건을 사려고 노력하는 편이에요. '刷卡'는 '닦다', '칠하다'의 뜻을 가진 '刷'와 '카드'의 뜻을 가진 '卡'가 합쳐진 표현으로, '카드를 긁다', '카드로 결제하다'는 의미가 있어요. 신용카드(信用卡) xìnyòngkǎ는 매우 편리하지만, 너무 무책임하게 '刷卡' 하게 되면 통장이 아닌, 텅 비어버린 '텅장'을 보게 될 수 있으니, 계획성 있는 소비를 해야겠죠?

실전 대화

男 榨汁机真方便，咱们也买一台吧。
　　Zhàzhījī zhēn fāngbiàn, zánmen yě mǎi yì tái ba.

女 我也想买，但现在手头儿没钱啊。
　　Wǒ yě xiǎng mǎi, dàn xiànzài shǒutóur méi qián a.

男 咱不是有信用卡吗？可以刷卡买呀！
　　Zá búshì yǒu xìnyòngkǎ ma? Kěyǐ shuākǎ mǎi ya!

女 刷卡就不用还了吗？等下个月再说吧。
　　Shuākǎ jiù búyòng huán le ma? Děng xiàge yuè zàishuō ba.

남 녹즙기가 엄청 편리하다던데, 우리 한 대 장만하자.
여 나도 사고 싶은데, 지금 수중에 돈이 없어.
남 우리에게는 신용카드가 있지 않아? 카드로 결제하면 되잖아!
여 카드로 긁으면 갚지 않아도 돼? 다음 달에 다시 이야기하자.

표현 활용

+ 刷卡买东西很方便。
　Shuākǎ mǎi dōngxi hěn fāngbiàn.

+ 刷卡消费的人越来越多了。
　Shuākǎ xiāofèi de rén yuèláiyuè duō le.

• 카드로 물건을 결제하는 것은 매우 편리해.
• 카드를 긁어 소비하는 사람들은 나날이 많아지고 있어.

榨汁机 zhàzhījī 녹즙기
信用卡 xìnyòngkǎ 신용카드

便宜没好货
Piányi méi hǎo huò

싼 게 비지떡이야

얼마 전 머그잔을 구입하러 동네 마트에 갔었어요. 막상 마트에 가니 머그잔의 종류가 너무 많아 고민한 끝에 결국 제일 저렴한 머그잔을 샀답니다. 싼 게 비지떡이라고(便宜没好货), 그 머그잔은 사용한지 얼마 되지 않아 손잡이가 그만 똑 떨어져 버렸어요. 결국 전 눈물을 머금고 새 머그잔을 살 수 밖에 없었답니다. '便宜没好货'는 '싸다'는 뜻을 가진 '便宜'와 '좋은 물건이 없다'는 뜻을 가진 '没好货'가 합쳐진 표현으로, '싼 게 비지떡'이란 뜻입니다. 가끔 너무 싸다 싶은 물건이 있다면 한 번쯤 의심해 보는 것도 나쁘진 않겠죠? 그나저나 손잡이가 떨어진 머그컵은 어떻게 해야 할지 정말 난감(尴尬 gāngà)하네요.

실전 대화

男 你这是去哪儿?
　　Nǐ zhè shì qù nǎr?

女 去修鞋店。
　　Qù xiūxiédiàn.

男 你这双鞋不是上个星期新买的吗?
　　Nǐ zhè shuāng xié búshì shàngge xīngqī xīn mǎi de ma?

女 别提了!便宜没好货,下次可再也不买这种便宜货了!
　　Bié tí le! Piányi méi hǎo huò, xiàcì kě zài yě bùmǎi zhè zhǒng piányi huò le!

남　어디 가는 길이니?
여　신발 수선집에 가는 길이야.
남　그 신발은 저번 주에 새로 산 신발 아니야?
여　말도 마! 싼 게 비지떡이야. 다시는 이런 싸구려 물건을 사지 않을 거야.

표현 활용

+ 便宜没好货,最好别买。
　Piányi méi hǎo huò, zuìhǎo bié mǎi.

+ 便宜没好货,好货不便宜。
　Piányi méi hǎo huò, hǎo huò bù piányi.

- 싼 게 비지떡이야. 사지 않는 것이 최고야.
- 싼 게 비지떡이라니까. 좋은 물건은 싸지 않아.

修 xiū 수리하다, 장식하다

149

挨宰
áizǎi

바가지를 쓰다

참 슬프게도 중국에서는 아직도 바가지를 쓰게 되는 경험이 흔하지요. '바가지를 쓰다'는 '挨宰'는 직역하게 되면 '짐승이 도축을 당하다'는 뜻인데요, 여기서 '挨'는 '~에게 당하다'는 뜻으로 쓰이고 있습니다. '挨宰'에서 '挨'는 '挨饿 ái'è (굶주리다)'나 '挨批评 ái pīpíng (비판을 당하다)'처럼 좋지 않은 일을 당할 때 주로 쓰인답니다. '挨宰'와 비슷한 뜻으로 함께 사용되는 표현으로는 '宰人 zǎirén'이 있으니 함께 기억해 둡시다. 중국 여행에서 바가지를 쓰지 않으려면 값을 흥정하는(讨价还价 tǎojià huánjià) 기술을 꼭 연마해야 하니 우리 같이 더욱 분발해서 중국어 공부를 해 봅시다.

🐼 실전 대화

男 你这个包花多少钱买的?
　Nǐ zhège bāo huā duōshǎo qián mǎi de?

女 一万二,怎么样?
　Yíwàn' èr, zěnmeyàng?

男 我看顶多值八千,你挨宰了!
　Wǒ kàn dǐngduō zhí bā qiān, nǐ áizǎi le!

女 这是最新款式,限量出售,你懂什么呀!
　Zhè shì zuì xīn kuǎnshì, xiànliàng chūshòu, nǐ dǒng shénme ya!

남 이 가방은 얼마 주고 샀어?
여 12,000원인데 어때?
남 내가 볼 때 비싸도 8,000원 같은데. 바가지 썼네!
여 이건 최신 스타일인데다가 한정판매 제품이라고. 네가 뭘 알아!

🐼 표현 활용

+ 他买东西时动不动就挨宰。
　Tā mǎi dōngxi shí dòngbúdòng jiù áizǎi.

+ 买东西时要学会讲价,小心挨宰。
　Mǎi dōngxi shí yào xuéhuì jiǎngjià, xiǎoxīn áizǎi.

- 걔는 물건 사러 가기만 하면 바가지 쓴다니까.
- 바가지를 쓰지 않기 위해서, 물건을 살 때 흥정하는 법을 배워야해.

> 花 huā 꽃, 소비하다
> 限量出售 xiànliàng chūshòu 한정 판매

过时
Guòshí

유행이 지나다, 시대에 뒤떨어지다

최근 유행은 너무 빠르게 돌고 있는 것 같아요. 화려한 스타일이 유행인가 싶어서 쫓아가다 보면 어느새 깔끔한 스타일이 대세로 떠오릅니다. 이렇게 빠르게 돌고 있는 유행을 쫓아가지 못하면 말 그대로 유행에 뒤떨어지는(过时) 사람이 되어 버리고 말지요. '유행이 지나다', '시대에 뒤떨어지다'는 뜻을 가진 '过时'는 '지나다'는 뜻의 '过'와 '시기', '시간'을 의미하는 '时'가 합쳐진 표현입니다. 사실 요즘은 유행을 쫓아가다 보면 각자의 개성은 사라져 버리는 것 같아 아쉬울 때가 많아요. 가끔은 시대에 뒤떨어지는(过时) 느낌도 나쁘지 않은 것 같아요.

실전 대화

男 这件衣服怎么没见你穿过？新买的吗？
Zhè jiàn yīfu zěnme méi jiàn nǐ chuān guo? Xīn mǎi de ma?

女 嗯，怎么样？适合我吗？
Ēn, zěnmeyàng? Shìhé wǒ ma?

男 不错，挺好看的。比你那些过时的衣服强多了。
Búcuò, tǐng hǎokàn de. Bǐ nǐ nàxiē guòshí de yīfu qiáng duō le.

女 是吗？那以后我也要赶赶时髦啦!
Shì ma? Nà yǐhòu wǒ yě yào gǎngǎn shímáo la!

남 이 옷은 어떻게 한 번도 네가 입은 것을 본 적이 없지? 새로 샀니?
여 응, 어때? 나한테 잘 어울리니?
남 괜찮아. 아주 예뻐. 그 유행이 지난 저번의 그 옷 보다 훨씬 더 좋아.
여 그래? 그럼 앞으로 나도 유행을 따라야겠어!

표현 활용

+ 这种款式早就过时了。
Zhè zhǒng kuǎnshì zǎojiù guòshí le.

+ 这种方法早就行不通了，过时了。
Zhè zhǒng fāngfǎ zǎojiù xíngbùtōng le, guòshí le.

- 이런 스타일은 벌써 유행이 지났어.
- 이런 방식은 시대에 뒤떨어져서 일찌감치 통하지 않아.

强 qiáng 우월하다, 강하다

151

跟你不合适
Gēn nǐ bù héshì

너한테 안 어울려

정말 누가 봐도 나쁜 남자와 불타는 사랑을 하던 친구가 있었어요. 그 친구에게 다른 친구들이 모두 "걔는 너와 어울리지 않아!(他跟你不合适!) Tā gēn nǐ bù héshì!" 라 말해 주었지만 콩깍지가 단단히 씌인 친구에게는 쇠귀에 경 읽기였어요. '跟你不合适'에서 '合适'는 '어울리다', '맞다'는 뜻을 가지고 있습니다. '合适'는 '适合'로도 쓰일 수 있는데요, 둘 다 '어울리다', '잘 맞다'로 그 뜻은 비슷하지만 '适合'는 '合适'와 달리 동사로 쓰일 수 있기 때문에 뒤에 '你 nǐ (너)', 口味 kǒuwèi (입맛)와 같은 목적어가 올 수 있답니다. 반대로 '合适'는 형용사로 쓰이기 때문에 뒤에 목적어가 따라 올 수 없어요. 요 차이점을 기억해 두시면 절대 헷갈리지 않을 거예요.

🐼 실전 대화

男 听说你们俩黄了。
　　Tīngshuō nǐmen liǎ huáng le.

女 嗯，他突然提出分手，我真的连做梦都没想到。
　　Ēn, tā tūrán tíchū fēnshǒu, wǒ zhēnde lián zuòmèng dōu méi xiǎngdào.

男 我早觉得他跟你不合适，分了就分了，长痛不如短痛。
　　Wǒ zǎo juéde tā gēn nǐ bù héshì, fēn le jiù fēn le, chángtòng bùrú duǎntòng.

女 可我还很爱他。
　　Kě wǒ hái hěn ài tā.

남 듣자하니 너희 둘이 끝났다고 하던데.
여 응, 걔가 갑자기 헤어지자고 하더라. 정말 꿈에도 생각지 못했던 일이야.
남 나는 옛날부터 걔가 너한테 안 어울린다고 생각했어. 헤어지면 헤어지는 거지. 오랜 아픔 보다는 짧은 아픔이 더 낫지.
여 그래도 나는 여전히 걔를 사랑하는걸.

🐼 표현 활용

+ 朋友都说他跟我不合适。
　　Péngyou dōu shuō tā gēn wǒ bù héshì.

+ 我觉得这种颜色不适合你。
　　Wǒ juéde zhè zhǒng yánsè bú shìhé nǐ.

· 친구들은 모두 그가 나에게 어울리지 않는다고 말해.
· 내 생각에는 이런 색깔은 너와 잘 어울리지 않는 것 같아.

黄 huáng 노랗다, 실패하다

土
Tǔ

촌스럽다

예전 제가 중국어 통번역 수업을 들을 때 한 교수님께서 제 한국 이름을 유심히 보시더니 "你的名字很土! Nǐ de míngzi hěn tǔ! (네 이름은 촌스럽구나!)"라 하신 적이 있답니다. 당시 저는 '土'는 '흙'이란 뜻만 있는 줄 알고 있어서 무슨 뜻인지 몰라 몹시 의아해 했어요. 나중에서야 '土'에는 '촌스럽다'는 뜻도 있다는 것을 알고 절규했답니다. 안 그래도 어렸을 적 시골에서 자라서 촌티(土气) tǔqi가 좔좔 흘렀던 저에게 이름마저 촌스럽다(土)는 사실은 인정하기 힘든 일이었어요. 이 표현을 쓸 때는 상대방이 상처 받지 않도록 조심해서 쓰도록 우리 꼭 약속해요.

 실전 대화

男 这件衣服怎么样？昨天新买的。
　　Zhè jiàn yīfu zěnmeyàng? Zuótiān xīn mǎi de.

女 下次再买衣服时一定叫上我。
　　Xiàcì zài mǎi yīfu shí yídìng jiàoshàng wǒ.

男 怎么？不好看吗？
　　Zěnme? Bù hǎokàn ma?

女 什么呀！真土。
　　Shénme ya! Zhēn tǔ.

남　이 옷 어때? 어제 새로 샀어.
여　다음에 다시 옷 사러 갈 때는 꼭 나를 불러줘.
남　뭐? 별로 안 예뻐?
여　뭐야! 정말 촌스러워.

 표현 활용

+ 她打扮得很土。
　　Tā dǎban de hěn tǔ.

+ 他土里土气的，不像个骗子。
　　Tā tǔlǐtǔqì de, búxiàng ge piànzi.

• 그녀의 차림새는 정말 촌스러워.
• 촌티가 좔좔 흐르는 것을 보니, 걘 사기꾼은 아닌 것 같아.

> 土里土气 tǔlǐtǔqì 촌스럽다

음식

托
上 以 加 了

Chapter
14

真倒胃口
Zhēn dǎo wèikǒu

정말 입맛이 뚝 떨어져

한때 미국 드라마에 빠져 살았던 때가 있었어요. 그때 당시 유명했던 미국 드라마 중 의학 드라마가 있었는데, 수술하는 장면이 많아서 매우 흥미롭게 봤었답니다. 그 의학 드라마를 보며 밥을 먹고 있는 저를 보고 룸메이트(同屋) tóngwū 언니가 '真倒胃口'라 말하며 지나가더군요. '真倒胃口'에서 '倒胃口'는 음식이 물리고, 식상함을 의미하고 있어요. 즉, '식욕이 떨어지다'는 뜻이지요. '真倒胃口'와 반대로 쓰이는 표현에는 '입맛을 돋구다'는 뜻의 '提口味 tí kǒuwèi'가 있으니 함께 기억해 두세요.

실전 대화

男 这是什么节目？
　　Zhè shì shénme jiémù?

女 《生老病死》，医学类节目。
　　<Shēnglǎo bìngsǐ>, yīxuélèi jiémù.

男 马上就要吃饭了，做手术，还出了这么多血，真倒胃口。
　　Mǎshàng jiùyào chīfàn le, zuò shǒushù, hái chū le zhème duō xiě, zhēn dǎo wèikǒu.

女 那就换个台吧。
　　Nà jiù huàn ge tái ba.

남　이건 어떤 프로그램이야?
여　〈생로병사〉라는 프로그램인데, 의학 계통의 프로그램이지.
남　곧 밥을 먹을 텐데, 수술하는 장면에, 이렇게 많은 피를 보게 되니, 정말 입맛이 뚝 떨어지네.
여　그럼 다른 채널로 바꾸자.

표현 활용

+ 天天都吃一样的菜，吃得我都倒胃口了。
　Tiāntiān dōu chī yíyàng de cài, chī de wǒ dōu dǎo wèikǒu le.

+ 我怕大家倒胃口，等吃了饭后再说。
　Wǒ pà dàjiā dǎo wèikǒu, děng chī le fàn hòu zàishuō.

- 매일 똑같은 반찬이야. 먹을 때마다 입맛이 뚝 떨어져.
- 사람들의 입맛을 떨어지게 할까봐 무서워. 식사 후 다시 이야기하자.

手术 shǒushù 수술, 수술하다
台 tái 채널, 기관

请客
Qǐngkè

초대하다, 한턱내다

결혼식을 앞둔 친구가 다른 친구들을 불러서 거하게 한 턱 쏜 날이 있었습니다. 한창 분위기가 무르익어갈 즈음 친구는 "今天我请客! Jīntiān wǒ qǐngkè! (오늘은 내가 쏜다!)"라 크게 외쳤고, 다른 친구들은 모두 기쁨의 환호성을 질렀답니다. '请客'는 '청하다', '초청하다'의 뜻을 가진 동사 '请'과 '손님'이란 뜻을 가진 명사 '客'가 합쳐진 표현으로, 직역하게 되면 '손님을 초대하다'는 뜻이 됩니다. 즉, 자신이 초대해서 한턱내겠다는 표현입니다. 비슷하게 쓰이는 표현으로는 '계산하다'는 뜻인 '买单 mǎidān'이 있으니 참고해 주세요.

실전 대화

男 今天晚上想吃什么?
　　Jīntiān wǎnshàng xiǎng chī shénme?

女 想吃烤肉。怎么, 你请客吗?
　　Xiǎng chī kǎoròu. Zěnme, nǐ qǐngkè ma?

男 嗯, 今天是我发工资的日子, 我买单。
　　Èng, jīntiān shì wǒ fā gōngzī de rìzi, wǒ mǎidān.

女 那我可得多吃点儿。
　　Nà wǒ kě děi duō chī diǎnr.

남　오늘 저녁에 뭘 먹고 싶어?
여　불고기를 먹고 싶어. 뭐야, 네가 한턱내는 거야?
남　응. 오늘 월급날이야. 내가 계산할게.
여　그럼 많이 좀 먹어줘야겠네.

표현 활용

+ 昨天是她买的单。
　Zuótiān shì tā mǎi de dān.

+ 下次我请你的客。
　Xiàcì wǒ qǐng nǐ de kè.

• 어제는 그녀가 계산했어.
• 다음번에는 내가 너를 초대할게.

烤肉 kǎoròu 구운 고기, 불고기
工资 gōngzī 월급, 임금

吊胃口
Diào wèikǒu

입맛이 당기다, 감질 맛난다

맛있는 음식을 생각하면 저절로 입맛이 당기게 되지요. 중국에서는 음식뿐만 아니라 어떠한 일에 대해 흥미나 호기심을 느낄 때 역시 입맛이 당긴다(吊胃口)는 표현을 쓴답니다. '吊胃口'는 '끌어 올리다'는 의미의 '吊'와 '식욕'이라는 뜻의 '胃口'가 합쳐진 표현으로, '입맛이 당기다'는 뜻 외에도 '감질 맛난다'는 뜻도 함께 지니고 있습니다. '吊胃口'는 떨어졌다 붙였다 할 수 있는 표현으로, '吊A胃口 diào A wèikǒu (A의 흥미(구미)를 당기다)'의 형태로도 많이 쓰인답니다. 최근 여러분의 흥미를 끄는 일은 무엇인가요?(最近吊你胃口的是什么? Zuìjìn diào nǐ wèikǒu de shì shénme?)

실전 대화

男 怎么样？你跟他表白了吗？
Zěnmeyàng? Nǐ gēn tā biǎobái le ma?

女 嗯，表白了。可他说要我给他三天的考虑时间。
Èng, biǎobái le. Kě tā shuō yào wǒ gěi tā sāntiān de kǎolǜ shíjiān.

男 嘿，这个男人真不一般，他这不是在吊你胃口吗？
Hēi, zhège nánrén zhēn bú yìbān, tā zhè búshì zài diào nǐ wèikǒu ma?

女 谁说不是呢？
Shéi shuō búshì ne?

남 어때? 걔한테 고백했어?
여 응. 고백했어. 그런데 3일 동안 생각할 시간을 달라고 말하더군.
남 하, 걔 정말 보통이 아니구나. 그냥 튕겨 보는 것이 아닐까?
여 누가 아니래.

표현 활용

+ 他这不是在吊你胃口吗？
  Tā zhè búshì zài diào nǐ wèikǒu ma?
+ 吊胃口的最佳时间是三天。
  Diào wèikǒu de zuìjiā shíjiān shì sāntiān.

• 걔는 그냥 밀당하는 것이 아닐까?
• 흥미를 느낄만한 최상의 시간은 3일이야.

最佳 zuìjiā 최상의 시간, 최적의

没胃口
Méi wèikǒu

입맛이 없다

얼마 전 심한 감기에 걸려 도통 입맛이 없을(没胃口) 때가 있었어요. 무엇을 먹어도 입맛이 돌아오질 않았는데, 달콤한 케이크 한 조각에 죽었던 입맛이 다시 살아 돌아왔답니다. '没胃口'는 '입맛이 없다', '식욕이 없다'는 뜻의 표현으로, 여기서 '胃口'는 '식욕'을 의미하고 있습니다. 또 '没胃口'는 '정나미가 떨어지다'는 의미도 동시에 가지고 있는데요, 정나미가 뚝 떨어지는 사람에게는 "没了胃口! Méi le wèikǒu! (정나미가 뚝 떨어지는군!)"란 표현을 쓸 수 있겠지요.

실전 대화

男 晚上吃什么?
　　Wǎnshang chī shénme?

女 随便买点儿现成的吧。
　　Suíbiàn mǎi diǎnr xiànchéng de ba.

男 好吧。饺子怎么样?
　　Hǎo ba. Jiǎozi zěnmeyàng?

女 随你的便。我没胃口,什么都不想吃。
　　Suí nǐ de biàn. Wǒ méi wèikǒu, shénme dōu bùxiǎng chī.

남 저녁에 뭐 먹을까?
여 아무거나 조리되어 있는 걸로 사 먹자.
남 좋아. 물만두는 어때?
여 네 마음대로 해. 난 입맛이 없어서 아무 것도 먹고 싶은 생각이 없어.

표현 활용

+ 我这两天感冒了,没胃口。
　Wǒ zhè liǎngtiān gǎnmào le, méi wèikǒu.

+ 没胃口也得吃点儿,要不病怎么好呢?
　Méi wèikǒu yě děi chī diǎnr, yàobú bìng zěnme hǎo ne?

• 요 이틀간 감기에 걸려서 입맛이 없어.
• 입맛이 없더라도 좀 먹어야지. 그렇지 않으면 병이 어떻게 좋아질 수 있겠니?

饺子 jiǎozi 물만두, 교자만두
感冒 gǎnmào 감기, 감기에 걸리다

香
Xiāng

향기롭다, 맛있다

중국어로 '맛있다'라고 하면 팍 떠오르는 표현이 무엇이 있을까요? 대부분의 친구들이 가장 먼저 떠올리는 표현이 바로 '好吃 hǎochī'입니다. 하지만 '好吃' 이외에도 자주 쓰이는 다른 표현도 있는데요, 바로 '香'입니다. '香'은 '향기 향'으로, 보통 '향기롭다'는 의미로 알고 있습니다. 하지만 이 '香'은 '맛있다', '맛이 좋다'는 형용사적 의미도 함께 지니고 있답니다. 좋은 향(香)이 나는 음식은 대체로 맛있지요.(香) 이렇듯 중국어는 하나의 글자에도 여러 가지 뜻이 있으니 조금만 주의해서 공부한다면 풍부한 어휘력을 가질 수 있습니다.

실전 대화

男 你洒香水了?
　　Nǐ sǎ xiāngshuǐ le?

女 嗯，上次你送我的。好闻吗?
　　Ēn, shàngcì nǐ sòng wǒ de. Hǎowén ma?

男 怪不得好像在哪儿闻过，真香。
　　Guàibùde hǎoxiàng zài nǎr wén guo, zhēn xiāng.

女 这次还真算你有眼光。
　　Zhècì hái zhēn suàn nǐ yǒu yǎnguāng.

남　너 향수 뿌렸니?
여　응, 저번에 네가 준 거야. 향기가 좋니?
남　어쩐지 마치 어디선가 맡은 적 있는 향인 것 같았어. 진짜 향긋해.
여　이번에는 정말 네가 보는 눈이 있었다니까.

표현 활용

+ 我很喜欢玫瑰花香。
　Wǒ hěn xǐhuan méiguīhuāxiāng.

+ 妈妈包的饺子真香。
　Māma bāo de jiǎozi zhēn xiāng.

- 나는 장미 향기를 정말 좋아해.
- 엄마가 빚은 만두는 정말 맛있어.

香水 xiāngshuǐ 향수
玫瑰花 méiguīhuā 장미꽃

家常便饭
Jiācháng biànfàn

가정식 백반, 항상 있는 일

밖에서 먹는 식당 밥이 아무리 화려하고 맛있다 하더라도 역시 엄마가 직접 해 주시는 따뜻한 밥맛을 따라오진 못합니다. '家常便饭'은 집에서 매일 해 먹는 밥, 가정식 백반을 이르는 말인 동시에, 흔히 일어나는 일을 가리키는 말로도 쓰는 표현입니다. 즉, 매일 집에서 먹는 밥이나 반찬처럼 자주 볼 수 있고, 흔히 일어나는 일이란 뜻이죠. 혹시 중국에서 길을 걷다가 '家常便饭' 또는 '家常菜 jiāchángcài (가정요리)'라고 적힌 식당 간판을 보게 된다면 우리나라의 된장찌개나 김치찌개 같은 가정식 백반을 파는 식당이라 생각하시면 됩니다.

실전 대화

男 哇，做了这么多菜，好丰盛啊！
　　Wā, zuò le zhème duō cài, hǎo fēngshèng a!

女 没什么特别的，都是些家常便饭，请随意。
　　Méi shénme tèbié de, dōu shì xiē jiācháng biànfàn, qǐng suíyì.

男 那我就不客气了。
　　Nà wǒ jiù bú kèqi le.

女 别客气，好吃的话就多吃点儿。
　　Bié kèqi, hǎochī de huà jiù duō chī diǎnr.

남　우와, 음식을 이렇게 많이 만들었어요? 풍성한데요!
여　특별한 것 없이 그냥 다 집에서 매일 먹는 밥인데 뭐. 마음대로 드세요.
남　그럼 더 이상 사양하지 않을게요.
여　체면 차리지 마세요. 맛있으면 더 많이 드세요.

표현 활용

+ 咱们又不是外人，别特意做什么，吃点儿家常便饭就行了。
　Zánmen yòu búshì wàirén, bié tèyì zuò shénme, chī diǎnr jiācháng biànfàn jiù xíng le.

+ 政府官员贪污腐败是家常便饭。
　Zhèngfǔ guānyuán tānwū fǔbài shì jiācháng biànfàn.

· 우린 남도 아닌데 특별히 뭘 만들지 마. 집에서 먹는 밥이면 충분해.
· 정부 관료의 횡령과 부패는 흔히 있는 일이지.

丰盛 fēngshèng 풍성하다
贪污腐败 tānwū fǔbài 횡령과 부패

직장생활

托了加以上

Chapter
15

拍马屁
Pāi mǎpì

아부하다, 알랑방귀를 뀌다

'拍马屁'는 '아부하다', '알랑거리다'는 뜻으로 사용되는 표현인데요, 여기서 '马屁'는 '말의 엉덩이'를 의미하고 있고, '拍'는 '두드리다'는 의미입니다. 원나라를 세운 몽골족은 유목민족이어서 말을 굉장히 중요하게 생각하고 능숙하게 다룰 줄 알았답니다. 몽골족은 좋은 말을 보면 엉덩이를 툭툭 두드리며 칭찬을 했다고 하는데, 칭찬을 들은 주인은 기분이 무척 좋았겠지요. 결국 사람들은 주인에게 아첨하기 위해 좋은 품종의 말이 아니더라도 말의 엉덩이를 두드리며 칭찬을 하게 되었답니다. 때문에 사람들은 다른 사람에게 아첨하거나 환심을 사려는 행동을 가리켜 '말의 엉덩이를 두드리다'는 뜻의 '拍马屁'란 표현을 쓰게 되었습니다.

실전 대화

男 王明真能干，升得那么快！
　　Wáng Míng zhēn nénggàn, shēng de nàme kuài!

女 什么呀！都是拍马屁拍的。
　　Shénme ya! Dōushì pāi mǎpì pāi de.

男 拍马屁也是一种能力啊！
　　Pāi mǎpì yě shì yì zhǒng nénglì a!

女 可也是，不是谁都能做到的。
　　Kě yě shì, búshì shéi dōu néng zuòdào de.

남　왕밍은 능력이 있어서 승진도 저렇게 빨라!
여　뭐야! 알랑방귀를 뀐 거지.
남　아부도 일종의 능력이야!
여　그건 그래. 아무나 할 수 있는 것은 아니지.

표현 활용

+ 他很会拍马屁。
　Tā hěn huì pāi mǎpì.
+ 他很会拍老板的马屁。
　Tā hěn huì pāi lǎobǎn de mǎpì.

- 그는 아첨에 능해.
- 그는 사장님에게 알랑방귀를 잘 뀌어.

老板 lǎobǎn 상점 주인, 사장

开夜车
Kāi yèchē

밤을 꼬박 새우다

중국 역시 한국과 같이 교육열이 매우 높은 나라여서 한국의 수능시험에 해당하는 高考 gāokǎo를 쳐야 하는 고등학생들은 밤을 꼬박 새우며(开夜车) 공부를 하곤 한답니다. '开夜车'는 '밤 열차'를 의미하는 '夜车'와 '운전하다'는 의미의 '开'가 합쳐져서 직역하면 '밤 열차를 운전하다'로 해석되는 관용어에요. 밤에 운행하는 열차는 밤을 꼬박 새워 운행하죠. 그래서 '开夜车'란 표현은 밤을 꼬박 새워 무언가를 열심히 한다는 의미로 쓰이게 되었답니다. 여기서 주의해야 할 점은 '开夜车'는 밤을 꼬박 새워 공부나 업무 등을 할 때 주로 쓰이고, 밤을 꼬박 새워 놀 때는 절대 사용하지 않는다는 점입니다.

실전 대화

男 咱们下个星期期末考试，对吗?
Zánmen xiàge xīngqī qīmò kǎoshì, duì ma?

女 嗯，你开始复习了吗?
Ēn, nǐ kāishǐ fùxí le ma?

男 还没呢，看来又得开夜车，搞突击了。
Hái méi ne, kànlái yòu děi kāi yèchē, gǎo tūjī le.

女 我也跟你一样。明明知道这样做不太好，可就是改不了。
Wǒ yě gēn nǐ yíyàng. Míngmíng zhīdào zhèyàng zuò bútài hǎo, kě jiùshì gǎibùliǎo.

남 우리 다음 주에 기말고사 맞니?
여 응, 넌 복습 시작했니?
남 아니. 아직 보아하니 또 밤샘해서 벼락치기를 해야겠어.
여 나도 너와 마찬가지야. 벼락치기가 좋지 않은 것을 잘 알면서도 고치질 못하겠어.

표현 활용

+ 为了能考上心仪的大学，他每天都开夜车学到凌晨两三点钟。
Wèi le néng kǎoshàng xīnyí de dàxué, tā měitiān dōu kāi yèchē xuédào língchén liǎng sān diǎn zhōng.

+ 他早睡早起惯了，不能开夜车。
Tā zǎoshuì zǎoqǐ guàn le, bùnéng kāi yèchē.

- 마음에 둔 대학에 합격하기 위해서 걔는 매일 새벽 두세 시까지 밤샘 공부하고 있어.
- 걔는 일찍 자고 일찍 일어나는 것이 습관이 되어 밤샘은 무리야.

复习 fùxí 복습하다
突击 tūjī 벼락치기, 단시간에 일을 완수하다

炒鱿鱼
Chǎo yóuyú

해고하다, 오징어 볶음

최근 경제가 좋지 않아서 '炒鱿鱼'한 사람들이 많아졌어요. '炒鱿鱼'는 '볶다'는 의미를 가진 동사 '炒'와 '오징어'라는 의미의 명사 '鱿鱼'가 합쳐진 표현으로, 직역하면 '오징어 볶음'이란 뜻을 가지고 있답니다. 왜 맛있기만 한 오징어 볶음이 '해고하다'는 무시무시한 뜻을 지니게 되었을까요? 예전에는 노동자들이 집을 떠나 일을 하러 갈 때면 자신의 이불을 돌돌 말아 들고 다녔답니다. 이러한 모양이 오징어를 볶게 되면 오징어가 돌돌말린 모양과 비슷하다고 해서 '오징어 볶음'을 '해고하다'는 의미로 사용하게 되었습니다. 먹는 '炒鱿鱼'는 제가 정말 좋아하는 단어지만, 당하는 '炒鱿鱼'는 생각조차 하기 싫은 단어네요.

실전 대화

男 两个月没见，你过得好吗?
　　Liǎngge yuè méi jiàn, nǐ guò de hǎo ma?

女 别提了，我被公司炒鱿鱼了。
　　Bié tí le, wǒ bèi gōngsī chǎo yóuyú le.

男 为什么?
　　Wèishénme?

女 因为我常常迟到。
　　Yīnwèi wǒ chángcháng chídào.

남 두 달 동안 보지 못했는데, 잘 지냈어?
여 말도 마. 나 회사에서 잘렸어.
남 왜?
여 자주 지각해서 그래.

표현 활용

+ 你总迟到，小心公司炒你鱿鱼。
　 Nǐ zǒng chídào, xiǎoxīn gōngsī chǎo nǐ yóuyú.

+ 老板炒了他鱿鱼。
　 Lǎobǎn chǎo le tā yóuyú.

- 너 자주 지각하는데, 회사에서 잘리지 않도록 조심해.
- 사장님은 걔를 해고했어.

常常 chángcháng
늘, 항상, 자주

一点小意思
Yìdiǎn xiǎo yìsi

작은 성의

'意思 yìsi'란 단어는 참 다양한 상황에서 다양한 용법으로 사용되는 것 같습니다. '意思'는 어떤 글자나 언어에 내포된 '의미'를 뜻하기도 하고, 어떤 일의 기색이나 상황을 의미하기도 해요. '一点小意思'에서 '意思'는 선물로 마음을 표시할 때의 '성의', '마음'을 뜻하고 있습니다. 즉, '작은 마음의 성의'란 의미를 뜻하고 있어요. 비슷하게 쓰이는 표현으로는 '一点心意(조그만 성의) yìdiǎn xīnyì'가 있으니 함께 기억해 두시면 유용하게 쓰실 수 있답니다. 혹시 중국 친구에게 선물을 줄 일이 있다면 "这是我的一点小意思。Zhè shì wǒ de yìdiǎn xiǎo yìsi. (이건 나의 작은 성의야.)"라 꼭 말해보세요.

실전 대화

男 快请进。
　　Kuài qǐngjìn.

女 谢谢。这是我的一点小意思，请收下。
　　Xièxie. Zhè shì wǒ de yìdiǎn xiǎo yìsi, qǐng shōuxià.

男 来了就来了，还带什么礼物呀！
　　Lái le jiù lái le, hái dài shénme lǐwù ya!

女 好，好，下不为例，好吧！
　　Hǎo hǎo, xiàbùwéilì, hǎo ba!

남　어서 들어와.
여　고마워. 이건 내 작은 성의야. 어서 받아줘.
남　오려면 그냥 오지. 또 무슨 선물을 가지고 왔어!
여　좋아. 좋아. 이번이 마지막이야. 알았어!

표현 활용

+ 一点小意思，不成敬意，请收下。
  Yìdiǎn xiǎo yìsi, bùchéng jìngyì, qǐng shōuxià.

+ 这是我的一点小意思，您就别推辞了。
  Zhè shì wǒ de yìdiǎn xiǎo yìsi, nín jiù bié tuīcí le.

- 변변치 않지만 나의 작은 성의야. 받아주렴.
- 이건 나의 작은 성의야. 거절하지 말아줘.

收下 shōuxià 받다, 받아 두다
礼物 lǐwù 선물

关系
Guānxi

관계, 연줄

드라마 '미생'에서 중국을 가리켜 '꽌시사회(关系社会)'라 했습니다. 중국 관련 사업을 진행하게 될 때면 수없이 듣게 되는 표현인 '关系'는 도대체 무엇일까요? '关系'에서 '关'은 관문을 뜻하고, '系'는 연결을 뜻하고 있어요. 즉, 사람과 사람사이의 관계나 연줄을 가리켜 '关系'라 합니다. 우리나라도 '关系'가 매우 중요한 만큼, 비슷한 문화권인 중국 역시 대인관계가 매우 중요한데요, 때문에 이 '关系'가 대화 중 수없이 등장한답니다. '关系'는 부정을 뜻하는 '没'와 결합하면 '상관없다, 괜찮다'라는 뜻이 되기도 합니다.

실전 대화

男 别怪他，他跟这件事没关系。
　　Bié guài tā, tā gēn zhè jiàn shì méi guānxì.
女 真的吗？那我错怪人家了。
　　Zhēnde ma? Nà wǒ cuòguài rénjia le.
男 没事儿，知道就行了。
　　Méishìr, zhīdào jiù xíng le.
女 那明天我得找机会跟他道个歉。
　　Nà míngtiān wǒ děi zhǎo jīhuì gēn tā dào ge qiàn.

남 걔를 탓하지 마. 이 일과는 아무런 상관없다니까.
여 진짜? 내가 오해했네.
남 괜찮아, 알면 됐어.
여 그럼 내일 봐서 걔한테 사과해야겠어.

표현 활용

+ 在社会生活中，人际关系很重要。
　Zài shèhuì shēnghuó zhōng, rénjì guānxì hěn zhòngyào.
+ 他们俩的关系不一般。
　Tāmen liǎ de guānxi bú yìbān.

· 사회생활 할 때는 인간관계가 엄청 중요하지.
· 그들 둘의 관계는 평범하지 않아.

> 怪 guài 이상하다, 원망하다, 책망하다
> 社会 shèhuì 사회

头疼
Tóuténg

두통, 두통거리

주위에 보면 항상 두통을 달고 사는 사람들이 있습니다. 중국어 역시 두통은 한자 그대로 '头疼'으로 사용하고 있습니다. '头疼'은 '머리'의 뜻을 가진 '头'와 '아프다'는 뜻을 가진 '疼'이 합쳐져서 '머리가 아프다' 즉, '두통'의 의미로 쓰이고 있습니다. 중국어에서 '头疼'은 몸이 아픈 증상 중 하나로 쓰이기도 하지만, 골칫거리나 귀찮은 일을 비유할 때도 쓰인답니다. 해결되지 않는 일로 골머리를 앓을 때나, 감기로 인해 심한 두통이 생겼을 때 '头疼'을 함께 쓸 수 있다는 점 기억해 두세요.

실전 대화

男 **你脸色怎么这么不好?**
Nǐ liǎnsè zěnme zhème bùhǎo?

女 **这两天得了重感冒，头疼、发烧、咳嗽，真难受。**
Zhè liǎngtiān dé le zhònggǎnmào, tóuténg, fāshāo, késou, zhēn nánshòu.

男 **去看医生了吗?**
Qù kàn yīshēng le ma?

女 **去了，吃了药以后好一些了。**
Qù le, chī le yào yǐhòu hǎo yìxiē le.

남 안색이 왜 이렇게 좋지 않니?
여 요 며칠간 심한 감기에 걸렸어. 두통에, 고열에, 기침까지, 정말 힘들어.
남 병원에 가 봤니?
여 갔었지. 약을 먹고 난 후에 좀 좋아졌어.

표현 활용

+ **头疼是他的老毛病了。**
Tóuténg shì tā de lǎo máobìng le.

+ **他每天笑口常开，好像一点儿头疼的事都没有。**
Tā měitiān xiàokǒu chángkāi, hǎoxiàng yìdiǎnr tóuténg de shì dōu méiyǒu.

- 두통은 걔의 고질병이야.
- 걔는 마치 조금의 골칫거리도 없는 것처럼, 항상 웃는 얼굴을 하고 있어.

咳嗽 késou 기침하다
毛病 máobìng 고장, 장애, 병폐

压力
Yālì

스트레스

현대 대도시 생활에서, 어느 정도의 스트레스(压力)는 남녀노소를 막론하고 항상 받고 있습니다. '压力'는 '압력'이란 뜻도 있지만, 동시에 '스트레스'란 뜻도 함께 가지고 있는 표현입니다. 정신적인 압력이 곧 스트레스이니 둘의 뜻은 얼추 비슷하게 통한다 봐도 무방하겠습니다. 사실 약간의 스트레스는 정신건강에 이롭다 해요. 하지만 과도한 스트레스는 만병의 근원이니, 가끔 느슨히 긴장을 풀 때도(轻松 qīngsōng) 있어야겠지요.

실전 대화

男 明天是周末，你打算做什么？
　 Míngtiān shì zhōumò, nǐ dǎsuan zuò shénme?

女 没什么特别的打算。
　 Méi shénme tèbié de dǎsuan.

男 那咱们开车去郊外兜兜风，怎么样？
　 Nà zánmen kāichē qù jiāowài dōudōu fēng, zěnmeyàng?

女 好主意，呼吸呼吸新鲜空气，缓解一下压力。
　 Hǎo zhǔyi, hūxī hūxī xīnxiān kōngqì, huǎnjiě yíxià yālì.

남 내일은 주말인데, 무엇을 계획하고 있니?
여 특별한 계획은 없어.
남 그럼 우리 교외로 드라이브 가서 바람이나 쐬자. 어때?
여 좋은 생각이야. 신선한 공기를 마시면서 스트레스를 해소하자.

표현 활용

+ 学生们的学习压力很大。
　 Xuéshengmen de xuéxí yālì hěn dà.
+ 每个人都有自己的解除压力的办法。
　 Měi ge rén dōu yǒu zìjǐ de jiěchú yālì de bànfǎ.

- 학생들의 학업에 대한 스트레스는 매우 커.
- 사람들은 자신만의 스트레스 해소 방법을 가지고 있어.

郊外 jiāowài 교외
兜兜风 dōudōufēng 바람을 쐬다

有靠山
Yǒu kàoshān

빽이 있다

요즘 취업 3종 세트, 5종 세트라는 신조어까지 등장할 정도로 취업시장은 꽁꽁 얼어붙었습니다. 이렇게 어려운 상황 속에서 자신의 힘으로 열심히 노력해서 취업에 성공하기란 역시 하늘의 별 따기, 낙타가 바늘구멍 통과하기와도 같아 보입니다. 그래서 사람들은 이른바 '빽(靠山)'을 찾습니다. '有靠山'의 '靠山'은 원래 '산을 가까이 하다', '산에 가깝다'는 뜻을 가지고 있기도 하지만, 동시에 '후원자', '배후', '빽'을 의미하기도 합니다. 사실 빽이 있으면 무슨 일이든 참 쉽게 이루어집니다. 하지만 아무리 든든하고 믿을 만한 빽을 가지고 있어도(有靠山) 실력이 없다면 결국은 낙오되고 말겠죠.

실전 대화

男 找工作真是越来越难了。
　 Zhǎo gōngzuò zhēnshì yuèláiyuè nán le.

女 可不，我表弟大学毕业都两年多了，还没个着落呢。
　 Kěbù, wǒ biǎodì dàxué bìyè dōu liǎngnián duō le, hái méi ge zhuóluò ne.

男 要是有个靠山，拉拉关系就好了。
　 Yàoshì yǒu ge kàoshān, lālā guānxì jiù hǎo le.

女 咱们普通老百姓，去哪儿找靠山啊？
　 Zánmen pǔtōng lǎobǎixìng, qù nǎr zhǎo kàoshān a?

남 일자리를 찾기가 나날이 힘들어져.
여 누가 아니래. 내 사촌동생은 대학 졸업 후 2년이 넘었는데도 찾지 못했다니까.
남 만약 빽이 있으면, 연줄을 대는 것이 좋을 거야.
여 우리 같은 일반 서민이 어디 가서 빽을 찾을 수 있겠어?

표현 활용

+ 他后头有靠山，什么都不怕。
　 Tā hòutou yǒu kàoshān, shénme dōu búpà.

+ 光有靠山没有能力也是靠不住的。
　 Guāng yǒu kàoshān méiyǒu nénglì yě shì kàobúzhù de.

• 그에게는 뒷빽이 있어서 그 어떤 것도 두려워하지 않아.
• 뒷빽이 든든하게 있더라도, 능력이 없으면 버틸 수 없어.

表弟 biǎodì 사촌 남동생
老百姓 lǎobǎixìng 일반 서민, 국민

충고, 권유

托
上 以 加 了

Chapter
16

167

别做梦了
Bié zuò mèng le

꿈 깨라

매주 로또를 꼬박꼬박 구입하는 친구가 있는데요, 그 친구는 언젠가 로또 1등에 분명 당첨될 것이라며 호언장담(豪言壮语 háoyán zhuàngyǔ)한답니다. 그 친구에게 저는 매번 "일확천금은 꿈 깨!(別做梦了!)"라며 로또를 그만 사라고 충고하지만, 도통 듣질 않네요. '別做梦了'의 '做梦'은 '꿈을 꾸다', '헛된 생각을 하다'는 뜻을 가진 동사로, '別做梦了'를 직역하면 '헛된 생각을 하지 마라'는 뜻이 됩니다. 목표를 높게 잡는 것은 자신의 발전을 위해서 좋은 일이지만, 한편으로 너무 허황된 목표는 '別做梦了'란 소리를 듣게 되지요. '別做梦了'란 소리를 듣지 않으려면 열심히 자신의 실력을 연마해야겠지요.

실전 대화

男　你想什么呢?
　　Nǐ xiǎng shénme ne?

女　我在想要是有一天我中了彩票一等奖，该多高兴啊！
　　Wǒ zài xiǎng yàoshì yǒu yì tiān wǒ zhòng le cǎipiào yī děng jiǎng, gāi duō gāoxìng a!

男　别做梦了！你以为中头奖那么容易呀？
　　Bié zuò mèng le! Nǐ yǐwéi zhòng tóujiǎng nàme róngyì ya?

女　我当然知道。不过想想总可以吧。
　　Wǒ dāngrán zhīdào. Búguò xiǎngxiang zǒng kěyǐ ba.

남　무슨 생각을 하고 있어?
여　어느 날 복권 1등에 당첨된다면 얼마나 좋을까 생각하고 있었어!
남　꿈 깨! 1등에 당첨되기가 그리 쉬운 줄 아니?
여　당연히 알고 있지. 그런데 상상은 자유잖아.

표현 활용

+ 别做梦了，你怎么说他都不会相信的。
　Bié zuò mèng le, nǐ zěnme shuō tā dōu búhuì xiāngxìn de.

+ 别做梦了，还是现实点儿吧。
　Bié zuò mèng le, háishì xiànshí diǎnr ba.

· 꿈 깨. 네가 아무리 얘기한들 그는 믿지 않을 거야.
· 꿈 깨고, 좀 현실적이 되어보렴.

彩票 cǎipiào 복권
中头奖 zhòng tóujiǎng 1등에 당첨되다

得了
Dé le

됐어, 그만두자

무언가 일이 뜻대로 흘러가지 않고 복잡해지면 그저 다 때려치우고만 싶어집니다. 이럴 때 쓸 수 있는 표현이 바로 '得了'입니다. '得了'는 형용사적 용법으로는 '큰일이다', '심각하다'는 의미를 지니지만, 동사로 쓰이면 '됐다', '그만두자'는 의미를 지니게 됩니다. 여기서 살펴 볼 것은 동사적 의미로 쓰이는 '得了'인데요, 주로 상대방의 어떤 의견에 대하여 반대하거나 부정적인 견해를 표현할 때 사용한답니다. 비슷한 표현으로는 '算了 suàn le'가 있으니 함께 기억해 둡시다. 참고로 '算了'나 '得了'는 친한 사이에서 주로 쓰이는 격식 없는 표현이니 주의해서 사용하세요.

실전 대화

男 真烦人，这个周末又要加班了。
　　Zhēn fánrén, zhège zhōumò yòu yào jiābān le.

女 那我们的春游呢?
　　Nà wǒmen de chūnyóu ne?

男 只好往后推推了。
　　Zhǐhǎo wǎnghòu tuītui le.

女 得了，推来推去，又要去不成了。
　　Dé le, tuīlái tuīqù, yòu yào qù bùchéng le.

남 정말 사람 짜증나게 하네. 이번 주말 또 잔업하게 생겼어.
여 그럼 우리 꽃놀이는 어떻게 해?
남 뒤로 좀 미루는 수 밖에 없지.
여 됐어. 미루고 미루다가 또 못 가게 되겠지.

표현 활용

+ 得了，算我没说。
　Dé le, suàn wǒ méi shuō.

+ 得了，以后我再也不来打扰你了。
　Dé le, yǐhòu wǒ zài yě bùlái dǎrǎo nǐ le.

· 됐어. 말하지 않은 셈 치자.
· 됐어. 다음부터 다시는 너를 귀찮게 하지 않을게.

推 tuī 미루다, 밀다
打扰 dǎrǎo 방해하다, 폐를 끼치다

辛苦
Xīnkǔ

고생하다, 수고하다

경상도 지방의 방언 중 "욕봤다"는 말이 있는데요. 고생하고 수고했다는 뜻입니다. 비슷한 뜻의 중국어 표현으로는 '辛苦'가 있습니다. '辛苦'는 '맵다', '고생스럽다'는 뜻의 '辛'과 '쓰다', '괴롭다'는 뜻을 지닌 '苦'가 합쳐진 표현으로 '맵고, 썼다' 즉, '수고했다'는 의미를 지니고 있습니다. 비슷한 표현으로는 '노고를 끼치다', '고생시키다'는 뜻을 가진 '受累了 shòu lèi le'도 있으니 함께 기억해 두세요. 여러분 오늘도 '辛(맵고)', '苦(쓴)'하루를 보낸다고 辛苦了! Xīnkǔ le! (수고하셨습니다!)

실전 대화

男 今天真辛苦你了。
　　Jīntiān zhēn xīnkǔ nǐ le.

女 辛苦什么呀！大家都是自己人，别那么客气。
　　Xīnkǔ shénme ya! Dàjiā dōu shì zìjǐ rén, bié nàme kèqi.

男 以后你有什么事，我一定鼎力相助。
　　Yǐhòu nǐ yǒu shénme shì, wǒ yídìng dǐnglì xiāngzhù.

女 有你这句话就行了。
　　Yǒu nǐ zhè jù huà jiù xíng le.

남 오늘 진짜 고생했어.
여 무슨 고생이야! 친한 사람들끼리 체면 차리지 말자.
남 나중에 무슨 일이 생기면 반드시 힘껏 도와줄게.
여 말만이라도 고마워.

표현 활용

+ 他每天都工作到很晚，十分辛苦。
　Tā měitiān dōu gōngzuò dào hěn wǎn, shífēn xīnkǔ.

+ 白辛苦了半天。
　Bái xīnkǔ le bàntiān.

- 걔는 매일 밤늦게까지 일한다니까. 엄청 고생해.
- 하루 종일 헛수고했어.

> 鼎力相助 dǐnglì xiāngzhù 전력을 다해 서로 돕다

看着办
Kàn zhe bàn

알아서 처리하다

170

사회 초년생으로 회사에 처음 입사하게 되었을 때 저는 제 앞에 놓인 거대한 서류 뭉치를 바라보고는 기가 죽어 아무 말도 할 수 없었어요. 이 서류들을 도대체 어떻게 처리해야 할지 조심스레 여쭈니 "알아서 처리 하세요.(看着办吧。) Kàn zhe bàn ba." 란 말이 돌아와 망연자실했던 기억이 나네요. '看着办'은 '보고 있다', '주시하다'란 뜻인 동사 "看着"와 '일을 처리하다'란 뜻의 '办'이 합쳐져, '보아가며 일을 처리하다'라는 뜻으로 사용되는 표현입니다. 상대방의 의견에 전적으로 따르고 싶거나, 상대방의 일처리가 믿음직스럽다 생각되면 '看着办吧'라 이야기 해주세요.

🐼 실전 대화

男 你想好了吗?
Nǐ xiǎnghǎo le ma?

女 想来想去，还是不知道选哪个好。
Xiǎng lái xiǎng qù, háishì bù zhīdào xuǎn nǎge hǎo.

男 那我就看着办了，行吗?
Nà wǒ jiù kàn zhe bàn le, xíng ma?

女 好的，听你的。
Hǎode, tīng nǐ de.

남 잘 생각해 봤어?
여 이리저리 생각해 봤는데, 여전히 어떤 것을 선택해야 좋을지 모르겠어.
남 그럼 내가 알아서 처리할게. 괜찮아?
여 좋아. 네 말 들을게.

🐼 표현 활용

✚ 我怎么都行，你就看着办吧。
Wǒ zěnme dōu xíng, nǐ jiù kàn zhe bàn ba.

✚ 到时候，你就看着办吧。
Dào shíhòu, nǐ jiù kàn zhe bàn ba.

- 나는 어떻게 해도 다 괜찮으니 네가 알아서 처리해.
- 그때 가서 네가 알아서 처리해.

选 xuǎn 고르다, 선택하다

健康第一
Jiànkāng dì yī

건강이 제일이지

제가 아는 한 지인은 모든 일에 있어 매사에 철두철미(彻头彻尾 chètóu chèwěi)함을 자랑해왔습니다. 매사에 있어 항상 완벽을 기하다 보니 자연스레 자신의 건강에 대해서는 좀 소홀했는데요, 때문에 최근 몸에 탈이 나서 심하게 앓았습니다. 한번 크게 앓고 난 뒤 그분은 자신의 생활신조를 '健康第一'로 바꾸고 편안한 마음가짐으로 살아가려 노력하더군요. 사실 일이나 돈은 한 번 잃더라도 노력한다면 다시 찾을 수 있지만, 건강은 한 번 잃으면 여간해서는 다시 찾기 힘들지요. 열심히 공부하는 것과 일하는 것도 좋지만, '건강이 제일(健康第一)'이니 항상 '건강 조심(注意身体) zhùyì shēntǐ'을 명심해야겠습니다.

실전 대화

男 你脸色怎么这么不好？是不是病了？
　　Nǐ liǎnsè zěnme zhème bùhǎo? Shìbúshì bìng le?

女 没什么，医生说是疲劳过度，休息休息就好了。
　　Méi shénme, yīshēng shuō shì píláo guòdù, xiūxi xiūxi jiù hǎo le.

男 你看你，别那么拼命了，健康第一！
　　Nǐ kàn nǐ, bié nàme pīnmìng le, jiànkāng dì yī!

女 我会注意的。
　　Wǒ huì zhùyì de.

남　너 안색이 왜 이렇게 좋지 않니? 무슨 병이라도 걸린 거야?
여　아니야. 의사 선생님이 피로가 누적되었다고, 좀 쉬면 괜찮아 질거래.
남　너를 좀 봐봐. 그렇게 온 힘을 다 할 필요 없다니까. 건강이 제일이야.
여　주의할게.

표현 활용

+ 健康第一，小心身体！
　Jiànkāng dì yī, xiǎoxīn shēntǐ!

+ 健康第一，没什么比健康更重要的了。
　Jiànkāng dì yī, méi shénme bǐ jiànkāng gèng zhòngyào de le.

- 건강이 제일이야. 건강에 주의 해.
- 건강이 제일이지. 그 어떤 것도 건강보다 중요한 것은 없어.

疲劳过度 píláo guòdù
과로

别扫兴
Bié sǎoxìng

분위기 깨지마

오랜만에 모인 동창 모임에서 신나게 이야기하며 건배를 하려고 할 때, 한 친구가 자신은 절대로 술을 먹지 않겠다며 잔을 드는 것을 한사코 사양했어요. 그러자 한 동창이 '别扫兴!'이라고 말하며, 그 친구의 술잔에 생수를 부어주며 건배하자 제의했답니다. 그 친구 덕분에 그날 동창회는 즐겁게 마무리 될 수 있었어요. '别扫兴'에서 '扫兴 sǎoxìng'은 '흥을 깨다', '기분을 망치다'는 뜻으로, '别扫兴'은 '흥을 깨지마', '분위기를 깨지마'란 의미를 가집니다. 모두의 기분이 한창 좋을 때(高兴 gāoxìng), '扫兴' 하게 되면 모두의 질타를 받게 되겠지요. 사회생활에 있어서 '别扫兴' 역시 꼭 갖춰야 할 센스가 아닐까요?

실전 대화

男 今晚的同学聚会，你真的不去呀？
Jīnwǎn de tóngxué jùhuì, nǐ zhēnde búqù ya?

女 嗯，工作太忙了，实在走不开。
Èng, gōngzuò tài máng le, shízai zǒubùkāi.

男 大家好几年没见面了，好不容易聚一次，去吧！别扫兴！
Dàjiā hǎo jǐ nián méi jiànmiàn le, hǎoburóngyì jù yí cì, qù ba! Bié sǎoxìng!

女 那好吧，你先去，我随后就到。
Nà hǎo ba, nǐ xiān qù, wǒ suíhòu jiù dào.

남 오늘 저녁 동기모임에 정말 가지 않을 거니?
여 응. 일이 너무 바빠서, 정말 자리를 비울 수 없어.
남 모두 오랫동안 얼굴을 보지 못했어. 어렵게 한 번 모이는 거잖아. 가자. 분위기 깨지 말고!
여 그럼 좋아. 너 먼저 가렴. 난 나중에 뒤따라갈게.

표현 활용

+ 别扫兴！就干了这一杯吧！
Bié sǎoxìng! Jiù gān le zhè yì bēi ba!

+ 别扫兴！你就给大家唱一首吧！
Bié sǎoxìng! Nǐ jiù gěi dàjiā chàng yì shǒu ba!

- 분위기 깨지 말고 건배하자!
- 분위기 깨지 말고 모두에게 노래 한 곡 들려줘!

唱 chàng 노래를 부르다, 큰 소리로 외치다

滚出去
Gǔn chūqù

꺼져

중국은 사극을 참 잘 만드는 나라인 것 같아요. 대학시절 열렬한 사극팽이었던 저는 새로운 사극이 나올 때마다 열심히 사극에 나오는 단어들을 외우려고 노력했답니다. 중국어에 익숙하지 않았을 때 어느 한 사극 드라마에서 어여쁜 여주인공이 화를 내며 시녀들에게 '滚出去'라고 소리 지르는 장면을 본 적이 있었는데요, 그 뒤로 수많은 드라마에서 이 표현이 자주 등장하더군요. '滚出去'는 '저리가', '꺼져'란 뜻을 지닌 동사인 '滚'과, '나가다'는 뜻을 지닌 '出去'가 합쳐져서 '꺼져'란 의미로 쓰이는 표현입니다. '滚出去'는 이 단어 자체로도 그 어감이 굉장히 강하기 때문에 상대방에게 쓸 때는 조심해서 써야 할 단어임을 명심해 주세요.

실전 대화

男 老婆，消消气，我下次再也不敢了。
　　Lǎopo, xiāoxiaoqì, wǒ xiàcì zài yě bùgǎn le.

女 下次，下次，每次你都这么说！
　　Xiàcì, xiàcì, měicì nǐ dōu zhème shuō!

男 这次真的是最后一次。你就再原谅我一次吧。
　　Zhècì zhēnde shì zuìhòu yí cì. Nǐ jiù zài yuánliàng wǒ yí cì ba.

女 你给我滚出去，我再也不相信你的话了！
　　Nǐ gěi wǒ gǔn chūqu, wǒ zài yě bù xiāngxìn nǐ de huà le!

남　자기, 화 좀 풀어. 다음에는 절대 안 그럴게.
여　다음, 또 다음, 매번 당신은 이렇게 말했잖아!
남　이번이 정말 마지막이야. 이번 한 번만 봐줘.
여　꺼져버려. 다시는 당신 말을 안 믿을거야!

표현 활용

+ 废话少说，你给我滚出去！
　Fèihuà shǎo shuō, nǐ gěi wǒ gǔn chūqu!

+ 没听见吗？我让你马上滚出去！
　Méi tīngjiàn ma? Wǒ ràng nǐ mǎshàng gǔn chūqu!

· 쓸데없는 소리 하지 말고 나를 위해 좀 꺼져!
· 듣지 못했어? 내가 너에게 꺼지라고 했잖아!

老婆 lǎopo 집사람, 아내
消气 xiāoqì 화를 풀다

加油
Jiāyóu

힘내, 화이팅

타고 있는 불에 기름을 부으면 어떻게 될까요? 아마 더욱더 활활 타오르게 되겠지요. '加油'는 '더하다', '붓다'는 의미인 동사 '加'와, '기름'의 의미를 가진 명사 '油'가 합쳐진 표현으로, 직역하게 되면 '기름을 부어라'가 됩니다. 불에 기름을 부은 것처럼 더욱 힘을 내라는 뜻이지요. 재미있는 것은 중국의 길거리를 지나다 보면 '加油站 jiāyóuzhàn'이라 적혀 있는 간판을 많이 볼 수 있는데요, 이곳은 '기름 넣는 역', '정류소' 즉, '주유소'를 뜻하고 있습니다. '加油站'에서는 자동차가 '加油(기름을 붓다)' 할 수 있겠네요. 자, 오늘도 힘내서 중국어 공부에 더욱 '加油'해 볼까요?

실전 대화

男 考试准备得怎么样了?
Kǎoshì zhǔnbèi de zěnmeyàng le?

女 眼看就要考试了，还有很多内容没看呢。
Yǎnkàn jiù yào kǎoshì le, háiyǒu hěn duō nèiróng méi kàn ne.

男 加油！我相信你能行！
Jiāyóu! Wǒ xiāngxìn nǐ néng xíng!

女 谢谢你的鼓励。
Xièxie nǐ de gǔlì.

남 시험 준비는 어떻게 되어가고 있니?
여 시험은 눈앞에 닥쳤는데, 아직도 보지 못한 내용이 너무 많아.
남 힘내! 난 네가 할 수 있을 거라 믿고 있어!
여 응원해 줘서 고마워.

표현 활용

+ 别放弃，加油！
  Bié fàngqì, jiāyóu!

+ 大家都给他加油。
  Dàjiā dōu gěi tā jiāyóu.

- 포기하지 마. 힘내!
- 모두들 그에게 힘내라고 격려했어.

鼓励 gǔlì 격려하다
放弃 fàngqì 포기하다, 방치하다

当心
Dāngxīn

조심해

혹시 중국에서 '当心触电 dāngxīn chùdiàn'이라는 표지판을 보신 적 있으신가요? 만약 '감전조심'이란 뜻의 이 표지판을 보신다면 표지판에서 될 수 있으면 멀리 떨어져야 하겠죠. 중국어에는 '조심하다'의 뜻에 해당하는 표현으로 크게 세 가지가 있습니다. 바로 '当心'과 '小心 xiǎoxīn', 그리고 '注意 zhùyì'입니다. 하지만 이 세 표현은 미묘하게 서로 다르게 쓰이고 있습니다. '小心'의 뒤에는 '小心烫手 xiǎoxīn tàngshǒu (손을 데이지 않게 주의하세요)'와 같이 주로 부정적인 단어나 상황이 따라 오는 반면에, '注意'의 뒤에는 '注意安全 zhùyì ānquán (안전에 주의하세요)'과 같은 긍정적 상황들이 따라 옵니다. 여기서 '当心'은 부사로 쓰여서 '小心'과 비슷한 뜻으로 주로 사용된답니다.

실전 대화

男 你老公还常常出差吗?
Nǐ lǎogōng hái chángcháng chūchāi ma?

女 嗯,搞营销的,一年到头都在外面跑。
Ēn, gǎo yíngxiāo de, yì nián dàotóu dōu zài wàimiàn pǎo.

男 你老公又帅又有能力,常年在外,你可得当心点儿。
Nǐ lǎogōng yòu shuài yòu yǒu nénglì, chángnián zài wài, nǐ kě děi dāngxīn diǎnr.

女 你想哪儿去了。我老公可不是那种人。
Nǐ xiǎng nǎr qù le. Wǒ lǎogōng kě búshì nà zhǒng rén.

남 네 남편은 아직도 자주 출장을 다니니?
여 응, 영업직이라서, 일 년 내내 줄곧 밖으로 뛰어다녀.
남 너희 남편은 잘 생기고 능력도 있잖아. 게다가 자주 밖에 나가니까 조심해야해.
여 너 무슨 생각을 하는 거야. 우리 남편은 그런 사람이 아니야.

표현 활용

+ 这两天降温,当心感冒!
  Zhè liǎngtiān jiàngwēn, dāngxīn gǎnmào!

+ 听说那儿的小偷很多,你可要当心点儿。
  Tīngshuō nàr de xiǎotōu hěn duō, nǐ kě yào dāngxīn diǎnr.

- 최근 이틀간 온도가 내려갔으니 감기 조심해.
- 거기 소매치기가 엄청 많다고 들었어. 꼭 조심해야해.

营销 yíngxiāo 판매하다, 영업하다
降温 jiàngwēn 온도를 내리다
小偷 xiǎotōu 도둑

속담, 사자성어

托
上 以 加 了

Chapter
17

情人眼里出西施
Qíngrén yǎn li chū XīShī

제 눈에 안경이다

얼마 전 친구들 모임에서 한 친구가 자신의 남자 친구를 소개시켜 주었어요. '가재는 게 편(鱼找鱼，虾找虾 yú zhǎo yú, xiā zhǎo xiā)'이라더니 친구들은 예쁜 그 친구에 비해 남자 친구의 외모가 별로라며 안타까워했어요. 하지만 콩깍지가 단단히 씐 친구의 눈에는 그 어떤 연예인보다 남자 친구가 더 잘 생겨 보인다고 말하더군요. 그야말로 '情人眼里出西施'였답니다. '情人眼里出西施'는 직역하면 '애인이 서시처럼 보여 지다'는 뜻이 되는데요, '서시'는 중국 4대 미인 중 한 사람으로, 오나라가 멸망하는데 결정적인 역할을 했다 전해지고 있습니다. '情人眼里出西施'는 우리말로 '제 눈에 안경이다' 또는 '눈에 콩깍지가 씌었다'와 같은 뜻으로 사용됩니다.

실전 대화

男 你觉得王刚的女朋友真的像他说的那么漂亮吗？
Nǐ juéde Wáng Gāng de nǚpéngyou zhēnde xiàng tā shuō de nàme piàoliang ma?

女 漂亮什么呀，小眼睛，皮肤也不怎么好。
Piàoliang shénme ya, xiǎo yǎnjing, pífū yě bù zěnme hǎo.

男 是吧？这就叫"情人眼里出西施"呀！
Shì ba? Zhè jiù jiào "qíngrén yǎnlǐ chū XīShī" ya!

女 谁说不是呢？
Shéi shuō búshì ne?

남 왕깡의 여자 친구가 걔가 말한 것처럼 그리 예쁘다고 생각해?
여 뭐가 예뻐. 눈도 작고, 피부도 좋지 않아.
남 그렇지? 이거야 말로 '제 눈에 안경이네!'
여 누가 아니래.

표현 활용

+ 情人眼里出西施，恋爱中的男女都这样。
Qíngrén yǎnlǐ chū XīShī, liàn'ài zhōng de nán nǚ dōu zhèyàng.

+ 情人眼里出西施，在我的眼里，你是最漂亮的。
Qíngrén yǎnlǐ chū XīShī, zài wǒ de yǎnlǐ, nǐ shì zuì piàoliang de.

- 연애 중인 남녀는 모두 '제 눈의 안경이지'.
- '제 눈의 안경'이란 말처럼 내 눈에는 네가 제일 예뻐.

眼睛 yǎnjing 눈
皮肤 pífū 피부

说曹操，曹操就到
Shuō Cáo Cāo, Cáo Cāo jiù dào

호랑이도 제 말하면 온다더니

'说曹操, 曹操就到'는 직역하면 '조조(曹操)를 말하고 있는데, 조조(曹操)가 도착했다'는 뜻으로, 한국어의 '호랑이도 제 말하면 오다'와 그 뜻을 같이 하고 있습니다. 이 표현에서 말하는 '조조(曹操)'는 우리가 잘 알고 있는 삼국지의 등장인물 중 한 명이지요. 삼국지에 보면 한나라 헌제가 적들에게 쫓겨 조조의 도움이 간절하게 필요할 때, 때마침 나타난 조조로 인해 목숨을 구할 수 있었던 사건이 나옵니다. 이후 사람들은 절묘한 상황이나, 공교로운 상황에서 '说曹操，曹操就到(조조를 말하고 있는데, 조조가 도착했다)'란 표현을 쓰기 시작했답니다.

실전 대화

男 王刚呢?
Wáng Gāng ne?

女 你看，那不是王刚吗?
Nǐ kàn, nà búshì Wáng Gāng ma?

男 真是说曹操，曹操就到。
Zhēnshì shuō Cáo Cāo, Cáo Cāo jiù dào.

女 可不。
Kěbù.

남 왕깡은?
여 저기 봐, 저기 왕깡 아니야?
남 정말 호랑이도 제 말하면 온다더니.
여 누가 아니래.

표현 활용

+ 你真是"不请自到"，说曹操，曹操到。
  Nǐ zhēnshì 'bùqǐng zìdào', shuō Cáo Cāo, Cáo Cāo dào.

+ 真是"说曹操，曹操就到"，正说你呢。
  Zhēnshì 'shuō Cáo Cāo, Cáo Cāo jiù dào', zhèng shuō nǐ ne.

- 호랑이도 제 말하면 온다더니, 너 정말 초대하지 않았는데도 왔구나.
- 정말 '호랑이도 제 말하면 온다더니', 딱 너를 이야기하고 있었어.

> 不请自到 bùqǐng zìdào
> 초대하지 않아도 스스로 오다

不可思议
Bùkěsīyì

불가사의하다

저는 어렸을 적 '세계 7대 불가사의'란 책만 보면 제가 모르는 미지의 세계가 펼쳐지는 듯해서 그 책을 너무 좋아했답니다. 사실 어른이 된 요즘도 그 책에 실린 내용들을 생각하면 불가사의하기(不可思议) 그지없네요. '不可思议'는 기이한 일이나, 놀라운 일 등 보통 인간의 상상으로는 이해할 수 없는 일을 나타내는 사자성어로, 주로 일상적인 회화에서 많이 사용되는 표현입니다. '不可思议'는 HSK시험에도 자주 출제되는 표현인데요, '不可思议'중 4번째 한자인 '议'를 비슷한 뜻인 '义'로 바꿔 쓰는 실수를 많이 하니 주의가 필요해요.

실전 대화

男 这就是人们常说的"万里长城"吗?
Zhè jiùshì rénmen cháng shuō de 'Wànlǐ chángchéng' ma?

女 嗯。怎么样?
Èng. Zěnmeyàng?

男 简直不可思议。
Jiǎnzhí bùkěsīyì.

女 可不,真了不起!
Kěbù, zhēn liǎobùqǐ!

남 이게 바로 사람들이 말하는 '만리장성'이야?
여 응. 어때?
남 정말로 불가사의하네.
여 누가 아니래. 정말 대단해!

표현 활용

+ 他居然得了第一名,真是不可思议。
Tā jūrán dé le dì yī míng, zhēnshì bùkěsīyì.

+ 这个小气鬼今天要请客,真是不可思议。
Zhège xiǎoqìguǐ jīntiān yào qǐngkè, zhēnshì bùkěsīyì.

• 걔가 놀랍게도 일등을 차지했어. 정말 불가사의야.
• 짠돌이가 오늘 쏜다니, 정말 불가사의야.

简直 jiǎnzhí 그야말로, 완전히
小气鬼 xiǎoqìguǐ 짠돌이

说的比唱的还好听
Shuō de bǐ chàng de hái hǎotīng

179

말만 번지르르하다

처음 중국 유학길에 올랐을 때 저희 아버지께서는 "말만 번지르르(说的比唱的还好听)한 사람을 조심해라"고 신신당부 하셨습니다. '说的比唱的还好听'은 참 재미있는 표현인데요, 직역하면 '말하는 것이 노래하는 것 보다 듣기 좋다'가 됩니다. 어떻게 말하는 것이 노래하는 것 보다 듣기 좋을 수 있을까요? 말을 엄청 달콤하게 잘 한다는 뜻이겠지요. 이 표현을 직역하면 좋은 뜻 같지만, 실제 상황에서는 '말하는 것과 행동하는 것이 일치하지 않다'는 부정적인 의미로 쓰인답니다.

실전 대화

男 他明明说帮我这个忙，可现在却说帮不了了。
　　Tā míngmíng shuō bāng wǒ zhège máng, kě xiànzài què shuō bāngbùliǎo le.

女 他那种人说的比唱的还好听，他的话你也信？
　　Tā nà zhǒng rén shuō de bǐ chàng de hái hǎotīng, tā de huà nǐ yě xìn?

男 但他也不能出尔反尔啊？
　　Dàn tā yě bùnéng chū'ěr fǎn'ěr a?

女 算了，就当没求过他吧。
　　Suàn le, jiù dāng méi qiú guo tā ba.

남 걔가 분명히 나를 도와준다고 했는데, 지금 와서는 도와주지 못 하겠다고 하네.
여 걔는 말만 번지르르 한 사람인데, 걔 말을 믿니?
남 하지만 한 입으로 두 말하면 안 되는 거잖아?
여 됐어. 부탁하지 않았던 걸로 하자.

표현 활용

+ 说的比唱的还好听，女儿和儿媳妇怎么能一视同仁呢？
　　Shuō de bǐ chàng de hái hǎotīng, nǚ'ér hé érxífù zěnme néng yíshì tóngrén ne?

+ 说的比唱的还好听，我再也不相信他的话了。
　　Shuō de bǐ chàng de hái hǎotīng, wǒ zài yě bù xiāngxìn tā de huà le.

• 말은 참 번지르르하게 잘하네. 어떻게 딸과 며느리를 차별 없이 대할 수 있겠어?
• 말만 번지르르 하다니까. 다시는 걔의 말을 믿지 않을 거야.

儿媳妇 érxífù 며느리
一视同仁 yíshì tóngrén 차별 없이 대하다

不见不散
Bújiàn búsàn

올 때까지 기다릴게

중국 영화에 한창 빠져 있을 때 본 '不见不散'이란 제목의 영화가 있어요. 영화의 중반 무렵 어느 날 알레스카로 떠났던 남자 주인공이 여자 주인공에게 어떤 장소에서 만나자며 '不见不散'이라 말하는 장면이 나옵니다. '不见不散'은 '만나지 않다'란 의미를 지닌 동사 '不见'과 '흩어지지 않다'란 의미를 지닌 '不散'이 합쳐진 표현으로, 직역하면 '만나지 않으면 흩어지지 않다'라는 뜻이 됩니다. 즉, '너를 볼 수 있을 때까지 기다릴게'라는 의미를 가집니다. 영화 '不见不散'은 비록 코미디 영화였지만, '不见不散'이란 표현은 굉장히 로맨틱하게 느껴지네요.

실전 대화

男 好久没看电影了。这个周末咱俩去看一场，怎么样?
Hǎojiǔ méi kàn diànyǐng le. Zhège zhōumò zánliǎ qù kàn yì chǎng, zěnmeyàng?

女 好啊。我也很想看电影，咱俩真想到一块儿去了。
Hǎo a. Wǒ yě hěn xiǎng kàn diànyǐng, zánliǎ zhēn xiǎngdào yíkuàir qù le.

男 那咱们周六上午十一点在胜利电影城门口见。
Nà zánmen zhōu liù shàngwǔ shíyī diǎn zài shènglì diànyǐngchéng ménkǒu jiàn.

女 好，就这么定了，不见不散!
Hǎo, jiù zhème dìng le, bújiàn búsàn!

남 오랫동안 영화를 보지 못했네. 이번 주말 우리 둘이 같이 한번 보러가자. 어때?
여 좋아. 나도 정말 둘이 함께 영화 보러 가고 싶어.
남 그럼 우리 토요일 오전 11시 승리 영화관 입구에서 만나자.
여 좋아. 그럼 이렇게 정한거야. 올 때까지 기다릴게.

표현 활용

+ 晚上六点，学校门口，不见不散!
Wǎnshang liù diǎn, xuéxiào ménkǒu, bújiàn búsàn!

+ 别忘了明晚的约会，不见不散!
Bié wàng le míng wǎn de yuēhuì, bújiàn búsàn!

· 저녁 6시, 학교 입구야. 올 때까지 기다릴게!
· 내일 저녁 약속을 잊지 마. 올 때까지 기다릴게!

约会 yuēhuì 약속, 약속을 하다
门口 ménkǒu 입구, 현관

小菜一碟
Xiǎocài yì dié

식은 죽 먹기, 누워서 떡 먹기

'小菜一碟'는 참 재미있는 표현입니다. '小菜一碟'는 한국어의 '식은 죽 먹기', '누워서 떡 먹기'와 비슷한 뜻을 가진 속담입니다. '小菜一碟'에서 '小菜'는 '만들기 쉬운 간단한 음식'을 의미하고 있고, '一碟'는 '한 접시'를 의미하고 있습니다. 한마디로 간단한 음식 한 접시 만드는 것, 또는 그것을 먹는 것처럼 쉬운 일이라는 뜻이죠. 그나저나 전부터 궁금한 것이 있었는데, 누워서 떡을 먹으면 체하지 않을까요? 과연 누워서 떡 먹는 일이 '小菜一碟' 한 것인지 궁금하네요. 어쨌든 누군가 쉬운 일을 부탁해 온다면 '小菜一碟'라 자신 있게 이야기해 보세요.

실전 대화

男 你能帮我个忙吗?
Nǐ néng bāng wǒ ge máng ma?

女 什么事儿呀?
Shénme shìr ya?

男 这份报告写好了，能帮我看看吗?
Zhè fèn bàogào xiěhǎo le, néng bāng wǒ kànkan ma?

女 就这点儿事，小菜一碟，放在这儿吧。
Jiù zhè diǎnr shì, xiǎocài yì dié, fàng zài zhèr ba.

남 나를 좀 도와줄 수 있니?
여 무슨 일이야?
남 이 보고서를 다 완성했는데, 좀 봐 줄 수 있어?
여 이런 일은 식은 죽 먹기지. 여기에 놔 둬.

표현 활용

+ 对他来说，这点小事简直就是小菜一碟。
Duì tā lái shuō, zhè diǎn xiǎoshì jiǎnzhí jiùshì xiǎocài yì dié.

+ 别担心，小菜一碟，我马上帮你办。
Bié dānxīn, xiǎocài yì dié, wǒ mǎshàng bāng nǐ bàn.

- 그에게 있어서 이런 작은 일은 말 그대로 식은 죽 먹기야.
- 걱정 마. 누워서 떡 먹기라니까. 금방 처리해 줄게.

担心 dānxīn 걱정하다, 염려하다

天衣无缝
Tiānyīwúfèng

흠 잡을 곳이 없다

빙판 위를 가르며 나비처럼 폴짝 뛰는 김연아의 연기는 정말 흠 잡을 곳이 하나도 없지요(天衣无缝). 중국에서는 단 하나의 결점도 없는 상태를 가리켜 '天衣无缝'이라 표현하는데요, 직역하면 '하늘의 옷에는 봉합선이 없다'는 뜻입니다. 전해오는 말에 따르면 옛날 꾸어한(郭翰)이란 사람이 쉬고 있을 때 하늘에서 내려온 한 선녀를 만났는데, 그 선녀의 옷에는 바느질 자국이 없었답니다. 놀란 꾸어한(郭翰)이 그 이유를 묻자, 선녀는 "하늘의 옷은 바느질로 만들어지지 않습니다."라 대답했답니다. 그 후로 사람들은 완전무결한 상태를 가리켜 '天衣无缝'이라 표현하기 시작했습니다. 그런데 봉합선이 없는 옷은 도대체 어떤 옷인 걸까요? 몹시 궁금하네요.

실전 대화

男 接待工作安排得怎么样了？
Jiēdài gōngzuò ānpái de zěnmeyàng le?

女 我们正在加紧准备。
Wǒmen zhèngzài jiājǐn zhǔnbèi.

男 这次的客户是我们公司的大客户，接待工作一定要做得天衣无缝。
Zhècì de kèhù shì wǒmen gōngsī de dà kèhù, jiēdài gōngzuò yídìng yào zuò de tiānyīwúfèng.

女 您就放心吧，保证不会出错。
Nín jiù fàngxīn ba, bǎozhèng búhuì chūcuò.

남 의전 업무는 어떻게 준비되고 있어?
여 지금 서둘러 준비하고 있어.
남 이번 바이어는 우리 회사의 큰 고객이야. 흠 잡힐 곳이 없도록 접대 잘해.
여 마음 푹 놔. 절대 실수하지 않을 거야.

표현 활용

+ 这件事办得天衣无缝。
Zhè jiàn shì bàn de tiānyīwúfèng.

+ 他做事向来考虑周全，天衣无缝。
Tā zuò shì xiànglái kǎolǜ zhōuquán, tiānyīwúfèng.

- 이 일은 흠 잡을 곳 없이 처리되었어.
- 걔는 일을 할 때 항상 주도면밀하게 계획해서 흠 잡을 곳이 없어.

> 接待 jiēdài 접대하다, 응대하다
> 周全 zhōuquán 주도면밀하다, 완전하다

太阳从西边出来了
Tàiyáng cóng xībian chūlai le

태양이 서쪽에서 뜨겠네

저는 항상 늦잠꾸러기(爱睡懒觉的人 ài shuìlǎnjiào de rén)였답니다. 어느 날 이상하게 일찍 눈을 떠 아침 준비를 하는 저에게 어머니는 "오늘은 태양이 서쪽에서 뜨겠어!(太阳从西边出来了!)"라 감탄하셨어요. 한국어와 같이 중국어에서도 항상 동쪽에서 뜨는 태양이 서쪽에서 뜰 만큼 드문 일을 '太阳从西边出来了'라고 표현합니다. 이 표현은 HSK에도 자주 출제될 만큼 빈번하게 사용되는 표현이니 기억해 두시면 여러모로 유용하게 사용할 수 있답니다.

실전 대화

男 你猜今天中午谁请我吃午饭了?
Nǐ cāi jīntiān zhōngwǔ shéi qǐng wǒ chī wǔfàn le.

女 我哪儿猜得着? 谁呀?
Wǒ nǎr cāidezháo? Shéi ya?

男 王明。
Wáng Míng

女 什么? 那个铁公鸡请的客? 真是太阳从西边出来了。
Shénme? Nàge tiěgōngjī qǐng de kè? Zhēnshì tàiyáng cóng xībian chūlái le.

남 오늘 점심을 누가 나에게 사줬는지 맞춰볼래?
여 내가 어떻게 맞출 수 있겠어? 누군데?
남 왕밍이야.
여 뭐라고? 그 구두쇠가 샀다고? 정말 태양이 서쪽에서 뜰 일이네.

표현 활용

+ 这个小气鬼今天请客, 真是太阳从西边出来了。
Zhège xiǎoqìguǐ jīntiān qǐngkè, zhēnshì tàiyáng cóng xībian chūlái le.

+ 今天他竟然没迟到, 真是太阳从西边出来了。
Jīntiān tā jìngrán méi chídào, zhēnshì tàiyáng cóng xībian chūlái le.

• 짠돌이가 오늘 쏜다니. 정말 태양이 서쪽에서 뜨겠네.
• 놀랍게도 걔가 오늘 지각하지 않다니. 정말 태양이 서쪽에서 뜰 일이지.

猜 cāi 추측하다, 알아맞히다
午饭 wǔfàn 점심식사

打着灯笼也难找
Dǎ zhe dēnglong yě nánzhǎo

눈 씻고 찾으려 해도 찾을 수 없다

오늘 아침 머리를 묶으려 얼마 전 새로 산 머리끈을 찾으려고 했지만, 아무리 찾아봐도 찾을 수가 없더군요.(打着灯笼也难找). 오늘 아침 저의 머리끈처럼 아무리 찾아봐도 찾을 수 없을 때, '打着灯笼也难找'란 표현을 쓸 수 있습니다. '打着灯笼也难找'는 직역하면 '등을 들어서 찾아도 찾을 수 없다'라는 뜻으로, 한국어의 '눈 씻고 찾으려 해도 찾을 수 없다'와 그 의미가 같습니다. '打着灯笼也难找'는 좋은 일이나 적당한 사람을 구하기 힘들 때도 함께 쓸 수 있으니 참고해 두세요.

실전 대화

男 我昨天把工作辞了。
Wǒ zuótiān bǎ gōngzuò cí le.

女 什么？你脑子有病啊？你那份工作打着灯笼也难找，怎么辞了？
Shénme? Nǐ nǎozi yǒu bìng a? Nǐ nà fèn gōngzuò dǎ zhe dēnglong yě nánzhǎo, zěnme cí le?

男 我觉得不适合我，压力也很大。
Wǒ juéde bú shìhé wǒ, yālì yě hěn dà.

女 真是少不经事，你很快就会后悔的。
Zhēnshì shǎo bù jīng shì, nǐ hěn kuài jiù huì hòuhuǐ de.

남 나 어제 일을 그만 두었어.
여 뭐라고? 머리에 무슨 문제라도 생겼니? 그런 일자리는 눈 씻고 찾으려고 해도 찾을 수 없는 일이잖아. 왜 그만 둔거야?
남 나와 잘 맞지 않는 것 같아. 스트레스도 엄청 많이 받아.
여 정말 세상물정을 모르는 구나. 넌 금방 후회하게 될 거야.

표현 활용

+ 这么好的机会，打着灯笼也难找，千万不能错过。
Zhème hǎo de jīhuì, dǎ zhe dēnglong yě nánzhǎo, qiānwàn bùnéng cuòguò.

+ 这儿的条件这么好，打着灯笼也难找，马上签合同吧。
Zhèr de tiáojiàn zhème hǎo, dǎ zhe dēnglong yě nánzhǎo, mǎshàng qiān hétong ba.

• 이렇게 좋은 기회는 눈 씻고 찾으려고 해도 찾을 수 없어. 절대 놓칠 수 없어.
• 이렇게 좋은 조건은 눈을 씻고 찾으려고 해도 찾을 수 없어.
빨리 계약서에 싸인 해.

辞 cí 사직하다, 이별하다
脑子 nǎozi 뇌, 머리
合同 hétong 계약서

大手大脚
Dàshǒudàjiǎo

돈을 물 쓰듯 쓰다

돈과 물건을 거침없이 통 크게 쓰는 사람들이 있지요. 우리나라에서는 이런 사람을 가리켜 "손이 크다"고 표현하기도 합니다. 중국에서도 역시 이러한 사람을 가리켜 "손과 발이 크다(大手大脚)"라고 표현하고 있습니다. 손과 발이 큰 만큼 무엇을 하든지 일을 크게, 또 많이 한다는 뜻이지요. 이 표현은 중국어 공인시험에도 자주 출제 될 만큼 일상생활에서 정말 많이 쓰이는 표현이랍니다. 무슨 일이든 쩨쩨하고 인색한(小手小脚 xiǎoshǒuxiǎojiǎo) 사람도 문제지만, 씀씀이가 너무 헤픈(大手大脚)사람 역시 골치 아프지요. 무엇이든 적당한 것이 가장 좋은 것 같습니다.

실전 대화

男 老婆，再给我二百块。
Lǎopo, zài gěi wǒ èrbǎi kuài.

女 怎么？前天刚给你三百，都花光了？
Zěnme? Qiántiān gāng gěi nǐ sānbǎi, dōu huāguāng le?

男 嗯，昨天中午老同学来了，我请他吃了顿饭，就……
Ēn, zuótiān zhōngwǔ lǎo tóngxué lái le, wǒ qǐng tā chī le dùn fàn, jiù……

女 一顿饭吃了三百块？你这么大手大脚的，咱们什么时候才能买上房子啊？
Yí dùn fàn chī le sānbǎi kuài? Nǐ zhème dàshǒudàjiǎo de, zánmen shénme shíhòu cái néng mǎishàng fángzi a?

남 마누라, 200위안만 더 줘.
여 뭐라고? 그저께 당신한테 300위안을 줬는데 전부 다 써버렸단 말이야?
남 응. 어제 오후에 동창이 찾아와서 밥 한 끼 대접했더니, 바로……
여 밥 한 끼 먹는데 300위안? 당신이 이렇게 돈을 물 쓰듯 하니 우리는 언제쯤이나 방 한 칸을 마련 할 수 있겠어?

표현 활용

+ 他总是大手大脚的，有钱就花。
  Tā zǒngshì dàshǒudàjiǎo de, yǒu qián jiù huā.

+ 你这么大手大脚的，怎么攒钱啊？
  Nǐ zhème dàshǒudàjiǎo de, zěnme zǎnqián a?

- 그는 항상 돈을 물 쓰듯 해. 돈이 있으면 바로 써 버린다니까.
- 네가 이렇게 돈을 물 쓰듯 하는데, 어떻게 돈을 모을 수 있겠어?

房子 fángzi 집
攒钱 zǎnqián 돈을 모으다

当耳边风
Dāng ěrbiānfēng

귓등으로 듣다

주변 사람들의 충고를 그냥 귓등으로 듣고(当耳边风) 흘려버리는 사람들이 꼭 있지요. '귓등으로 듣다'를 한국에서는 '마이동풍(馬耳東風)'이라 표현하는 반면, 중국에서는 '当耳边风'으로 표현합니다. '当耳边风'은 '~가 되다'는 뜻의 동사인 '当'과 '귓전에 스치는 바람'이란 뜻을 가진 '耳边风'이 합쳐진 표현으로, '마이동풍', '뒷등으로 듣다'는 의미를 가지고 있답니다. 부모님이나 주변 친구들의 진심어린 충고를 귓등으로 그냥 흘려듣지(当耳边风) 말고, 귀 담아 듣는(侧耳细听 cè'ěrxìtīng) 사람이 되어 보는 건 어떨까요?

실전 대화

男 真是知人知面不知心啊！
　Zhēnshì zhī rén zhī miàn bù zhī xīn a!

女 怎么了?
　Zěnme le?

男 我对王明那么好，没想到他在背后说我的坏话。
　Wǒ duì Wáng Míng nàme hǎo, méi xiǎngdào tā zài bèihòu shuō wǒ de huàihuà.

女 我怎么说的，让你离他远点儿，你就是不听，当耳边风。
　Wǒ zěnme shuō de, ràng nǐ lí tā yuǎn diǎnr, nǐ jiùshì bù tīng, dāng ěrbiānfēng.

남 정말 열 길 물속은 알아도 한 길 사람 속은 모른다더니!
여 무슨 일이야?
남 내가 왕밍에게 그렇게 잘 대해 줬는데, 걔가 내 뒷담화를 할지 상상도 못했어.
여 내가 뭐랬어. 걔를 좀 멀리 하라고 했잖아. 넌 내 말을 안 듣고 귓등으로만 들었지.

표현 활용

+ 我是认真的，别把我的话当耳边风。
　Wǒ shì rènzhēn de, bié bǎ wǒ de huà dāng ěrbiānfēng.

+ 你怎么不听劝，把我的话都当耳边风啦?
　Nǐ zěnme bù tīng quàn, bǎ wǒ de huà dōu dāng ěrbiānfēng la?

- 나는 진담이야, 내 말을 귓등으로 듣지 말아주렴.
- 왜 충고를 받아들이지 않고, 내 말을 귓등으로만 듣니?

> 知人知面不知心 zhī rén zhī miàn bù zhī xīn
> 사람의 겉모습은 알아보기 쉬우나 속마음을 알기는 어렵다

狗改不了吃屎
Gǒu gǎibùliǎo chī shǐ

제 버릇 개 못 준다

새해가 밝아오자 평소 담배를 사랑하던 친구가 금연(戒烟 jièyān)을 선언했었답니다. 친구들은 모두 그 친구의 금연을 격려해 주었어요. 하지만 제 버릇 개 못 준다더니(狗改不了吃屎) 친구의 결심은 작심삼일(三天打鱼, 两天晒网 sāntiān dǎyú, liǎngtiān shàiwǎng)이 되었습니다. '狗改不了吃屎'를 직역하면 '개는 똥 먹는 버릇을 고치지 못 한다'는 뜻으로, 한국의 '제 버릇 개 못 준다'는 속담과 그 뜻이 서로 통하고 있답니다. 한국 속담에 개가 많이 등장하듯 중국 속담에도 '狗改不了吃屎'처럼 개가 등장하는 표현을 많이 볼 수 있는데요, 과거에도 개와 인간은 떼려야 뗄 수 없는 친밀한 관계였나 봐요.

실전 대화

男 你怎么了?
Nǐ zěnme le?

女 哎，我老公又去赌了。
Āi, wǒ lǎogōng yòu qù dǔ le.

男 上次不是说再也不赌了吗?
Shàngcì búshì shuō zài yě bùdǔ le ma?

女 是狗改不了吃屎，我看他是改不了了。
Shì gǒu gǎibùliǎo chī shǐ, wǒ kàn tā shì gǎibùliǎo le.

남 무슨 일 있니?
여 아이고, 남편이 또 도박을 했어.
남 저번에 다시는 도박을 하지 않겠다고 말하지 않았니?
여 제 버릇 개 못 주지. 내가 볼 때, 못 고칠 것 같아.

표현 활용

+ 狗改不了吃屎，我看他是没救了。
  Gǒu gǎibùliǎo chī shǐ, wǒ kàn tā shì méi jiù le.

+ 狗改不了吃屎，他又去偷东西了。
  Gǒu gǎibùliǎo chī shǐ, tā yòu qù tōu dōngxī le.

• 제 버릇 개 못 준다더니, 내가 볼 때 걔는 어찌 할 방법이 없어.
• 제 버릇 개 못 준다더니, 걔가 또 물건을 훔쳤어.

> 改不了 gǎibùliǎo 고치지 못하다, 고칠 수 없다

身不由己
Shēnbùyóujǐ

내 마음대로 안 된다

중국의 무협영화나 드라마를 보면 주인공이 하늘을 바라보며 "人在江湖，身不由己！ Rén zài jiānghú, shēnbùyóujǐ! (몸이 강호에 있으니, 내 마음대로 되지 않는구나!)"라 탄식하는 장면이 자주 나옵니다. '身不由己'는 나관중의 삼국연의에도 등장하는 유명한 표현입니다. '身不由己'를 직역하면 '내 마음대로 몸을 가눌 수 없다'는 뜻으로, 즉 자신의 뜻대로 할 수 없음을 말하고 있답니다. 세상을 살아가면서 모든 일들이 자신의 마음대로만 되진 않지요. 이럴 때는 멋진 무협 드라마의 주인공처럼 "人在江湖，身不由己！"라는 멘트를 날려봅시다.

실전 대화

男 王明怎么能这么做? 真不够朋友。
　　Wáng Míng zěnme néng zhème zuò? Zhēn búgòu péngyou.

女 王明人不错，他也许是身不由己吧。
　　Wáng Míng rén búcuò, tā yěxǔ shì shēnbùyóujǐ ba.

男 再身不由己也不能骗朋友啊。
　　Zài shēnbùyóujǐ yě bùnéng piàn péngyou a.

女 人非圣贤，你就原谅他这一次吧。
　　Rén fēi shèngxián, nǐ jiù yuánliàng tā zhè yí cì ba.

남　왕밍이 어떻게 이렇게 할 수 있니? 정말 친구라고 할 수 없어.
여　왕밍의 됨됨이는 괜찮은데, 아마 자기 뜻대로 할 수 없는 것이겠지.
남　마음대로 안 된다고 해서 친구를 속이면 안 되지.
여　사람이 다 성인은 아니잖아. 이번 한 번만 그를 용서해 주자.

표현 활용

+ 别怪我，我这也是身不由己啊。
　Bié guài wǒ, wǒ zhè yě shì shēnbùyóujǐ a.

+ 我现在也是身不由己，爱莫能助。
　Wǒ xiànzài yě shì shēnbùyóujǐ, àimònéngzhù.

• 나를 탓하지 마. 나도 어쩔 수 없어.
• 나도 지금은 내 마음대로 할 수 없어. 돕고 싶지만 힘이 부족해.

原谅 yuánliàng 양해하다, 용서하다

热锅上的蚂蚁
Règuō shàng de mǎyǐ

갈팡질팡 허둥대다

뜨거운 솥 안에 개미를 넣으면 어떻게 될까요? 아마 너무 뜨거워서 이리저리 허둥거리겠죠. '热锅上的蚂蚁'는 직역하면 '뜨거운 솥 안의 개미'란 뜻인데요, 뜨거운 솥 안의 개미와 같이 갈팡질팡 허둥거림을 의미하고 있는 표현입니다. 보통 '热锅上的蚂蚁'의 뒤에는 '~와 같다'는 뜻을 가진 '一样 yíyàng'이나 '似的 shìde'가 함께 쓰인답니다.

실전 대화

男 你们部门的报表交上去了吗?
　　Nǐmen bùmén de bàobiǎo jiāo shàngqù le ma?

女 哎，别提了，报表文件不见了，还得重做。
　　Āi, bié tí le, bàobiǎo wénjiàn bújiàn le, hái děi chóng zuò.

男 怪不得你们部门经理急得像热锅上的蚂蚁一样坐立不安。
　　Guàibùde nǐmen bùmén jīnglǐ jí de xiàng règuō shàng de mǎyǐ yíyàng zuòlìbù'ān.

女 可不，看来今天又要开夜车了。
　　Kěbù, kànlái jīntiān yòu yào kāi yèchē le.

남 너희 부서의 보고서는 제출했어?
여 아, 말도 마. 보고서를 잃어버려서 다시 작성중이야.
남 어쩐지 너희 부서의 매니저가 허둥대며 좌불안석이더라.
여 왜 아니겠어, 보아하니 오늘 또 밤새 일해야 할 것 같아.

표현 활용

+ 离开车只剩一分钟了，可他还没到，把一行人急得像热锅上的蚂蚁。
  Líkāi chē zhǐ shèng yì fēnzhōng le, kě tā hái méi dào, bǎ yìxíngrén jí de xiàng règuō shàng de mǎyǐ.

+ 飞机马上就要起飞了，可护照突然不见了，这真把他急得像热锅上的蚂蚁。
  Fēijī mǎshàng jiùyào qǐfēi le, kě hùzhào tūrán bújiàn le, zhè zhēn bǎ tā jí de xiàng règuō shàng de mǎyǐ.

• 차 떠날 시간이 1분 밖에 남지 않았지만, 그가 오지 않아서 일행들 모두 갈팡질팡 허둥거렸어.

• 비행기가 곧 이륙하려는데 갑자기 여권이 보이지 않아서 걔는 정말 갈팡질팡 허둥거렸어.

报表 bàobiǎo 보고서, 보고양식
经理 jīnglǐ 책임자, 매니저
起飞 qǐfēi 이륙하다

数一数二
Shǔyīshǔ'èr

손꼽히다, 뛰어나다

한류의 영향으로 중국내 한국 연예인들의 몸값이 손에 꼽힐 정도로(数一数二) 높아졌다지요? '数一数二'은 '손꼽히다', '뛰어나다'는 뜻을 지닌 사자성어에요. '数'는 '손꼽다', '셈하다'는 의미를 가지고 있고요, '一', '二'은 단어 그대로 '하나', '둘'을 의미하고 있어요. 때문에 '数一数二'은 직역하면 '1, 2등을 손꼽다'는 뜻이 됩니다. 즉, '손에 꼽을 만큼 뛰어나거나 특출나다'는 뜻이죠. 보통 '数一数二'은 뒤에 조사 '的'를 덧붙여 명사를 꾸며주는 한정어 역할을 하고 있습니다.

실전 대화

男 听说你女儿今年考大学。
Tīngshuō nǐ nǚ'ér jīnnián kǎo dàxué.

女 可不，第一志愿打算报北京二外。
Kěbù, dì yī zhìyuàn dǎsuan bào Běijīng èrwài.

男 那可是数一数二的好大学。你女儿学习那么好，我想问题不大。
Nà kěshì shǔyīshǔ'ér de hǎodàxué. Nǐ nǚ'ér xuéxí nàme hǎo, wǒ xiǎng wèntí bú dà.

女 借你吉言，不过我还是很紧张。
Jiè nǐ jí yán, búguò wǒ háishì hěn jǐnzhāng.

남 네 딸이 올해 대입 시험을 친다고 들었어.
여 왜 아니겠어. 1지망으로 북경 제2외국어 대학에 지망할 생각이야.
남 거긴 손꼽히게 좋은 대학이지. 네 딸은 공부를 잘했으니 별 문제 없을 거야.
여 네 말처럼 되겠지. 그런데 그래도 좀 긴장돼.

표현 활용

+ 他在我们公司是数一数二的大好人。
Tā zài wǒmen gōngsī shì shǔyīshǔ'ér de dà hǎorén.

+ 她的口才在我们朋友当中可以说是数一数二的。
Tā de kǒucái zài wǒmen péngyou dāngzhōng kěyǐ shuō shì shǔyīshǔ'ér de.

- 그는 우리 회사에서 손꼽히게 좋은 사람이야.
- 그녀의 말재간은 우리 친구들 가운데서도 손꼽히게 뛰어나지.

> 打算 dǎsuan ~할 생각이다, ~할 계획이다
> 数一数二 shǔyīshǔèr 손꼽히다, 뛰어나다

一言为定
Yìyánwéidìng

191

한 마디로 딱 정하다

약속을 정해 놓고 막판에 이리저리 말 바꾸는 사람들은 어디를 가나 꼭 있나 봅니다. 그래서 사용되는 표현인 '一言为定'은 '한 마디로 약속하다'는 의미를 지닌 사자성어입니다. '一言为定'은 약속한 것을 다시금 환기시킬 때 쓰이기도 하는데요, 의역하면 '딱 정한거야!' 정도의 어감을 가지고 있답니다. 즉, 한 번 말로 꺼낸 것은 꼭 지키라는 의미지요. 비슷하게 사용되는 표현으로는 '就这么定了 jiù zhème dìng le (이렇게 정한 거야)'가 있어요.

실전 대화

男 周末有时间吗? 咱俩去看场电影，怎么样?
Zhōumò yǒu shíjiān ma? Zán liǎ qù kàn chǎng diànyǐng, zěnmeyàng?

女 嗯，有时间，最近有什么好看的电影?
Ēn, yǒu shíjiān, zuìjìn yǒu shénme hǎokàn de diànyǐng?

男 听说有一部新上映的中国电影很有意思，你想不想看?
Tīngshuō yǒu yí bù xīn shàngyìng de Zhōngguó diànyǐng hěn yǒu yìsi, nǐ xiǎng bùxiǎng kàn?

女 想看。那咱们就一言为定，周末去看中国电影！
Xiǎng kàn. Nà zánmen jiù yìyánwéidìng, zhōumò qù kàn Zhōngguó diànyǐng!

남 주말에 시간 있어? 둘이서 영화 한 편 보자. 어때?
여 응, 시간 있어. 최근 어떤 영화가 괜찮아?
남 듣기로는 새로 개봉한 중국 영화가 재미있다더라. 볼까 말까?
여 보고 싶어. 그럼 우리 주말에 중국 영화 보러 가기로 약속한 거야!

표현 활용

+ 一言为定，到时候我一定参加。
  Yìyánwéidìng, dào shíhòu wǒ yídìng cānjiā.

+ 一言为定，下次我再也不迟到了。
  Yìyánwéidìng, xiàcì wǒ zài yě bù chídào le.

· 그때 가서 꼭 참가하기로 약속할게.
· 다음에 다시는 지각하지 않겠다고 약속할게.

参加 cānjiā 참가하다, 참여하다
到时候 dào shíhòu 그때 가서, 때가 되면

관용표현

托 了 加 以 上

Chapter
18

A是A, 不过…
A shì A, búguò…

A이긴 한데, 그러나~

얼마 전 학교 앞에 정말 맛있는 샌드위치(三明治 sānmíngzhì) 가게가 문을 열었어요. 하지만 새로 생긴 샌드위치 가게는 맛있기는 한데, 조금 비싼 편이라(好吃是好吃, 不过有点贵. Hǎo chī shì hǎochī, búguò yǒudiǎn guì.) 자주 방문하기는 좀 망설여지더군요. 'A是A, 不过…'는 먼저 A라는 어떤 사실을 인정하고 바로 화제를 전환하여 원래 말하고자 하는 핵심을 표현하고 있어요. 즉, A를 긍정으로 받아들이긴 하지만 '不过' 뒤에 나온 부분이 진짜 말하고자 하는 문장의 요지랍니다. 'A是A, 不过…'의 표현에서는 '不过'대신 '不过'와 비슷한 의미인 '可是 kěshì', '但是 dànshì'가 대신 쓰일 수도 있다는 점 역시 기억해 주세요.

실전 대화

男 这次旅行怎么样? 有意思吧?
Zhè cì lǚxíng zěnmeyàng? Yǒu yìsi ba?

女 有意思是有意思, 不过很累。
Yǒu yìsi shì yǒu yìsi, búguò hěn lèi.

男 旅行回来以后都很累, 过两天就好了。
Lǚxíng huílái yǐhòu dōu hěn lèi, guò liǎngtiān jiù hǎo le.

女 希望如此。
Xīwàng rúcǐ.

남 이번 여행은 어땠어? 재밌었어?
여 재밌기는 한데, 너무 피곤했어.
남 여행에서 돌아오면 원래 피곤해. 이틀 정도 지나면 괜찮아질거야.
여 그렇게 바라고 있어.

표현 활용

+ 漂亮是漂亮, 就是个子有点儿矮。
Piàoliang shì piàoliang, jiù shì gèzi yǒudiǎnr ǎi.

+ 有时间是有时间, 不过我不想出去。
Yǒu shíjiān shì yǒu shíjiān, búguò wǒ bùxiǎng chūqù.

- 예쁘긴 한데, 키가 조금 작아.
- 시간이 있기는 한데, 난 나가고 싶지 않아.

出去 chūqù 나가다

一⋯就⋯
Yí…jiù…

~하기만 하면 ~하다

고등학생 시절 부모님은 항상 저에게 "대학만 가면 남자 친구를 만들 수 있으니, (一上大学就有男朋友。 Yí shàng dàxué jiù yǒu nánpéngyou.) 지금은 열심히 공부를 해야 해."라고 말씀하셨어요. 하지만 대학 입학 후 현실은 드라마와는 거리가 멀다는 사실을 알게 되었죠. '~하기만 하면 ~하다'는 뜻을 가진 '一⋯就⋯'는 부사로 쓰여서 전과 후의 상황이 곧바로 이어짐을 나타냅니다. 이 표현은 '一看就知道你是韩国人。 Yí kàn jiù zhīdào nǐ shì Hánguórén. (딱 보고 네가 한국인인 것을 알았어.)'와 같이 전과 후 사이에 발생하는 시간이 매우 짧음을 강조할 때 주로 쓰이니까 대화하실 때 '一'를 강조해 주면 문장의 뉘앙스를 더욱 살릴 수 있어요.

실전 대화

男 上次我托你办的那件事怎么样了?
　　Shàngcì wǒ tuō nǐ bàn de nà jiàn shì zěnmeyàng le?

女 嗯，正在办呢，一有消息我就告诉你。
　　Ēn, zhèngzài bàn ne, yì yǒu xiāoxi wǒ jiù gàosu nǐ.

男 让你费心了。
　　Ràng nǐ fèixīn le.

女 咱俩谁跟谁呀，客气什么呀。
　　Zán liǎ shéi gēn shéi ya, kèqi shénme ya.

남　저번에 내가 너에게 맡긴 그 일은 어떻게 되었니?
여　응, 지금 하고 있어. 소식이 있으면 바로 알려줄게.
남　귀찮게 해서 미안해.
여　우리가 어떤 사인데! 뭘 체면 차리고 그래.

표현 활용

+ 他一下课就去打工。
　Tā yí xiàkè jiù qù dǎgōng.

+ 这种电视剧的结局一看第一集就能知道。
　Zhè zhǒng diànshìjù de jiéjú yí kàn dì yī jí jiù néng zhīdào.

• 걔는 수업이 끝나면 바로 아르바이트 하러 가.
• 이런 연속극의 결말은 첫 회만 봐도 바로 알 수 있지.

托 tuō 맡기다, 위탁하다
费心 fèixīn 신경을 쓰다, 걱정하다
打工 dǎgōng 아르바이트하다

左…右…
Zuǒ…yòu…

계속해서 빈번히 ～하다

급한 일로 친구를 만나기로 했는데 친구가 약속시간에 늦어 '左等右等 zuǒ děng yòu děng (이리저리 조바심을 내며 기다리다)'할 때가 있지요. '左…右…'는 부사로 쓰여서 어떤 같은 행위가 연속해서 반복됨을 나타내는 표현으로, 이때 '左'와 '右'의 뒤에는 같은 동사가 주로 붙게 됩니다. 이밖에도, '열 시 전후'를 '十点左右 shí diǎn zuǒyòu'로, '서른 살 전후'를 '三十岁左右 sānshí suì zuǒyòu'로 표현하는 것처럼 중국어에서는 '左…右…'와 같이 왼쪽과 오른쪽을 뜻하는 左와 右가 들어간 다른 표현들을 많이 볼 수 있습니다.

실전 대화

男 你在找什么呢?
　　Nǐ zài zhǎo shénme ne?

女 哎，真倒霉，信用卡不见了。
　　Āi, zhēn dǎoméi, xìnyòngkǎ bújiàn le.

男 别着急，好好找找。
　　Bié zháojí, hǎohāo zhǎozhao.

女 左找右找，该找的地方都找遍了，还是没找到。
　　Zuǒ zhǎo yòu zhǎo, gāi zhǎo de dìfang dōu zhǎobiàn le, háishì méi zhǎodào.

남　무엇을 찾고 있니?
여　아, 진짜 재수가 없어. 신용카드가 안 보여.
남　조급해 하지 말고 잘 찾아봐.
여　계속 이리저리 찾을 만한 곳은 다 찾아봤는데 아직도 찾지 못했어.

표현 활용

+ 他左看看，右看看，好像在找什么。
　Tā zuǒ kànkan, yòu kànkan, hǎoxiàng zài zhǎo shénme.

+ 他左问右问，一定要问出事情的真相。
　Tā zuǒ wèn yòu wèn, yídìng yào wènchū shìqing de zhēnxiàng.

· 쟤는 계속 이리저리 두리번거리고 있네. 아마 뭔가를 찾고 있는 것 같아.
· 걔는 이리저리 계속 물어서 반드시 사건의 진실을 알아내고야 말거야.

> 遍 biàn 온통, 모두
> 真相 zhēnxiàng 진상, 실상

A是A, 可是…
A shì A, kěshì…

~하긴 한데

얼마 전 옷가게에 들렀다가 정말 예쁘긴 한데 비싼 옷을 봤답니다. 결국 얄팍한 제 지갑을 탓하며 눈물을 머금고 집으로 돌아오는 길, 친구에게 저는 "好看是好看, 可是太贵了! Hǎokàn shì hǎokàn, kěshì tài guì le! (예쁘긴 한데 너무 비싸!)"라 말했습니다. 'A是A, 可是…'의 표현에서 A의 자리에는 형용사나 동사가 올 수 있어요. 하지만 이 표현에서 A의 위치에 오는 형용사나 동사는 그저 액세서리에 불과하다고 할 수 있습니다. 사실 화자가 말하고자 하는 진짜 의도는 '可是(그러나)'의 뒤에 위치한 문장에 있답니다. 한국말은 끝까지 들어봐야 안다더니, 이 표현에서만큼은 중국말도 끝까지 들어봐야 알 수 있겠네요.

실전 대화

男 咱们这次度假去哪儿好呢?
　　Zánmen zhècì dùjià qù nǎr hǎo ne?

女 去内蒙古怎么样? 夏天可是内蒙古最好的季节啊!
　　Qù Nèiměnggǔ zěnmeyàng? Xiàtiān kě shì Nèiměnggǔ zuìhǎo de jìjié a!

男 好是好, 可是那时正好是旅游旺季, 机票好买吗?
　　Hǎo shì hǎo, kěshì nàshí zhènghǎo shì lǚyóu wàngjì, jīpiào hǎomǎi ma?

女 没事儿, 咱们提前两三个月买不就行了吗?
　　Méishìr, zánmen tíqián liǎng sān ge yuè mǎi bú jiù xíng le ma?

남　우리 이번 휴가를 어디로 가는 것이 좋을까?
여　내몽고로 가는 것은 어때? 내몽고는 여름이 가장 좋을 때지!
남　좋기는 한데, 그때가 딱 여행 성수기라서 비행기표 구하기 괜찮을까?
여　괜찮아, 출발 2, 3개월 전에 미리 사면 괜찮지 않을까?

표현 활용

+ 这家饭馆的饭菜好吃是好吃, 不过有点儿贵。
　Zhè jiā fànguǎn de fàncài hǎochī shì hǎochī, búguò yǒudiǎnr guì.

+ 学汉语难是难, 可是很有意思。
　Xué Hànyǔ nán shì nán, kěshì hěn yǒu yìsi.

- 이 식당의 요리는 괜찮긴 한데, 조금 비싸.
- 중국어를 배우는 것은 어렵긴 한데, 무척 재밌어.

夏天 xiàtiān 여름
季节 jìjié 계절
旺季 wàngjì 성수기

···来···去
···lái···qù

이리저리 ~해 보다

'···来···去'의 사전적 의미는 '이리저리 ~해 보다'로, 어떠한 동작을 반복해서 진행하는 것을 나타낼 때 쓰이는 표현입니다. '···来···去'에서 '来'는 '오다'는 뜻을, '去'는 '가다'는 뜻을 가진 방향보어로, 동작의 반복을 나타내고 있어요. 예를 들어, '找来找去 zhǎo lái zhǎo qù (이리저리 찾아보다)', '翻来覆去 fān lái fù qù (엎치락뒤치락하다)'와 같이 '来'와 '去'의 앞에 동일하거나 의미가 비슷한 동사를 삽입하게 되면 해당 동사의 반복을 나타내는 표현이 된답니다.

실전 대화

男 你想好了吗?
　　Nǐ xiǎnghǎo le ma?

女 想来想去，我觉得还是不去了。
　　Xiǎng lái xiǎng qù, wǒ juéde háishì búqù le.

男 这么好的机会，你就这么放弃了?
　　Zhème hǎo de jīhuì, nǐ jiù zhème fàngqì le?

女 家里的经济状况不太好，只好以后再说了。
　　Jiālǐ de jīngjì zhuàngkuàng bútài hǎo, zhǐhǎo yǐhòu zài shuō le.

남 잘 생각해 봤어?
여 이리저리 생각해 봤는데, 그래도 가지 않는 것이 좋을 것 같아.
남 이렇게 좋은 기회를 그냥 포기하려고?
여 집안 경제사정이 그다지 좋지 않아서 다음을 기약하는 수밖에 없어.

표현 활용

+ 他在房间里走来走去，好像在想什么。
　Tā zài fángjiān lǐ zǒu lái zǒu qù, hǎoxiàng zài xiǎng shénme.

+ 这本书他看来看去不知道看过多少遍了。
　Zhè běn shū tā kàn lái kàn qù bù zhīdào kàn guo duōshǎo biàn le.

- 걔는 마치 무언가를 생각하는 듯 방안을 이리저리 왔다 갔다 하고 있어.
- 걔는 이 책을 이리저리 몇 번을 보았는지 몰라.

经济 jīngjì 경제
状况 zhuàngkuàng 상황, 실태

什么… 什么…
Shénme…shénme…

무엇~ 무엇~

'什么… 什么…'에서 '什么'는 임의의 어떤 것을 지칭합니다. 가령 친구와 식사메뉴를 정할 때 친구가 "你想吃什么, 就吃什么。Nǐ xiǎng chī shénme, jiù chī shénme. (네가 먹고 싶은 걸 먹자.)"라 한다면 여기에서 '什么'는 어떤 음식을 지칭하게 됩니다. '什么… 什么…'의 표현에서 주의해야 할 점은 앞의 '什么'와 뒤의 '什么'는 동일한 임의의 어떤 것을 지칭하고 있다는 것입니다.

실전 대화

男 我提什么要求，你都能满足吗？
　　Wǒ tí shénme yāoqiú, nǐ dōu néng mǎnzú ma?

女 那还用说吗？你要什么，我就给你什么。
　　Nà hái yòng shuō ma? Nǐ yào shénme, wǒ jiù gěi nǐ shénme.

男 那我要你爱我一辈子。
　　Nà wǒ yào nǐ ài wǒ yíbèizi.

女 没问题，我这一生只爱你一个人。
　　Méi wèntí, wǒ zhè yìshēng zhǐ ài nǐ yí ge rén.

남　내가 무슨 요구를 하든지 다 괜찮아?
여　당연하지. 무엇을 원하던지 너에게 다 줄게.
남　그럼 평생토록 나를 사랑해줘.
여　당연하지, 난 평생 너 하나만을 사랑할 거야.

표현 활용

+ 这个孩子真聪明，学什么会什么。
　Zhège háizi zhēn cōngmíng, xué shénme huì shénme.

+ 你想吃什么，咱就吃什么。
　Nǐ xiǎng chī shénme, zán jiù chī shénme.

• 이 아이는 정말 총명해. 무엇을 가르치던지 바로 습득한다니까.
• 네가 무엇을 먹고 싶던지 그걸 먹자.

满意 mǎnyì 만족하다, 흡족하다
一辈子 yíbèizi 한평생, 일생
聪明 cōngming 똑똑하다, 총명하다

一边…一边…
Yìbiān…yìbiān…

~하면서 ~하다

사람들은 누구나 멀티 플레이어가 되고 싶어 합니다. 멀티 플레이어처럼 무언가를 하면서 다른 무언가 역시 동시에 진행할 때, 어떤 표현을 사용해야 적절하게 의미 전달을 할 수 있을까요? 이럴 때 유용하게 쓰일 수 있는 표현이 바로 '一边…一边…'입니다. '一边'은 부사로 쓰일 때 '~하면서'라는 의미가 됩니다. '一边吃饭, 一边聊天儿吧. Yìbiān chīfàn, yìbiān liáotiānr ba. (밥 먹으면서, 이야기하자.)'와 같이 '一边'의 뒷부분에 각 동작의 상황들이 들어와야 한다는 점 기억해 두세요.

실전 대화

男 你过得好吗?
Nǐ guò de hǎo ma?

女 别提了，一边工作，一边学习，忙死了。
Bié tí le, yìbiān gōngzuò, yìbiān xuéxí, mángsǐ le.

男 小心身体，别太累了。
Xiǎoxīn shēntǐ, bié tài lèi le.

女 嗯，我会注意的。
Ēn, wǒ huì zhùyì de.

남 잘 지냈어?
여 말도 마, 일하면서 공부하려니 바빠 죽을 것 같아.
남 건강에 주의해야지, 너무 피곤하게 하지 마.
여 응, 조심할게.

표현 활용

+ 我一边听音乐，一边喝咖啡。
Wǒ yìbiān tīng yīnyuè, yìbiān hē kāfēi.

+ 他们一边喝茶，一边聊天。
Tāmen yìbiān hē chá, yìbiān liáotiān.

• 나 음악 들으면서 커피 마시고 있어.
• 그들은 차를 마시면서 이야기를 나누었어.

音乐 yīnyuè 음악
茶 chá 차
聊天 liáotiān 잡담, 한담

从…到…
Cóng…dào…

~에서 ~까지

"집까지 학교에서 시간이 얼마나 걸리니?", "오늘 수업은 몇 시부터 몇 시까지 있니?"의 표현을 중국어로 말하고자 한다면 어떻게 해야 할까요? 바로 '从…到…'란 접속사가 필요하지요. 얼핏 보면 한글의 쌍시옷처럼 생긴 '从'은 개사로 쓰이게 되면 '~부터'란 뜻을 가지게 됩니다. 또한 '到'는 '~까지'라는 의미를 가지고 있습니다. 이 두 단어가 만나 이루어진 접속사 '从…到…'는 시간과 공간의 거리에 대해 이야기하고자 할 때 적절하게 쓰일 수 있습니다. 이 표현을 쓸 때 주의해야 할 점은 '从'과 '到'의 뒷부분에 공간이나 시간에 해당하는 단어를 사용해야 한다는 점이에요.

실전 대화

男 你都听懂了吗?
　　Nǐ dōu tīngdǒng le ma?

女 嗯，从头到尾都听懂了。
　　Ēn, cóng tóu dào wěi dōu tīngdǒng le.

男 要是有不懂的地方，就随时问我。
　　Yàoshì yǒu bùdǒng de dìfang, jiù suíshí wèn wǒ.

女 好的。
　　Hǎode.

남　전부 알아들었니?
여　응, 처음부터 끝까지 전부 이해했어.
남　만약 이해가지 않는 부분이 있다면 언제든지 나에게 물어 봐.
여　좋아.

표현 활용

+ 这家公司从领导到员工工作都很认真。
　Zhè jiā gōngsī cóng lǐngdǎo dào yuángōng gōngzuò dōu hěn rènzhēn.

+ 从我家到公司很远。
　Cóng wǒ jiā dào gōngsī hěn yuǎn.

· 이 회사는 사장부터 일반 직원까지 모두 열심히 일 한다니까.
· 우리집에서 회사까지는 너무 멀어.

随时 suíshí 수시로, 아무 때나

领导 lǐngdǎo 지도자, 리더, 임원

员工 yuángōng 임직원

又…又…
Yòu…yòu…
~하고, 또 ~하다

'중국어 선생님은 착하고 예뻐'라 말하고 싶다고요? 그렇다면 '又…又…'를 사용하면 완벽하게 표현할 수 있답니다. '又'는 부사로 '또', '다시', '거듭'의 뜻을 가지고 있어요. '又…又…'는 '又好吃又便宜(맛있고 싸다) yòu hǎochī yòu piányi'와 같이 동사나 형용사 앞에 위치하여 느낌이나 상황을 표현할 때 쓰인답니다. '又…又…'는 발음할 때 '又 yòu'의 부분에 강세를 넣어주면 더욱 맛깔나게 그 느낌을 살릴 수 있답니다.

실전 대화

男 那家饭馆的饭菜怎么样？
　 Nà jiā fànguǎn de fàncài zěnmeyàng?

女 又好吃又便宜，强力推荐！
　 Yòu hǎochī yòu piányi, qiánglì tuījiàn!

男 真的吗？那以后咱们一起去吧。
　 Zhēnde ma? Nà yǐhòu zánmen yìqǐ qù ba.

女 好啊。
　 Hǎo a.

남　그 식당의 요리는 어때?
여　맛있고, 또 싸지. 강력추천!
남　진짜? 그럼 우리 다음에 같이 가자.
여　좋아.

표현 활용

+ 这个梨又大又甜，真好吃。
  Zhège lí yòu dà yòu tián, zhēn hǎochī.

+ 我最近又忙又累，简直要崩溃了。
  Wǒ zuìjìn yòu máng yòu lèi, jiǎnzhí yào bēngkuì le.

- 이 배는 크고 달아서 정말 맛있어.
- 나 최근에 너무 바쁘고 또 피곤해서, 말 그대로 멘붕상태야.

推荐 tuījiàn 추천하다, 소개하다
梨 lí 배
崩溃 bēngkuì 붕괴하다, 파괴되다

중국인이 가장 많이 쓰는
중국어 표현 200

초판 1쇄 발행   2015년 09월 20일
초판 2쇄 발행   2016년 07월 30일

지은이   강효숙, 맹유
발행인   홍성은
발행처   바이링구얼
교정·교열 길노을
디자인   이초희
출판등록 2011년 01월 12일
주 소   서울 양천구 신정로 275, 202-601
전 화   (02) 6015-8835
팩스   (02) 6455-8835
메 일   nick0413@gmail.com
ISBN   979-11-85980-08-9 13720

• 잘못된 책은 구입한 서점에서 바꿔 드립니다.